和宝宝一起做的游戏大全

0~3岁

（第二版）

读懂宝宝，陪伴宝宝，快乐亲子游戏奠定宝宝超高IQ和EQ

药志胜◎主编

从事幼教工作15年

从事幼教培训工作12年

培训幼儿教师10000余人

北京联合出版公司

Beijing United Publishing Co.,Ltd.

再版前言

俗话说“三岁定八十”，0～3岁是孩子生长发育的黄金时期，所以，我们鼓励父母与宝宝积极互动，帮宝宝完成各阶段的能力培养。而科学的游戏对宝宝来说是巨大的财富，也是父母与宝宝互动的重要桥梁，但如何给宝宝科学安排游戏对父母则是一个巨大的考验。2010年笔者编写了《和宝宝一起做的游戏大全 0～3岁》这本书，主要是将0～3岁详细划分为12个成长阶段，针对每一阶段宝宝的身体、心理发育情况和对外界的反应能力，分别设计了智力发展游戏、情感发展游戏、语言能力游戏、动作训练游戏和习惯养成游戏五个版块。这些游戏步骤清晰、内容充满乐趣，特别适合父母与宝宝共同参与。

这本书首次出版就广受欢迎，一再加印，销量超十万册。许多读者纷纷来信，感谢这本书带给他们的帮助，让他们有信心建立良好的亲子关系，有能力解决与宝宝互动过程中的不知所措，也掌握了三岁前宝宝能力培养的要点，笔者感到非常的荣幸。除此之外，笔者还想要感谢在互动交流过程中，对书中内容提出了非常宝贵意见的读者，是他们让笔者决定对《和宝宝一起做的游戏大全 0~3岁》进行全面修订，以更好地服务每一位父母和宝宝。知识在更新，科技在进步，如今的玩具与六年前相比可能有了很大的变化，年轻父母的心态与六年前相比也有了很大的改观，所以这本书我不仅对游戏内容进行了增删，改变了游戏中用到的玩具等，而且把每个游戏对宝宝的能力培养和妈妈须知进行了补充和精练，以最大努力来保证书中信息的准确性和可靠性，保证每个游戏的实操性更强。

生活中其实处处都充满了“游戏”，重要的是做游戏的心情，而不是游戏本身。父母作为孩子人生中最重要的也是最早的老师和玩伴，只要用心，在科学的游戏指导下一定能让宝宝健康、快乐、聪明地成长！

写给新妈妈的一封信

亲爱的宝宝妈妈：

相信此时的你是最幸福的，经过漫长的十月怀胎，那个作为你们爱情结晶的小天使，已脱离你的身体，安静地躺在你身边。接下来的时间，你每一天都将见证他神奇的变化。在这一天天的成长过程中，在享受快乐的同时，你一定也充满了各种“成长的烦恼”——为如何陪伴宝宝而困惑、迷茫。然而，有时候是我们把孩子想得太复杂，往往最简单的方法才是通往心灵深处的桥梁。

游戏是宝宝成长过程中最重要的学习渠道，在宝宝的身体、社会性、情感、语言和认知等方面的发展中，它的重要性不可替代。宝贝们通过游戏来认识并探知自己生活的世界，发展自己的感知能力、语言能力、运动能力和社交能力等。近年来，随着儿童教育研究的深入和教育理念的发展，越来越多的教育工作者和父母们认识到游戏的重要性，而如何通过游戏更好地帮助宝宝成长也成为大家最关注的话题。为此笔者特别编撰了本书，来帮助父母们更有效地引导宝宝游戏，使宝宝的各项能力得以充分发展。

教育学家们在对宝宝游戏进行观察研究时发现，完全由宝宝自主选择内容、自由进行的游戏，需要宝宝运用的综合技能更多，更能长久地吸引宝宝，有助于促进其全方位发展；而由成人引导的游戏，虽然宝宝参与度相对较低，但能使宝宝游戏体验更为丰富，进而有助于提升他们的整体能力。例如和宝宝一起玩摇铃时，妈妈握着宝宝的手边摇边唱儿歌，这样不但练习了其手部动作，同时还使宝宝得到了语言能力的刺激和安全感、亲密感的情感体验。因此，本书所有游戏都需要成人和宝宝一起完成，而游戏时的互动性越强，游戏效果就越好。

只有宝宝想做的、亲身体验的游戏，才能充分调动其兴趣并发展其各项技能，如果被强迫，宝宝很快就会失去从游戏中学习的兴趣，因此建议父母们运用本书推荐的游戏时，要对宝宝的需求和兴趣保持敏感，让宝宝主导游戏过程，按他们的兴趣来调整，让他们用自己想要的方式来游戏，不必完全照搬本书。年龄和认知发展也会影响宝宝对游戏内容的兴趣，难度太大或太容易的游戏都会使他们厌倦，也就不可能对他们的能力发展起到积极的作用，因此找到适合而恰当的游戏很重要，为此本书根据宝宝的不同年龄，提供了大量简便易行的游戏，以供父母选择。当然这只是一种概括性的划分，父母们还要通过仔细观察游戏中宝宝的喜好，来调整游戏的内容、步骤，不必亦步亦趋。

对宝宝来说，生活就是游戏，就是冒险，每一种未知都饱含乐趣，一朵花、一块石头、一张纸都是玩具，所以父母如果能和孩子一起倾听和观察，普普通通的日常生活也能成为游戏，并助力孩子的成长。父母们可以将本书提供的所有游戏看作一种启发，在此基础上去挖掘生活中最适合宝宝的游戏，让游戏生活化。

在此还有几点要特别提醒，在尝试本书所有游戏时，都要有人看护宝宝，绝不能留其独自玩耍；游戏中如使用水，要特别留心别让宝宝呛水；游戏时使用的所有物品不但要保证无毒无害，还需定期清洁消毒。另外，宝宝的能力发展有先后，游戏难度要视宝宝个体水平和灵活程度而定，绝对不要去和别的孩子攀比。

0~3岁是孩子生长发育的黄金时期，有研究发现，宝宝刚出生时大脑的发育程度只有25%，到3岁时大脑发育会完成90%以上，而且这个阶段宝宝完全依赖成人，情感和安全感的满足对他们十分重要。如果此时经常与宝宝一起进行亲密而有爱意的游戏，能大大促进他们的大脑发育并满足他们的情感需求。所以，妈妈们，爱宝宝就为他打造一个家庭亲子游戏训练营吧！

目录

Contents

第1章 0~2个月 充分打开五感

第2章 3~5个月 开发基本技能

第3章 6~8个月 建立爱和信任

第4章 9~12个月 释放无限天性

第5章 1岁1个月~1岁3个月 深入感知世界

第6章 1岁4个月~1岁6个月 初步构建自主意识

第7章 1岁7个月~1岁9个月 找寻更多快乐体验

第8章 1岁10个月~2岁 满足渐增的好奇心

第9章 2岁1个月~2岁3个月 加深语言能力的发展

第10章 2岁4个月~2岁6个月 拥有探索生活的勇气

第11章 2岁7个月~2岁9个月 发现潜在兴趣

第12章 2岁10个月~3岁 塑造积极的自我意识

第1章

0~2个月 充分打开五感

2个月的宝宝已经有了视觉、听觉、味觉、嗅觉及触觉，大部分感觉器官都已基本发育完全。他们通过生理反射行为回应这个世界，但还不会调整自己的情绪。刚从妈妈温暖的子宫里出来，对新环境难免不适应，所以特别需要爸爸妈妈的引导。

01 感知理解力发展训练

朵朵爸晚上回家，拎着一个鼓鼓的大包，刚进门，就兴冲冲地喊：“朵朵，猜猜爸爸买了什么？”朵朵妈忍不住扮个鬼脸：“跟你说过很多次了，朵朵才一个月，跟她说话，她也听不懂。”“谁说听不懂，你看她在对我眨眼呢。”“那是因为你挡住她的光了。”朵朵爸的热情没有受到任何打击，说：“看，这是喜羊羊，这是灰太狼，这是奥特曼，这是变形金刚……”他忙不迭地献宝一般从包里掏出玩具来，然后一个个地摆在朵朵的身边。朵朵却很不给面子，“哇”一声哭了起来。

年轻的父母们都有这样的心理，恨不得把所有好东西都提供给自己家的小天使。虽然朵朵爸这样显得操之过急，但对于增加朵朵的感官体验、促进其大脑发育也是非常有益的。每个新生儿都是带着他所有的感官来到世界的，在能对事物进行思考之前，感官是他们认知世界的唯一渠道。他们通过感官得到的每一种经验，都会促进他们大脑中的数百万神经细胞连接成网络，从而支持大脑发育，使大脑的容量增加。

从出生起，婴儿就有看的能力，会用双眼紧紧盯住一个物体，看到明亮的光线，他双眼会紧闭；并会倾听、感知日常生活中的声响；被抚摸时会放松，一个月左右时就能够感受到温度的差异；轻触他的口唇，他会有觅食的动作；闻到奶香味，他的头会下意识地向乳房方向靠。

0 ~ 2个月的婴儿完全依赖父母，对情感安全的需要十分强烈，如果不能被满足，他们的发育就会受到影响，甚至出现障碍。在此期间父母能做的首要事情就是在你们之间创造一种充满信任和爱意的情感纽带。简单地讲，就是需要你将他安顿舒适，提供一个令他感到安全的环境。因此，当他到点不睡时，就抚慰他；当他哭闹时，就抱起他；当他饥饿时，就喂饱他。

不要以为新生儿什么都不懂，他们天生具有与外界交流的能力，出生后几分钟，妈妈关爱的目光就会在他们的大脑中留下记忆，使妈妈的脸成为他们最爱看的影像。对通过感官去认识世界的新生儿来说，所有的感官经验都是他们大脑发育的基础，所以新手爸妈要把他们当作懂事的孩子来对待，千万别吝啬拥抱、亲吻、抚摸、对视、说话、微笑等会刺激感官、增进他们大脑感知理解力发展的情感表达。此外，还可尝试以下游戏。

黑了，亮了

能力培养

发展宝宝对光亮的反应能力。刚出生的宝宝视觉不是很敏锐，只能看清大约 15 ~ 20 厘米以内的物体，通过这个游戏可以刺激他们对“明”与“暗”的光线的感觉，促进视觉发育。

游戏步骤

1. 把卧室窗帘拉下来，使光线稍微暗淡。
2. 让宝宝平躺在床上。
3. 首先关灯一分钟，然后再开灯一分钟。
4. 连续做5次，到十分钟算是一个完整的游戏过程。

温馨提示

游戏最好在宝宝安静的情况下进行。

游戏中要注意光线不能太暗，稍微暗淡即可，不然会惊吓到宝宝。

爱的互动

当把灯关掉的时候，宝宝会安静几秒钟，然后他会感到很害怕，想哭泣。这个时候大人可以轻轻拍拍宝宝，让宝宝知道大人就在旁边。一分钟后打开灯，因为灯光会让宝宝感到有安全感，会很快安静下来。如此反复几次，宝宝就不会对黑暗那么害怕，因为他知道一会儿就会亮起来。

妈妈须知

这个游戏完全不必专门来做，每天早晚开拉窗帘、傍晚开关灯就可以，如果妈妈一边做这些事，一边温柔地告诉宝宝在做什么，效果会更好，因为你同时还刺激了宝宝的听力。

猫咪你慢点

能力培养

发展宝宝眼珠的运动能力。大脑的发育与视觉的发育是密不可分的。人是靠各种感官功能从外界摄取信息供大脑加工、处理、储存，进而又不断促使大脑向更高级形式发展的，而信息的摄取83%来自视觉系统。有效的视觉刺激能极大提升宝宝的视敏度，让宝宝更清晰、更精确地接受外界的信息与刺激，促进脑部发育。

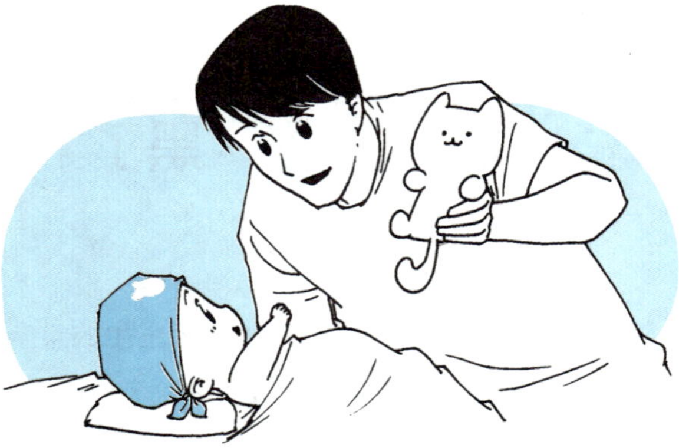

游戏步骤

1. 准备一只大点儿的小猫玩具，将宝宝喂饱后，放在舒适的小床上。
2. 将小猫玩具放在宝宝眼睛的正上方，举到宝宝的视线范围之内（约距宝宝30厘米）。
3. 把小猫玩具先晃动一下，然后向左移动，再向右移动。
4. 这时你会看到宝宝的眼珠会随着玩具转动。如果宝宝不追踪玩具，可将玩具再向宝宝眼前移几厘米。

温馨提示

小猫（或其他）玩具一定要选择大一点儿的，颜色应以红色、黄色等鲜艳色彩为主。

游戏时间不宜过长，每天进行一两次，每次以15分钟为宜。

爱的互动

宝宝看到小猫玩具，他还不认识这是什么，但是猫咪在他眼前晃动的时候，他的目光会随着移动。这个时候大人可以配合动作轻轻哼唱，宝宝就会在很好的氛围中用眼光追踪猫咪玩具。这样就锻炼了宝宝眼珠的运动能力。反复玩这个游戏，对宝宝的智力发展非常有利。

图案真多啊

能力培养

训练宝宝对图形、颜色的感知能力。

游戏步骤

1. 在宝宝床头上方及周围（最佳视距为20厘米）悬挂一些五颜六色的小图片、气球、小条旗，或者是父亲（母亲）的黑白相片，或者是小娃娃、小动物等。这个游戏也可以采用在小宝宝的床头贴上以下几种图形的方式来进行，如棋盘、拼图、地图、同心圆、串珠子等。

2. 宝宝醒来的时候，妈妈用语言“看这里”配合着动作提醒宝宝去看这些东西。

温馨提示

新生的小宝宝由于视觉皮层神经细胞还没有发育成熟，看到的只是光和影。他们视线的最佳距离在20~38厘米之间，也就是说宝宝吃奶时刚好可以看到妈妈的脸。所以，在玩此类游戏时，玩具离宝宝的距离最好不超过38厘米。

爱的互动

宝宝醒来看到这些图案会很好奇。大人不要给宝宝太复杂艳丽的图案，对于小宝宝而言，这些图案已经构成了视觉刺激。做游戏时大人应在旁边轻声给宝宝介绍各种图案，宝宝慢慢就会有意识地去看它们。

妈妈须知

这个阶段的宝宝，由于还不能很熟练地使用自己身体的各个关节以及肌肉，往往会手脚并用，挥拳踢腿，去触碰那些悬挂在自己上方的玩具和物品。

刚出生的宝宝视觉发育未成熟，还无法分辨色彩过于复杂和细节过多的事物，仅能看到模糊的光晕和物体轮廓。他们喜欢看轮廓鲜明、对比强烈的图形，波浪条纹、同心圆、方格等的黑白图，不仅能吸引宝宝的注意，还可促进婴儿的视觉成长，锻炼宝宝的视觉记忆和分辨能力。

好玩的镜子

能力培养

让宝宝观察自己的脸是培养其自我认知的一个步骤。这个游戏能满足宝宝的好奇心，帮助他了解自己。

游戏步骤

1. 选一个宝宝心情好的时间，把他平放在床上。
2. 在床上方放一面不易碎的镜子。镜子放在宝宝的视线范围内，略微向下倾斜，大约呈10度角，保证他能够看到自己的脸。
3. 引导宝宝去看镜子，并微笑着示意：镜子里宝宝的面部表情很可爱。

温馨提示

镜框应由不易破碎的金属材料制成。同时要注意宝宝在镜中的形象不能扭曲。

爱的互动

宝宝这个时候还不能分辨自我，但是小镜子会让他感到很好玩。妈妈在宝宝照镜子的时候，可以把脸凑过去，让镜子里也出现自己，然后告诉宝宝：这个是妈妈，这个是宝宝。这时宝宝可能没有特别的反应，因为他并不知道镜子里是他自己。而见到镜中的妈妈可能表情会有变化。

妈妈须知

宝宝要到15个月左右才能认识镜子里的自己，此时让他照镜子是为了促进他的视觉聚焦和追踪能力，并最终帮助他认识镜子里的自己。

小手哪里去了

能力培养

帮助宝宝认识自己的手和身体的关系，提高他对身体的认知。

游戏步骤

1. 当宝宝刚睡醒并且举起双手玩的时候，妈妈拿出一块淡色的布盖住宝宝的手。
2. 妈妈用好奇的声音问宝宝："手呢？宝宝的手呢？"
3. 当宝宝表现出诧异时，妈妈把布拿开，让宝宝看到自己的手。
4. 如此反复两三次。

爱的互动

宝宝刚开始可能不会发现"小手不见了"，也可能不会表现出惊奇或者兴奋。妈妈反复做几次，宝宝才会发现"小手不见了"。这个时候妈妈让宝宝看到自己的手，宝宝会很高兴。然后妈妈可以唱儿歌："妈妈变戏法，宝宝要看好，花布拦中间，小手不见了。"这样宝宝慢慢就会喜欢上这个游戏了。

温馨提示

玩游戏的时候，一定要选淡色的布。否则，宝宝的注意力就会被颜色鲜艳的布吸引，不再关注"小手不见了"这件事。

妈妈须知

宝宝最早的游戏就是玩手，而手部动作的变化，代表着宝宝智力的增长。因此，不要简单地认为，玩手是宝宝自己取乐的一种方式。这个游戏是用"见"与"不见"让宝宝体会差异，从而感知手的存在。

宝宝的小手

能力培养

让宝宝有意识地感知自己的双手。

游戏步骤

1. 当宝宝把小手伸出来时，妈妈抚摸它，或者用不同材料的东西触碰它。
2. 在物体接触宝宝手指时，要配合数数或唱歌。
3. 妈妈还可以把自己的手指放在宝宝手心，让他抓握。

爱的互动

出生时宝宝双手是拳着的，长到2个月后握持反射消失，拳头就渐渐松开。玩游戏时，妈妈可以用凉的、热的、粗糙的、细滑的、硬的、软的等各种不同质感的东西去碰触宝宝的小手，边触碰宝宝边温柔地进行说明，比如说“柔软毛巾找来了，宝宝摸摸它”，“滑滑的小球找来了，宝宝摸摸它”。

温馨提示

当用不同材料的东西在宝宝手上轻轻擦拭时，要注意材料的安全卫生。另外不要太用力。宝宝的皮肤很娇嫩，不恰当的碰触可能会刺激到宝宝。

妈妈须知

灵巧的手是一个人大脑发育良好的标志之一，已有科学研究证实，支配人身体各部分的大脑区域中，支配双手的脑区域最大。大脑有许多细胞专门处理手指、手心、手背、腕关节的感觉和运动信息。所以，手的动作，特别是手指的动作，越复杂、越精巧、越娴熟，就越能在大脑皮层建立更多的神经联系，从而使大脑变得更聪明。

暖暖日光浴

能力培养

提升宝宝对大自然的感知，培养其积极的情绪，从而有利于身体发展。这里以夏季为例。

游戏步骤

1. 选一个阳光充足且无风的时间，给宝宝戴一顶遮阳帽，避免阳光直射面部。让宝宝仰卧在阳光下，脱去宝宝的衣服，用小浴巾盖住肚子。
2. 妈妈边唱儿歌，边轻揉宝宝被太阳晒到的部位，如小手臂、小脚丫，让宝宝保持心情愉快。
3. 然后让宝宝俯卧，重复上述过程。
4. 日光浴结束后，用浴巾擦干宝宝身上的汗水，换好衣服，再给宝宝喝点奶补充水分。

温馨提示

进行日光浴最好的时间段为：春秋季上午9～11时，下午1～3时；夏季上午9时前，下午4时后。夏季上午10:30到下午2:30是一天中阳光最强烈的时候，不宜进行日光浴。玻璃和衣服会遮挡大部分紫外线，因此日光浴时不要隔着玻璃或穿厚衣服。

爱的互动

阳光照在宝宝身上暖暖的，宝宝会感到很舒服。而且妈妈唱的儿歌和轻柔的按摩都会促使宝宝情绪稳定。在这个过程中，妈妈要全心投入，时常与宝宝目光交流。游戏结束，妈妈给宝宝穿衣时也不要太快，宝宝有可能还沉浸在刚才的温暖感觉中。

妈妈须知

在阳光下，游戏最需要保护宝宝的眼睛，所以务必不要让阳光直射宝宝面部，给宝宝戴上有帽檐的遮阳帽是最好的办法。

小帽子不见了

能力培养

这个游戏不仅可以帮助小宝宝区别两种颜色的不同，而且通过把帽子藏起来，可以帮助宝宝感觉数量变化，锻炼宝宝的空间知觉能力并感受物体在空间的运动。

游戏步骤

1. 家长将一顶红色帽子、一顶蓝色帽子分别套在两只手上，吸引小宝宝的注意。
2. 给宝宝唱儿歌“小红帽、小蓝帽，一眨眼睛不见了”。
3. 唱“小红帽”的时候，将戴红帽子的手稍稍举高，在宝宝面前慢慢晃动两下。
4. 唱“小蓝帽”的时候，将戴蓝帽子的手稍稍举高，在宝宝面前慢慢晃动两下。
5. 唱“不见了”的时候，速度稍快地将两只手背到身后。

温馨提示

帽子的颜色要选纯色的，或者有两种对比强烈颜色的。游戏的时间不宜太长，一般把帽子藏起来2~3次，让宝宝认识到帽子的空间变化就可以了。当宝宝表现出对游戏兴趣下降的时候，可以换另外两种颜色的帽子再玩这个游戏。

爱的互动

宝宝现在还不能分辨颜色，大人这个时候不断给宝宝视觉刺激，这样宝宝才会意识到这两种颜色不一样。帽子的突然消失会让宝宝感到好奇。当大人再一顶一顶地把帽子拿出来时，宝宝就会慢慢感到空间的变化。

妈妈须知

宝宝的视觉感官似乎特别钟情于颜色。他一降临到这个世界，就对色彩怀有浓厚的兴趣，他会一直盯着色彩艳丽的物品。因此，多变换物品的位置很必要。

一起来跳舞

能力培养

变换体位促进前庭平衡系统的发育，增强宝宝对节奏和旋律的感受。

游戏步骤

1. 每天上下午各用20分钟时间，父母轮流抱着宝宝随音乐跳舞。
2. 在有节奏的旋律中，宝宝随着父母摇晃身体，共同享受节奏和音乐的艺术美。
3. 宝宝眼神缓和，脸带笑容，四肢会随着节拍而摆动。
4. 渐渐地，家长会发现宝宝对某一段乐曲的反应强烈，显出了特别的爱好。

温馨提示

音乐不要太激烈，太过刺激的音乐可能会让宝宝感到不适。抱着宝宝起舞时，动作也不要太快。突然地旋转、骤停会惊吓到宝宝。游戏过程中爸爸或妈妈要望着宝宝的眼睛，这能使宝宝感觉到你的爱，有利于他的社交发展和情感发育。

爱的互动

宝宝会表现出喜欢某个音乐节奏，这跟大人抱着宝宝起舞的姿势有关。因为有的音乐轻柔，大人的节奏会比较缓，宝宝会感到轻松；有的音乐激烈，大人的节奏也会比较激烈，宝宝也会感到很刺激。所以，他会根据自己喜欢的动作幅度选择音乐。这样的游戏有利于宝宝发展平衡感。

妈妈须知

前庭是人体最早发展的系统，如果刺激不足，婴儿的体重和肌肉发展会较差。适度的摇晃可以刺激婴儿大脑和肌肉的成熟。尤其是对早产儿和体重较轻的宝宝而言，适度的摇晃对于宝宝体重的增加会有帮助。

跟着指偶动动眼

能力培养

锻炼宝宝视觉追踪的能力，刺激视神经发育。

游戏步骤

1. 准备一个指偶。
2. 在食指上套一个指偶，让它晃动，并叫着宝宝的名字。
3. 让指偶上下移动，看宝宝的视线是否能跟着动。

爱的互动

宝宝听到大人叫他的名字，会去看大人，可是并不会把注意力转移到指偶上，所以大人必须用各种夸张动作，让宝宝去留意这个指偶。当宝宝看着指偶时，大人摇摆指偶，宝宝的视线也会跟着动。这个游戏可以重复，直到宝宝没兴趣为止。

温馨提示

注意游戏时不要一直晃动指偶，应该配合着上下移动。游戏一段时间应休息一下，避免宝宝用眼过度。如果发现宝宝哭闹、转头、移开视线，以及闭上眼睛，家长应立即停止，这是宝宝累了的信号。游戏要从宝宝的需要出发，才能有启智的效果；而且尊重宝宝需要，还有助于信任感的建立，因此这一点也是和宝宝玩其他游戏时，父母们需要加以关注的。

妈妈须知

有效的视觉训练能够提升宝宝的智能发育指数。利用更为完善的视觉功能和技巧，宝宝可以感知、接受、加工更多的信息，在大脑皮层形成更多的视觉记忆，从而促进大脑的发育，提升智力水平。

宝宝抚摸妈妈脸

能力培养

触觉是宝宝感知世界的主要方式，皮肤的接触可以帮助宝宝发展触觉。尤其是妈妈的皮肤，更加会让宝宝感到舒适安全。

游戏步骤

1. 抱起宝宝。
2. 把宝宝的手放在你的脸上，让他的手触摸你的鼻子、嘴、头发和眼睛。
3. 轻轻地抚摸他的手，轻拍他的胳膊，同他低声细语。

温馨提示

让宝宝的小手抚摸你的脸部时，记得详细告诉宝宝五官的名称。同时要注意的是，要在宝宝清醒的情况下进行游戏。

爱的互动

这个阶段的宝宝会用小手无意识地抚摸你，你可以把宝宝的小手放到自己脸上，告诉宝宝，这是眼睛，这是鼻子，让宝宝变成有意识地抚摸。当宝宝的小手抚摸到妈妈嘴巴的时候，轻轻地咬一下宝宝的小手，宝宝会很高兴。然后轻轻地拍着宝宝，轻声地对他说话。说什么并不重要，关键是这种温馨的氛围会让宝宝很舒服。

妈妈须知

父母亲在触摸宝宝时，要跟宝宝说话或唱歌给宝宝听。宝宝在感受抚触的愉悦时，也能够聆听父母的声音、观察父母的表情。这样可以同时接受听觉和视觉的刺激。

02 情感发展训练

朵朵妈把朵朵放在床上，轻轻地抚摸着她的身体。朵朵爸凑过来看着享受的朵朵，对朵朵妈说："你休息会儿，我来。"朵朵妈不放心地说："抚摸的时候轻点，别把宝宝弄疼了。"朵朵爸马上拍胸脯保证没问题。可等朵朵妈一放开朵朵，他就把大手放在了朵朵的小胳膊上。毫无准备的朵朵立即放开喉咙大哭。朵朵爸看着怒视他的朵朵妈，讪讪地笑笑："她以为我非礼她呢。"朵朵妈"噗——"地笑了，说："是你的手太凉了。"

哭是人类共有的一种情绪反应。这种情绪反应是最简单的表现，与身体的生理需要是否得到满足相关联。心理学家认为，小宝宝有两种情绪反应，即生理需要得到满足时的愉快情绪——笑，生理需要未得到满足时的不愉快情绪——哭。哭是这个阶段宝宝的语言，饿了、尿了、热了、冷了，他们都通过哭来告诉爸爸妈妈，哭也是他们的一种运动方式，及时回应宝宝的哭能帮助宝宝建立安全感，所以爸爸妈妈们最好放弃那种"让宝宝哭吧，等他哭够就好了"的观点。当然，宝宝歇斯底里找不到理由的哭也可能会令你精疲力竭、身心疲惫。因此除了学习一些哄宝宝的办法外，不妨暂时请其他人帮忙照顾一下宝宝，让自己去洗个澡、外出散散步，做点能放松自己心情的事，来改变因疲惫而低落的情绪。

美国华盛顿大学的医学专家在系统地研究了年龄与智慧之间的关系后，得出结论：爱笑的宝宝更聪明。他们观察到，聪明的宝宝对外界事物发笑的年龄比一般宝宝要早，次数也多。宝宝在父母的逗引下露出微笑，被称为天真快乐反应。这是宝宝与他人交往的第一步，在心理发育上是一个飞跃，对大脑发育是一种有益的刺激，被称为"一缕智慧的曙光"。家长应及时抓住这一缕"曙光"，不失为对宝宝进行早期智力开发的一种有效方式。

不过，逗宝宝发笑也是一门学问，需要把握好时机、强度与方法。不是任何时候都可以逗宝宝发笑的。如进食时逗笑容易导致食物误入气管引发呛咳甚至窒息；晚睡前逗笑可能诱发宝宝失眠或者夜哭。另外，逗笑要适度，过度大笑可能使小宝宝因发生瞬间窒息、缺氧、暂时性脑贫血而损伤大脑，或者引起下颌关节脱臼。

另外，这个阶段的宝宝只有在妈妈的怀抱中才会感到舒适和安稳。有一些宝宝从小交给他人照料，他在照料人怀中才会感到最舒适。如果经常更换宝宝的照料人，或生活没有规律，经常更换环境，都会使宝宝感觉不安，谁抱都不踏实，哭哭咧咧让大人感到不好带。因此，这个阶段最好让宝宝有固定的照料人、固定的环境和固定的生活规律，这样他才能感到安心和踏实。一般来说，父母亲一起照料的宝宝最幸福，因为宝宝与父母，尤其是母亲的联结是最天然的，对宝宝心理的滋养也是最充分的。

爱的传达

能力培养

发展触觉，传递妈妈对宝宝的爱，有助于宝宝建立安全感。

游戏步骤

1. 在洗澡前后或换完尿布后，将宝宝平放在床上。
2. 边跟宝宝说话，边抚摸宝宝。从肩到手抚摸双臂，从脚到臀部抚摸双腿，然后从上到下摸摸胸，最后摸摸宝宝的脸蛋、眉毛、额头、小眼睛、小鼻子。把宝宝抱起来，用手抚摸宝宝的背部、颈部和头，按这样的步骤抚摸宝宝的全身。
3. 做这些动作的同时，说“宝宝真乖”“揪揪小鼻子”等话语。

温馨提示

疼爱的抚摸能帮助小宝宝改善对环境的不适应，渐渐与外界建立起良好的反应。妈妈的动作应该轻柔，饱含爱怜之情。抚摸时，妈妈要面带笑容，并不断地跟宝宝说话。

在抚摸时如果可能，可将宝宝衣服脱光，让皮肤接触更充分。因此，室温控制在26℃~28℃为宜，每个部位4~5次，全套动作大约5~15分钟。

爱的互动

妈妈触摸宝宝的时候，一开始宝宝会很惊奇。这时妈妈脸上温和的微笑会让宝宝放松，然后他会喜欢上这种舒服的触摸。抚摸时，妈妈动作要轻柔小心并且要不断地称赞宝宝。宝宝会感受到妈妈的爱。

妈妈须知

新生儿常有睡眠周期不固定、夜晚容易惊醒的情况。医学研究发现，这些困扰都可以通过对宝宝的抚触和按摩来改善。对宝宝的触摸，可以刺激宝宝血液中“褪黑激素”浓度升高，帮助宝宝建立睡眠周期，调节日夜周期性节律。

充满爱意的抚摸能增进婴儿的触觉发育和身体感知力，有助于提高他们的免疫力和刺激生长激素分泌。而且抚摸时妈妈关切的目光、温柔的触感对婴儿来说是一种极大的安慰，能加深亲子感情，促进宝宝情感发展。

轻轻地触摸

能力培养

让宝宝用触觉感受不同材质物品间的差异。

游戏步骤

1. 准备一些可以轻抚宝宝的物品，如毛毯、丝绸、羽毛、棉球等。
2. 怀抱宝宝，一边用这些物品轻轻触摸他的手指，一边同他低声说话：“碰碰小手，痒不痒啊？”

爱的互动

用棉球轻轻抚过宝宝的小手，同时低声告诉他“这是棉球”。用丝绸抚过宝宝时，告诉他“这是丝绸”等。如果宝宝对不同物品有反应上的不同，家长也可以回应宝宝，可以用语言，也可以是肢体。宝宝会感受到这种微妙的差异。

温馨提示

大人无论说的是什么内容，语气都要温柔愉快。这样的语气更容易让宝宝感受到你的关怀。另外，抚摸宝宝的时候不要太过用力或太快，要轻轻地、慢慢地。

妈妈须知

触觉包括对温度变化的感知，对不同质地触碰物的感受等。宝宝通过对手或玩具的吸吮、咬、舔等动作来探索世界。同时，他通过皮肤的触觉来体会冷暖、轻重、大小、粗细、软硬、质地及形状，加深对周围事物的认知，让更多信息储存入大脑。

音乐里的爱

能力培养

舒缓温和的音乐可以让宝宝从兴奋状态恢复平静。

游戏步骤

1. 在卧室内播放音乐。
2. 将宝宝置于摇篮中，轻轻地摇晃，让宝宝在悠扬的乐音中接受前庭感觉刺激。
3. 伴随着音乐，为宝宝朗读一些简短的儿歌或者哼唱歌曲。
4. 不时地抱抱、亲亲宝宝，让宝宝感受到你对他的喜爱。

温馨提示

婴儿的大脑组织尚未发育完全，人为剧烈摇晃易引发脑出血，并引起诸多神经系统的症状，即“婴儿摇晃症候群”。为避免宝宝产生摇晃症候群，新生儿摇晃幅度不宜超过5度，一岁以下不宜超过10度，且时间不宜过长，一次以5~10分钟为宜。

爱的互动

当放音乐的时候，大人也开始轻轻地朗读哼唱，而且从不同的方位接近宝宝，这样宝宝的听觉就得到了很好的刺激，而且大人对宝宝的亲吻也会增加宝宝对你的感情。没有背景音乐，家人自己哼唱小曲也很好，我们世代流传下来的摇篮曲，总能让宝宝很快平静下来。

妈妈须知

由于宝宝在羊水里充满了摇晃的刺激，所以在宝宝出生之后，妈妈可以轻柔地抱着宝宝亲亲他并轻轻摇晃，让他重温羊水世界的熟悉感觉，借以增加宝宝的安全感。这个游戏也可以让宝宝平躺在你的大腿上，小脚朝向你的腹部，你的双手轻轻托住宝宝的头开始游戏，宝宝会从中得到丰富的感官刺激：耳朵听到音乐及你的声音，身体被抚摸，眼睛看到你微笑的脸。

妈妈哪里去了

能力培养

调动宝宝视觉、听觉，激发宝宝愉快的情绪体验，让他看到家人经常冲他笑，有助于增进宝宝与家人之间的情感。

游戏步骤

1 妈妈与宝宝面对面，轻轻呼唤宝宝的名字，吸引宝宝的注意。

2 妈妈突然用双手捂住脸，问宝宝："妈妈去哪儿了？"

3 将双手拿开，对宝宝说："喵！妈妈回来了！"

4 反复两三次，逗宝宝笑。

爱的互动

这个阶段的宝宝特别喜欢看亲人的脸，但是他还不能完全理解妈妈的动作所表达的含义，需要妈妈通过夸张的语调，帮助宝宝认识到动作的特别性。同时可以配合儿歌："小宝宝，仔细瞧，妈妈怎么不见了？妈妈、妈妈，我知道，你在和我藏猫猫。"如此反复地做这个游戏，可以增加孩子与家人间的对视。这是一个会让宝宝比较兴奋的游戏。

温馨提示

两个月的宝宝对一些动作所表达含义的理解能力还比较弱，因此玩这个游戏，不仅仅是方法上的简单操作，更重要的是，妈妈要融入对宝宝的爱，要用宝宝易于理解的方式和语言来表达，这样才能达到游戏的目的。

妈妈须知

藏猫猫游戏是宝宝整个童年期都很喜欢的经典游戏，通过这个游戏宝宝会了解当他没有看见妈妈的时候，妈妈其实并没有消失，这种知道某个物体从视线中消失，不代表就彻底不存在了的能力，即保存心理意象能力，是宝宝发展语言能力的基础。而且一般宝宝学会藏猫猫游戏后，他就会知道寻找消失的东西，听到东西掉地的声音后能低头寻找。可见只要妈妈做个有心人，和宝宝做游戏时不需要花费太多精力也能帮助宝宝发展。

宝宝跟你握握手

能力培养

练习抓握的同时，让宝宝感受到手拉手是互相示好、致意的意思，从而促进情感交流和社会性发展。

游戏步骤

1. 把食指放在宝宝手心中让他握住，同他说：“拉拉手，你好。”
2. 随着反复训练，宝宝会逐渐学会主动握住大人的手指，高兴地随大人上下左右摇动，长时间不松开。

温馨提示

注意不要太用力地摇动宝宝的手，只要轻轻摇晃，让宝宝感到很高兴即可。做这个游戏的时候，最好双眼看着宝宝，让宝宝跟你对视。

爱的互动

这个阶段，宝宝的小手刚刚可以容纳你的食指，他会出于无意识反应而紧握着你的手指不放。这个时候你要带着笑容，并且说着简单的词语，带着宝宝的小手一起上下移动。等到他知道握住你的手以后，你就会上下移动，他就能慢慢理解握手的含义了。

妈妈须知

与人类智慧最密切相关的两类动作是舌头和手的动作。给宝宝进行触觉训练主要是让宝宝通过手对物体的感觉来认识物体的性质。这种触觉刺激的认知会让宝宝体验到事物的另外一面。

宝宝笑一笑

能力培养

鼓励宝宝笑口常开，在宝宝笑的时候，成人及时给予肯定的回应，让宝宝感受快乐地笑的心理能量。

游戏步骤

1. 抱着宝宝轻轻地前后摇摆。

2 随着摇摆的幅度，用食指轻轻地抚摸他嘴边的皮肤，然后说："一、二、三，笑一笑。"

3 当宝宝朝你微笑时，要面露微笑，夸奖他："宝宝，真棒！"不断重复这一游戏。

温馨提示

宝宝嘴唇的皮肤很敏感，大人抚摸的时候要温柔。

爱的互动

当你抚摸宝宝的嘴唇时，他会下意识地咧开嘴笑。这时你要及时回应宝宝。通过不断地重复这个游戏，宝宝就会成为一个亲切和善且爱笑的人。

妈妈须知

宝宝还不会说话之前，他只能用自己的方式与你交流。一点儿声音、一个动作、一种脸部的表情、一段目光的注视，这都可能是宝宝给你的暗示。不要吝啬你的回应。你会发现，你的微笑能使焦躁的宝宝逐渐安静下来。他会哭得更少，晚上会更安静。而且从长远来看，这能帮助宝宝与其他人进行社会交往，还有助于他们储存和运用信息，为思维的发展奠定基础。

03 语言能力发展训练

朵朵妈购物回家，婆婆又在放《阿弥陀佛》给朵朵听！朵朵妈心里郁闷至极。朵朵这么小就天天听这种宗教音乐，会不会留下什么后遗症？朵朵妈尝试着跟婆婆沟通，可婆婆坚持放这种音乐，说是可以使宝宝清心寡欲、增长无上智慧。正在朵朵妈一筹莫展的时候，表姐李茜来了。终于有专业人士来主张正义了。“佛教音乐是开智、增慧、促进身心健康的好音乐，尤其是清新、明快、爽朗的佛教音乐，可以听啊，不过也可以尝试其他风格的，流行的、古典的，东方的、西方的，多样化才更能增加智慧呢。”

听和说的能力是相互促进的，要给这个阶段的宝宝做语言训练，就要从听觉开始。各种能发出声音的材料都可作为训练工具，如可以用小铃、八音盒、钥匙串、勺子等，来让宝宝感受不同的声音，这些各种各样的声音会极大地丰富和刺激宝宝的听觉。爸爸妈妈可以在宝宝的左边、右边、上边、下边、前后等处摇铃，或者发出其他的响声，分辨从不同位置发出声音的差别，有助于宝宝掌握语调、语音的差异，所以，尽管你此时不一定能看到宝宝对此有什么明显的反应，但声音的刺激对他以后语言能力的发展有积极的影响。

两个月的宝宝听见妈妈的声音会做出积极反应，会尝试着发出简单的声音。他的舌头和嘴唇还不是很灵活，发音的时候，气息往往会随着张口大小而变化，所以他往往会发出独特的“咿咿呀呀”的声音。此时，我们可以通过游戏来刺激和鼓励宝宝发声，我们可以在宝宝发出一个声音时说：“宝宝说得好，再说一次。”不断地练习发声，宝宝最终才能学会说话。

宝宝语言的训练随时可以进行。例如，睡觉前听节奏舒缓、旋律优美的摇篮曲和朗朗上口的儿歌等，这可以刺激宝宝的听觉器官，促进大脑的发展。而且歌曲、儿歌能帮助宝宝掌握语言的声音和韵律。另外，父母在和宝宝身体接触时，要尽量跟宝宝说话。就拿最常见的换尿布来说，我们可以边换边对宝宝说："擦擦宝贝小屁股，穿上小裤子，干干净净真可爱。"每次重复相同的话，使宝宝越来越熟悉，慢慢去理解一些词：屁股、裤子、干净的含义。这种简单而又始终如一的谈话，对宝宝语言的发展非常重要。

模仿发音是宝宝学习语言的方法，你可以先叫宝宝的名字，然后用目光注视他，并开始用一种歌唱的声音来发出"啊"的声音，接着再抚摩他，冲着他微笑。稍停一会儿，再做一遍。当宝宝哭泣时，父母发出与他们哭声相同的声音；笑的时候也可发出与他们节奏相同的声音。这些都有助于宝宝学习和模仿，能够使宝宝感受语言的美妙和乐趣。

铃儿响叮当

能力培养

聆听不同物体发出的声音不仅可以促进宝宝听力的发展，还可以帮助宝宝提升注意力。

游戏步骤

1. 将绳子一端系在能响的玩具铃铛上，另一端套在宝宝的小手腕上。
2. 抓着宝宝的手臂，轻轻摇晃，使铃铛发出声音。
3. 引领宝宝自己晃动手腕，让玩具发出声响。重复几次之后，他便会体会到自己的动作和声音的联系。

爱的互动

当宝宝注意到自己手与铃铛的联系时会很好奇，他甚至会想用另一只手把铃铛摘下来。这个时候大人要注意引导宝宝，并告诉他，他一动铃铛就会响。让他充分体会他摇铃的动作和"叮当"响之间的联系。

温馨提示

游戏时，大人一定要在场。大人离开时，要将套在宝宝手上的绳子取下来，放到宝宝无法触及的地方，以免造成意外。

妈妈须知

在摇铃的时候，成人还可以放一些声音稍小、节奏明快、音律平和的背景音乐，然后成人可用铃铛跟着音乐摇动出一些节奏来，比如，“咚嗒”“咚嗒咚嗒”或者“咚嗒嗒嗒”等等。让宝宝随之感受不同事物间所拥有的共同属性。

宝宝唱歌了

能力培养

提高宝宝“说话”的热情，对宝宝语言、交往等的发展是非常有益的。成年后善于表达自我的人，往往在幼年时，父母都非常喜欢与他们交流。

游戏步骤

1. 宝宝精神状态好的时候，妈妈与宝宝面对面，视线相对。
2. 妈妈自编简单的小曲调，“咿咿——咿咿咿——咿——”，反复唱给小宝宝听。
3. 放慢速度，引导宝宝学着发出“咿咿——咿咿咿——咿——”的声音。
4. 宝宝每发对一个音，妈妈就亲宝宝一下，给宝宝一个鼓励。
5. 附和着宝宝的曲调与宝宝一起“唱歌”。

温馨提示

做这个游戏的时候，家长发的音最好是短音，比如“嗒嗒嗒”“啪啪啪”等。短音节奏性强，可以配以相应的动作来表示节奏。

爱的互动

这个时期的宝宝虽然还不会说话，但是已经能够发出一些短音，同他“交流”，可以刺激宝宝说话的兴趣。另外，妈妈在说话的时候尽量看着宝宝的眼睛，带着笑容慢慢地说。越慢，宝宝就越容易接受。

妈妈须知

不要以为宝宝的语言能力是无师自通的。其实，宝宝每天都在听大人发出的各种声音，也在认真地学习。语言能力的高低与后天刺激的多少有最直接的关系。所以聪明的妈妈要给宝宝丰富的“学习”材料，帮助他更快地开口说话。

开心谈话

能力培养

妈妈经常开心地跟宝宝说话，会让宝宝从小就有开朗的性格，同时奠定语言的基础。

游戏步骤

1. 当宝宝醒来的时候，与他面对面相视，大约相距30厘米的距离。
2. 用温暖、关爱的目光看着他，轻轻呼唤他的名字，或叫他“宝宝”。
3. 用轻快的声音跟宝宝说话，语速尽量放慢，稍微提高音调。

温馨提示

妈妈的声音对宝宝来说是充满安全感的声音，这与他在母腹中就已经开始聆听妈妈的声音有关，所以妈妈的话语对宝宝多多益善。

爱的互动

妈妈的声音尽量温柔、清脆，不断地跟宝宝说些快乐的事情。宝宝虽然不理解语言，但是妈妈的语调以及说话时间的长短，都在无形之中影响着宝宝。

妈妈须知

宝宝学说话是从听开始的。父母应该当个解说员，随时解说你正在做的事情。注意语速要慢，要用重复的语言进行刺激，“慢”和“重复”是宝宝早期习得语言的最佳方式。

木鱼敲敲敲

能力培养

培养宝宝的节奏感，让他逐渐认识自己和环境之间的关系，培养他语言的逻辑能力。

游戏步骤

1. 拿出木鱼和小槌儿，在宝宝的眼前展示一下，让宝宝注意发声的物体。
2. 当着宝宝的面，敲一下木鱼，让宝宝注意到声音。
3. 停顿一下后，再次敲击木鱼，让宝宝确信声音是由木鱼发出的。
4. 在宝宝面前连续地敲击几下木鱼，让宝宝感受声音和敲击动作之间的关系。
5. 拿起宝宝的小手，帮助他握住小槌儿，敲击几下。

爱的互动

宝宝现在能够注意到一些持续不断的声音，大人要抓住机会制造一些声音来培养宝宝的节奏感。敲击木鱼的声音是非常适合的，它既不刺耳，又容易控制节奏。

温馨提示

敲击木鱼的声音不要太密，而且时间不要长，一般连续敲四五下就可以了。注意不要让宝宝独自拿小槌儿，以免碰伤。

妈妈须知

宝宝还是胎儿时就对声音有反应。良好的听觉发展能使他们在日后的生活与工作中表现更出色：听觉敏锐、记忆牢固、语言出色、音感出众、智力发达等。

妈妈教给小宝宝

能力培养

引导宝宝模仿发出1~2个元音，如a，o等，用夸张的口型与声音的关联，引导宝宝联想。

游戏步骤

1. 大人面对宝宝，做张口、吐舌的发音动作，诱导宝宝发出单个元音，如a，o等。大人的口形要略为夸张，音要拉长，便于宝宝模仿。
2. 当宝宝能发出清晰的声音时，用手机录下，然后在宝宝清醒时播放，让宝宝听听自己的声音。

温馨提示

宝宝如果因为发不出音而情绪不佳，大人可以做个鬼脸逗宝宝笑，然后再继续游戏。通过训练，有的宝宝在2个月的时候就能发出1~2个元音。

爱的互动

宝宝还不会模仿大人发出声音，但是他的听力已经很好了，所以大人以夸张的口型发出声音的时候，经过多次练习的宝宝已经知道这个音要用什么口型了。

妈妈须知

两个月左右，宝宝的听觉发展已经很好了，他对突然关门的声音或东西掉落的声音相当敏感。如果他正在吃奶，听到声音，有时他会停下吃奶，转而注意声音的来源。

咚咚拨浪鼓儿响

能力培养

在玩拨浪鼓的过程中，通过手腕的运动使拨浪鼓发出声响，让宝宝认识到自己对外界产生的影响。

游戏步骤

1. 在宝宝面前拿起拨浪鼓，轻轻摇晃几下，发出“咚咚”的响声，吸引宝宝的注意。
2. 拿起宝宝的小手，帮助他抓握住拨浪鼓，一边摇晃一边唱儿歌：“拨浪鼓，咚咚敲。”然后停顿一下，说，“吓了宝宝一大跳。”
3. 再次摇晃拨浪鼓，然后唱：“拨浪鼓，咚咚响。”然后停顿一下，说，“宝宝自己会敲响。”

温馨提示

小宝宝的耳鼓膜非常脆弱，因此摇拨浪鼓的时候，幅度不要太大，防止发出的声响太过刺耳。另外，拨浪鼓要放在宝宝视线的前方摇晃。

爱的互动

宝宝看到大人拿起拨浪鼓，他的目光会追随着大人的动作。然后大人把拨浪鼓放到宝宝手里，帮助宝宝发出声音。这个时候大人适当地唱起儿歌，宝宝会很高兴。随着节奏的快慢，宝宝的节奏感和听觉就得到了良好的训练。

妈妈须知

俗话说“十聋九哑”，可见，语言发展过程中，最主要的刺激因素就是听觉刺激。听到的词汇、音律、节奏都会作为记忆被存贮在宝宝大脑中，它们是语言发展的基础。等到宝宝能听辨发出声音的方向时，他就有了听觉选择。

宝宝乖，妈妈抱

能力培养

试着用语言来安抚宝宝，同时配合轻柔的动作，用温柔、平和的话语带给宝宝平静。

游戏步骤

1. 在宝宝哭闹或清醒时，妈妈一边抚摸他的头，一边用缓慢、柔和的语调和他说话，如：

“宝宝乖，不哭了，让妈妈抱抱宝宝。”“宝宝，我是妈妈，妈妈喜欢你，你是个乖宝宝。”

2 紧紧地搂着他，轻轻摇晃几下。然后，放下他，继续爱抚他，说安慰的话语。

温馨提示

不断地跟宝宝说话，刺激了宝宝的听觉，而且安慰的声音和充满爱意的话语可使宝宝更容易入睡。

爱的互动

在宝宝哭闹时，妈妈的安抚对宝宝的影响很大。这时，妈妈要有足够的耐心。

妈妈须知

有时候我们去安慰宝宝容易忽视两个方面：第一，我们是否弄清楚什么是宝宝当下最需要的；第二，安抚宝宝是不是毫无方法地去一味满足。比如，宝宝一哭，我们可能就会想到两个方面，要不是饿了，要不就是拉了、尿了。其实有时候这两者都不是，他可能就是需要妈妈去搂搂他、抱抱他，安慰一下他。安慰哭闹宝宝最简单的办法可能是直接把奶头塞到他嘴里，然而如果你选择拍拍他，跟他说说话，甚至在喂奶前问问宝宝“你是不是饿了”之类，跟宝宝都是一次极好的语言互动。

宝宝当当小舞伴

能力培养

刺激宝宝的听觉，感受旋律变化带来的空间变化和身体姿态的不同。

游戏步骤

1 在安静的室内播放简单、快乐、轻松的曲子。

2 把宝宝抱在怀里，看着宝宝的眼睛，询问：“我可以跟你跳个舞吗？”

3. 在宝宝耳边哼着歌，用一只手托着他的头部，一只手抱着他的背部，随着音乐向前、向后晃动宝宝的身体。

4. 曲子结束时，向他表示感谢。

温馨提示

摇晃身体的时候动作不要太大，因为宝宝这个时候的发育并不完全，如果动作太大，会让宝宝产生不适。

爱的互动

音乐开始，大人很绅士地请宝宝跳舞。抱着宝宝的时候，动作要与平常不同，让宝宝明白这不是简单地抱着。而大人温柔的动作，会让宝宝感到舒服。在音乐结束时，大人对宝宝表示感谢。这个流程会让宝宝感觉很新奇。不断重复这个游戏，无论是在听觉方面还是在身体平衡方面，宝宝都会得到长足的进步。

妈妈须知

让宝宝通过不同的位置、姿势，体会空间变化、体位变化等，增强右脑细胞的活性，使右脑范畴中的大运动协调能力、空间认知能力、平衡能力、注意力得到锻炼。

听，玩具的声音

能力培养

为不同玩具设计语言、语境，拓展宝宝的想象力和词汇联想的能力。

游戏步骤

1. 准备好不同大小、不同质地的各种动物玩具摆放在宝宝床边。

2. 在他的面前一边晃动玩具一边说："嗨，宝宝，你好呀。"

3. 在晃动玩具说话时，根据不同的动物玩具变换说话的语音、语调，以给宝宝倾听不同声音的机会。

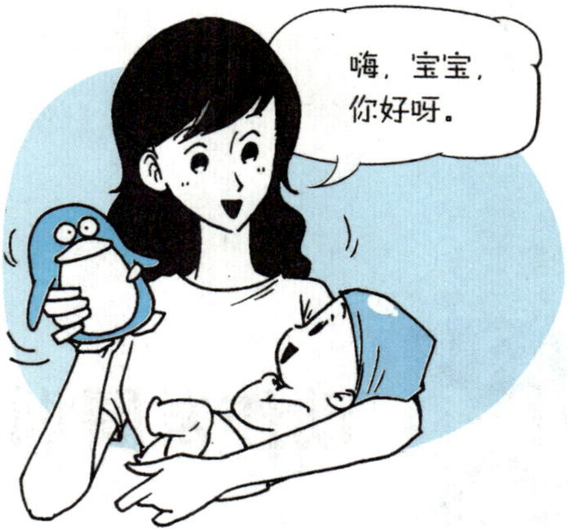

爱的互动

妈妈可以根据不同玩具不断地变化声音，如果拿着的是小鸟，就用细细的嗓音说；如果拿着的是小猪，就用闷闷的声音说。宝宝会很高兴听到各种变化的语言和变化的语调，一开始会好奇，进而也许是开怀大笑。

温馨提示

做这项游戏要保证周围环境的安静。而且做这个游戏时，要注意拿些小一点儿的玩具，以便宝宝可以抓起它们。

妈妈须知

宝宝出生5天以后就可以查出听力情况。我国妇幼保健制度要求孩子和大人在宝宝出生42天时做检查，一般在那时候可以筛查出大部分有听力障碍的婴儿。如果是先天性耳聋就可以及早采取措施。先天性耳聋的孩子在3岁以前做电子耳蜗，听力虽不能完全恢复，但语言发展的关键期并未错过，成年后语言能力可以接近正常水平。

04 动作发展训练

朵朵奶奶把朵朵放在床上，一边逗朵朵一边抬起她的小腿左踢踢、右踢踢，朵朵一直笑个不停。朵朵妈很担心："总是这么笑，嘴巴会不会抽筋啊。"旁边的李茜还没来得及咽的茶水都喷在了朵朵爸身上："咳咳，对不起啊。朵朵妈真是太天才了，这怎么会抽筋啊。要说抽筋也该说是腿抽筋啊。"朵朵爸闷闷地擦着身上的水说："看你不是乐得嘴抽筋了。""哇——"朵朵突然大哭，朵朵奶奶抱歉地哄着朵朵："你们别逗我笑啊，害我把朵朵都抓疼了。"

和身体比起来，新生儿的头部实在是太大了，所以他们根本没有办法支撑自己的头。要完成抬头这个简单的动作，宝宝的颈部肌肉和上身肌肉必须要有足够的力量。这个时期，正是婴儿头颈控制能力发展的起步阶段，我们可以通过游戏来锻炼宝宝的颈部肌肉，当他能控制自己的头部时，就能更好地观察周围的世界。

这时我们可以看到当宝宝仰卧时，他头部能慢慢左右转动，还会试着抬头，主动追踪特定的声音来源；俯卧时，他的头部渐渐可以平稳抬起，并可以随着明显的人、物品或图案转动头部，转移视线。等颈部支持的力量足够时，小宝宝开始喜欢更换姿势，以体验头部在不同位置的重力刺激感觉。

1 ~ 2个月的婴儿，动作是按从头到脚的顺序发展的，刚开始他的手是攥紧的，拇指是放在四指内的，还会把攥着的小拳头放嘴边吮吸。此时与宝宝多做手指游戏，会帮助他们在2个月左右后打开攥紧的小拳头并且增进宝宝和父母的情感交流。躺着的时候他们会兴奋地挥动双臂，努力想要碰触眼前的目标；趴着时，摆放在胸前的手臂会自然用力，试图抬头挺胸。

父亲是宝宝重要的游戏伙伴，在与父亲的"摸爬滚打"中，宝宝的活动与认知范围得到拓展，使他能够更广泛地认识自然和社会。与此同时，宝宝开始在实际操作中模仿父亲。这对他认知技能的提高、成就意识的增强和自信心的树立起着不可低估的作用。

宝宝升空特技

能力培养

锻炼宝宝手、臂和背部肌肉力量，增加身体与四肢的协调感。

游戏步骤

1. 把两个食指分别放到宝宝的手心。
2. 等宝宝自动握住大人的手指，或者指导宝宝握住大人的手指。
3. 慢慢地抬起手臂，将宝宝提起，再放下。不断地重复这个动作。

爱的互动

宝宝无意识的抓握会很牢固，大人可以用手指把宝宝整个提起，而宝宝不会有不适的感觉。有时，宝宝可被提到半坐位。力量大的宝宝可完全握住大人的手指使整个身体离开小床。

温馨提示

宝宝的这种抓握本领是无意识的，因个体差别而异。我们游戏的目的只是在于发展宝宝小手的运动能力，为以后宝宝的双手更灵巧打下基础。游戏中还可尝试用花环棒、笔杆、筷子之类的东西让宝宝试握，但这些只锻炼宝宝握力和手的感知，不锻炼臂部和颈背部的力量。

妈妈须知

防止新生儿抓破皮肤最根本、最有效的方法是经常给新生儿剪指甲。为避免新生儿把脸抓伤，家长可以趁孩子熟睡时小心仔细地修剪他的指甲。新生儿的指甲十分柔软，可选用婴儿专用的指甲剪来修剪。

轮 船

能力培养

腹部的压力可以缓解肠绞痛引起的不适，上下起伏、来回晃动可以帮助宝宝建立最初的平衡感。同时宝宝也会试着抬头看看周围，头、颈、肩、背都得到了锻炼。

游戏步骤

1. 把宝宝俯卧在妈妈肚子上，妈妈把双手放在宝宝脊背上轻轻按摩，帮助宝宝放松。
2. 慢慢进行深呼吸，使腹部稍有起伏，并说：“宝宝坐轮船喽！”让宝宝感受到妈妈身体的缓慢运动。
3. 用手指轻触宝宝的后背，让宝宝进一步与妈妈的身体接触。
4. 如此反复两三次。

温馨提示

注意一定要选在宝宝空腹的时候进行这个游戏。玩游戏时，妈妈的服装要柔软，尽量不要有扣子，以免让宝宝感觉不舒服。小宝宝颈部运动的能力还比较弱，逗宝宝的时候，一定要注意保护好宝宝的头部。

妈妈须知

身体接触不仅可以帮助宝宝认识世界，提高他们探索世界的欲望，而且也是家长与宝宝之间建立起良好依恋关系的重要前提。而良好依恋关系的建立则有助于宝宝日后良好社会交往关系的建立。

体操小王子

能力培养

帮助宝宝较好地活动下肢关节和肌肉，促进宝宝身体运动能力和空间感的发展，同时伴随动作的儿歌，可以促进宝宝语言能力的发展。

游戏步骤

1. 抬起宝宝的双脚，与床面呈45度。
2. 帮助宝宝弯曲双腿使双膝至腹部。
3. 伸直双腿，使双腿与床面保持45度。
4. 放下宝宝的双腿，让宝宝舒服地仰卧。
5. 重复以上动作。

温馨提示

游戏时如果发现宝宝有些紧张、烦躁，请暂时停下来，替代以皮肤按摩，帮助小宝宝放松。游戏时爸爸妈妈的力度不要太大，要跟随宝宝的身体。

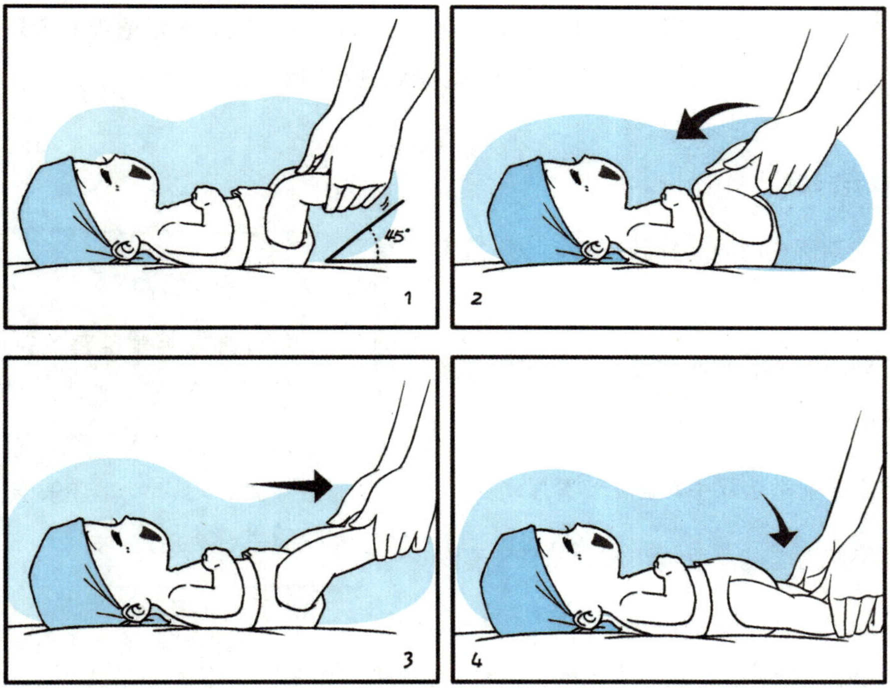

爱的互动

因为宝宝不会自己伸展身体，所以大人要帮助宝宝做运动。这时大人轻轻抬起宝宝的小腿，并且开始唱儿歌："宝宝做体操，伸伸腿，伸伸腰，从小就要炼身体，健康宝宝乐陶陶。"愉快的节奏，配合宝宝的双腿运动，这会让宝宝觉得身心愉悦。

妈妈须知

运动的好处在于促进神经、肌肉以及骨骼的生长，对自我身体形象的建立及对外在环境的认识均有帮助。宝宝的动作如果发展得好，长大后身体控制力强，不会东一下跌倒，西一下撞倒，还可以适应环境、勇于越过障碍，比如可以轻松跨过水沟、翻越高地等。

小宝宝翩翩起舞

能力培养

当你发现宝宝喜欢在眼前晃动双手时，可以开始这一游戏。配合适当的音乐，不仅可以帮助宝宝锻炼四肢，还能让他们用肢体去感受旋律和节奏。

游戏步骤

1. 在宝宝清醒的时候，播放乐曲，吸引宝宝的注意。
2. 轻轻随着节奏，哼唱旋律，引导宝宝注意节奏。
3. 在宝宝面前举起双手，随着节奏摆动。
4. 慢慢举起宝宝的小手或小脚，随着节奏摆动。
5. 逐渐培养宝宝听见乐曲就主动地“舞蹈”起来的习惯。

温馨提示

播放音乐手舞足蹈的时间不要过长，一般5分钟即可，不要让宝宝过分疲劳。选择音质较好的播放设备，尽可能让音乐层次丰富、质感清晰。

爱的互动

让宝宝的小脚随着音乐的节奏不断晃动，并且告诉宝宝这是在跳舞。不仅让宝宝得到了全身的运动，而且还有利于宝宝的听觉发展。父母及时加入一起挥动手臂，让宝宝沉浸在舞蹈的欢乐中。

妈妈须知

宝宝满月后，身体变得一天比一天强壮而灵活，喜欢腿脚乱蹬。反复用脚蹬被子，身体就会逐渐移到床边。有时碰巧掉在地上，就有可能导致摔伤。因此，应该经常检查婴儿床的护栏，看它是否松动，如果松动要及时加固。如果宝宝睡在大人床上，任何时候都不要放宝宝独自一人在床上。

看宝宝踢彩球

能力培养

在踢球的过程中，宝宝可以发现自己的动作对皮球造成的影响，可以感受到自己的力量，感觉到自己对其他事物的影响。同时，在踢球的过程中，宝宝的腰背部和腿部肌肉都得到了锻炼。

游戏步骤

1. 用结实的线将彩球挂在宝宝床上方，让宝宝抬起脚刚刚能够碰到。
2. 轻轻抬起宝宝的一只小脚丫，帮助他“踢”一下彩球，引起小宝宝对彩球的注意。
3. 待彩球静止后，抬起宝宝的另一只脚，帮助宝宝再次“踢”一下彩球。
4. 让彩球晃动，引导宝宝自己去踢球。

温馨提示

球不要太大，一般直径6厘米左右为宜，颜色要鲜艳，最好为单色。球悬挂的位置应适宜，要让宝宝的小脚丫稍抬起就能够踢到。要适当控制球晃动的幅度，以免宝宝的视线跟不上，从而影响他游戏的积极性。

爱的互动

宝宝现在还很小，他看到彩球时也不知道是干什么用的，但是大人帮助宝宝“踢”一下，宝宝看到彩球来回摇晃会很高兴。

妈妈须知

在宝宝成长的早期，他所接受的刺激越丰富，其脑神经的树突长得就越多，他也就会变得越聪明。所以，要想让宝宝更聪明，首先要给他丰富的刺激，包括视觉刺激和运动刺激。

宝宝盯着火车跑

能力培养

“小火车”在宝宝的视线中移动，可以帮助宝宝感受空间中的位置关系，还可以帮助宝宝学习转头，提高身体控制能力，锻炼颈部肌肉的力量。

游戏步骤

1. 拿起“小火车”玩具放到宝宝面前，吸引宝宝的注意。
2. 对小宝宝说：“小火车开车喽！”然后将“小火车”从左向右慢慢移动。
3. 一边移动“小火车”，一边模拟火车运行时的声音。
4. 当“小火车”从宝宝身体的一侧移动到另一侧之后，“呜——”的一声停下来，然后从右向左慢慢往反方向移动。

温馨提示

这个阶段，宝宝的视觉范围还非常窄，所以“小火车”与宝宝眼睛的距离不要超过2米。并且“小火车”移动的速度要缓慢。

爱的互动

宝宝看到小火车在自己面前慢慢移动，会感到很惊奇。这个时候大人模仿火车的声音，随着火车的走远，宝宝的视线也会不断追随。如果大人看到宝宝的脖子已经到了极限，就可以把火车往回开。这种游戏可以让宝宝锻炼颈部肌肉。

妈妈须知

大脑是神经系统的“司令部”，大脑的健康发展无疑是宝宝智力发展的基础。而运动则可增加大脑皮层的厚度，促使大脑释放出一种叫作内啡肽的物质。这种物质能够减轻神经的紧张度，提高学习效率和记忆力。

小手摆啊摆

能力培养

通过这样的游戏，宝宝可以一边看到手的运动，一边感受运动时自己身体的变化，同时还可以帮助宝宝感受运动的速度和节奏。

游戏步骤

1. 妈妈举起宝宝的一只手，在其视线正前方晃动几下，引起宝宝对手的注意。
2. 一边唱儿歌，一边轻轻摆动宝宝的小手，让宝宝的视线追随手的运动：“小手小手摇一摇，小手小手摆一摆，小手小手跑得快。”
3. 唱“跑得快”时，以稍快的速度将宝宝的双手平放到身体两侧。

温馨提示

家长在摆动宝宝小手的时候，节奏一定要慢，防止突然的节奏变化给宝宝造成不适。双手摆动的幅度不要太大，只要让宝宝能够产生视线的追随就可以。如果宝宝有不舒服的表现，应该及时调整或终止游戏。

爱的互动

宝宝现在还不能随心所欲地摆动双手，这个时候妈妈可以抓着宝宝的小手，并且伴随儿歌开始运动。因为儿歌的节奏和小手运动的快慢有关，所以宝宝一般不会厌烦这类游戏。而且宝宝跟随节奏感受到自己身体的运动和变化，这可以帮助宝宝逐步认识到手和自己的关系。

妈妈须知

宝宝运动时，左右两侧肢体协调动作，促进了大脑左右两半球的协调发展，可以充分开发大脑的潜能。另外，适当的运动能提高心脏机能，能供给大脑充足的氧气和血液，让大脑的物质基础更丰富。

宝宝碰到了什么

能力培养

锻炼宝宝从无意识地碰摸到有意识去摸。

游戏步骤

1. 在床栏上挂上布娃娃或其他小玩具。
2. 引导宝宝用手去触碰这些玩具。
3. 小玩具也可以换为木线轴、塑料球、铃棒等不同质地的物体，以扩大触摸物的质地范围。

温馨提示

宝宝的皮肤很敏感，不要给宝宝一些有毛刺的玩具。还应注意宝宝有无过敏症状。有些婴儿对毛绒玩具过敏，家长要避免让宝宝接触该类材质玩具。

爱的互动

当宝宝在清醒状态并且无意识地碰到了布娃娃，他会有触摸的感觉，这种奇怪的感觉会让他再次碰触。然后宝宝就会掌握到规律，不断地碰触。大人这个时候可以引导宝宝去碰别的东西，因为不同的触感会让宝宝好奇心更加旺盛，他会一直做这个游戏。

妈妈须知

宝宝往大脑里存储的感知经验越多，以后可提取的信息与经验也就越多。让宝宝接触不同的材质，也就是增加了更多的刺激，对大脑信息存储和提取很有帮助。

蹬蹬自行车

能力培养

锻炼宝宝的腿部力量。

游戏步骤

1. 让宝宝平躺在地板上或者床上。
2. 帮助他来回蹬两条腿，就像骑自行车一样。
3. 大人拿一个会发出有趣声音的玩具放在宝宝的脚边，让宝宝踢到它，发出声音。

温馨提示

帮助宝宝双腿做自行车运动的时候，速度不要太快，要保证在宝宝能够承受的范围内，这样才能够取得最好的效果。

爱的互动

宝宝的双腿在大人的帮助下上上下下，宝宝会喜欢这种感觉。当大人拿来玩具，宝宝脚蹬玩具，发出声音后，他就越发喜欢蹬着腿玩。这样，宝宝的腿部力量就得到了锻炼。

妈妈须知

潜能开发要从零岁开始。0~3岁是宝宝生长发育的重要阶段，需要父母创造各种条件，除悉心护理与保证营养外，还需要根据宝宝身心发展规律，有的放矢、循序渐进地进行各种体育活动，以增强宝宝的体质，促进其正常生长发育。此外，适当的体能运动还能帮助宝宝消耗能量、增进食欲，同时有效预防肥胖。

看我脑袋抬起来

能力培养

锻炼宝宝的颈部肌肉，在喂奶前趴一趴也有利于增进宝宝食欲。

游戏步骤

1. 让宝宝趴在床上。
2. 在头顶方向摇动铃铛，告诉他“在这边”，引诱宝宝抬起眼睛观看。
3. 最开始时他用眼睛看一小会儿，头仍枕在床上，逐渐锻炼至颈部肌肉强健后，他整个头能向前看，下巴支在床上。
4. 每天要让宝宝趴在床上3~4次，从30秒开始，逐渐延长时间。用不同的玩具逗引，使宝宝颈部能支持头的重量。

温馨提示

注意不要把铃铛吊得太高，要慢慢地从宝宝眼前开始上升，引导宝宝抬头。如果宝宝对铃铛失去兴趣，可以换成别的东西，最好用色彩鲜艳的东西吸引宝宝。

爱的互动

宝宝听到铃儿响，他会抬头看。这时大人不断地鼓励宝宝，然后继续摇铃铛，或者换成别的声音，引起宝宝的兴趣，让宝宝抬头看。然后慢慢地增加难度，宝宝的头也可以逐渐地向后仰。这样宝宝的颈部肌肉就得到锻炼了。

妈妈须知

一个多月时，宝宝不论是仰卧还是俯卧，他都会把头转向偏好的一边，而且会弯曲四肢以贴近身体。但他的颈部肌肉不太有力，除非有支撑，否则头总是会下垂。俯卧抬头时，由宝宝达到自己的极限，家长不要去用手扶他头部试图让他看得更高。

掉不下的彩色雨

能力培养

增强头颈转动的灵活度，锻炼颈部肌肉和视觉追踪能力。

游戏步骤

1. 先将几条彩色纸条的一端分别用胶带粘贴在厚纸板上。完成后，以纸条向下的方式拿着厚纸板，这样就形成美丽的彩色雨丝了。
2. 让宝宝平躺，大人先坐在宝宝头顶前方看着宝宝，并说："下彩色雨了！"接着拿出彩色雨纸板，在宝宝眼前微微晃动。
3. 配合宝宝的反应，移动彩色雨丝的位置，并适时变换摇晃的速度。
4. 然后以小宝宝的脸蛋为中心，将彩色雨丝依照上（头顶）、下（下巴）、左（左耳）、右（右耳）的位置移动。

温馨提示

大人要注意把纸条贴得紧一些，不要在晃动过程中有纸条落下。如果有纸条突然落到宝宝的脸上，可能会把宝宝吓到的。

爱的互动

宝宝看到一条条色彩鲜艳的纸条会感到很惊讶，这个时候大人告诉宝宝下彩色雨了，并且在宝宝眼前晃动。宝宝的注意力很容易被吸引，然后宝宝的头会随着彩色雨丝的位置变化而移动。这个游戏可以锻炼宝宝头颈转动的灵活度，为宝宝将来的身体发展打下基础。

妈妈须知

宝宝一出生就有视觉功能。在"看世界"的过程中，宝宝逐步认识周围事物的颜色、形状、大小以及材质。

05 习惯养成训练

朵朵躺在床中间，两边是朵朵妈和朵朵爸。朵朵妈叫着：“朵朵，妈妈在这里。”朵朵把头转向朵朵妈。朵朵爸也叫：“朵朵，看爸爸。”朵朵扭过头来看朵朵爸。朵朵妈再叫，朵朵再扭头，如此反复了几次，朵朵就不玩了，眼睛就盯着朵朵爸，任凭朵朵妈怎么叫都不行。“小白眼狼。”朵朵妈恨恨地抱起朵朵。她忽然发现，朵朵爸手里拿着一个黄色的玩具小汽车，正在急急藏起。“好啊，你作弊，竟然这样诱惑朵朵。”朵朵妈叫起来。朵朵爸故作淡定地说：“现在可不是争宠的时候，我在训练朵朵集中注意力的习惯。”

出生第一周，宝宝每天几乎睡 18 ~ 20 小时，醒着的时间不长，还几乎都被喂奶、换尿布、洗澡等护理工作所占用。此时妈妈不必纠结游戏时间和内容，像宝宝吃饱之后竖抱起他拍嗝，洗澡之前对他进行抚触，换尿布时跟他说话，喂奶时温柔的注视，宝宝哭闹时的安抚等都是在与宝宝游戏。

大概到第三周，宝宝的睡眠和清醒渐渐有了规律，睡眠减少 2 小时，醒着的时间变多。这时就可以在宝宝醒来的时间里和他一起玩游戏，陪他说话、触摸他的肌肤、与他互看，用夸张的嘴形模仿各种声音，逗宝宝笑，让他感受外在世界的美好。

在这个阶段宝宝的学习是属于被动式的，主要通过感受外界环境的刺激来促进身心发展。因此，爸妈应给宝宝一个舒适的环境，让他处在放松、安全的状态，对他的需要如饿了、尿了等及时回应，避免有噪声的环境，不在宝宝面前吵架，尽可能让宝宝得到的都是良性刺激。

从觉醒时间可以客观地推断宝宝大脑的成熟程度。如果宝宝大脑成熟的部位较多，能接受较多的外界刺激，觉醒时间就会相对长些；如果宝宝大脑成熟的部位相对少些，遇到过多的刺激会发生保护性抑制，当抑制扩散开来，宝宝睡着的时间会长些。

此时宝宝还比较弱小，需要较长时间的睡眠和次数比较多的喂哺、护理，父母可抓紧每次睡眠周期的间隔，在照料时同他游戏、说话，用最短时间让宝宝得到视觉、听觉和触觉的刺激。白天尽量多做一些护理和活动，晚上除了喂哺外尽量少做其他活动，尽量把宝宝夜晚的睡眠时间延长，帮助宝宝适应昼夜规律，逐渐建立起自己的起居习惯，让父母得到休息。

宝宝肚皮好痒呀

能力培养

让宝宝感受自己身体不同部位被触及时的愉悦感，逐渐放松情绪，对周围环境建立信任。

游戏步骤

1. 呼唤宝宝的名字，吸引宝宝的注意。
2. 隔着衣服，轻轻地用手挠小宝宝的肚皮。
3. 一边挠痒痒，一边逗笑，配合挠痒痒的节奏，轻喃：“胳肢、胳肢、胳肢。”
4. 小宝宝微笑后，可以换一下手的位置，轻挠小宝宝肚皮的两侧。

爱的互动

大人首先要引起宝宝的注意，然后再胳肢宝宝。宝宝会因为感到你手指隔着衣服轻轻地触碰他的皮肤而开心。你这个时候的笑容和语调都会让宝宝产生愉快的情绪，而且宝宝这个时候也可以注意到你触碰他的地方，从而认识自己的身体。

温馨提示

大人一定不要留长指甲，以防划伤小宝宝的皮肤。如果手凉，就不要直接触摸宝宝的肚皮。胳肢宝宝的动作要轻柔，注意不要搔宝宝的颈部。

妈妈须知

这一时期的宝宝主要通过基本的感觉器官来接受外界的各种刺激，所以爸爸妈妈要注意多与宝宝进行身体上的接触。给宝宝拥抱、亲吻和抚摸，让宝宝获得更多体验。

饭后乖乖的

能力培养

逐渐养成规律的睡眠和饮食习惯。

游戏步骤

1. 喂宝宝吃奶不要喂得太饱，尤其是一些常溢奶的宝宝，适当控制食量，有助于宝宝消化吸收。

2. 在宝宝吃完后先竖着抱，并且拍着宝宝的背，让他打嗝排气。右侧卧睡有助于宝宝的消化。宝宝睡醒之后，身体会倾向背侧而成为仰卧；或者由于垫枕太高，身体倾向腹侧而成为俯卧，形成被动翻身，这对宝宝练习翻身有好处。

爱的互动

当宝宝因为侧卧很累而变化体位的时候，由于重心的改变而成为仰卧或者俯卧，后来渐渐由无意到有意，向一方用力，这样就学会了90度翻身。

妈妈须知

研究表明，新生儿有很强的学习能力，从一出生开始，他们就会用自己的独特方式来认识周围的世界。我们可以常常为他们的探索提供便利条件，只要智能相应、环境具备，孩子自己会完成发展。

宝宝抬抬头

能力培养

让宝宝学会抬头，扩大他的视野，养成善于观察的习惯。

游戏步骤

1. 宝宝很娇嫩，大人把宝宝竖直抱起的时候，宝宝的头会很自然地靠在妈妈的肩头。大人可以动动肩膀，刺激宝宝尝试把头抬起。
2. 让宝宝趴在床上，用他感兴趣的东西来吸引他抬头看你。
3. 让宝宝趴在大人身上。这个时候大人要小心地扶住宝宝的头，然后慢慢躺平，让他的头抬起来。

温馨提示

注意：宝宝刚吃饱时，不要俯卧；练习抬头时间不能长，以一两分钟为宜；事后要让宝宝仰卧休息。

爱的互动

这套练习宝宝抬头的游戏最好选在两次喂奶间进行。在练习中，妈妈要提高警惕，不要人为去抬宝宝的头。

妈妈须知

适合这个游戏的道具有：摇响玩具（拨浪鼓、花铃棒等）、悬挂玩具、图片（人像、有一定模式的黑白图片）、镜子等。

用勺子“吃饭”

能力培养

让宝宝试着感受勺子。让宝宝体会与吮吸不同的方法，感受张口—抿嘴—吞咽的口部动作。

游戏步骤

1. 用小勺盛三分之一或者二分之一的温水或奶液。
2. 将小勺伸进宝宝舌中部。
3. 把小勺略作倾斜，将液体轻轻倒入口腔。
4. 小勺子仍留在舌中部，待宝宝吞咽后再取出，如有液体从嘴角流出，用纱布轻轻擦拭。

温馨提示

用小勺给宝宝喂水时，宝宝要连续吞咽两三次才能将口腔中的液体全部吞下，所以大人不要急着把勺子撤出来。

爱的互动

宝宝习惯吸吮，常用吸吮的口形将唇噘起，勺子难以进入舌中部，妈妈要耐心等待宝宝乖乖地把小嘴张开。这时最好的办法就是同宝宝说话，大人说“把嘴张开”，并且做出张嘴动作，让宝宝模仿。等宝宝张开嘴后马上将勺子放入。

妈妈须知

不要用一次性湿巾直接擦宝宝的眼睛、中耳。如使用湿巾后出现皮肤红肿、发痒、刺激反应等症状时，应立即停止使用，严重的应到医院急诊。日常清洁用柔软的纱布蘸温水即可。

闻一闻是什么

能力培养

就地取材地让宝宝闻闻不同气味，发展宝宝嗅觉。

游戏步骤

1. 如果爸爸运动或干家务后出了不少汗，那是该游戏的绝佳时机。
2. 让宝宝闻闻妈妈的奶味，观察宝宝的表情。
3. 闻完妈妈立刻让宝宝闻闻爸爸的汗味，观察宝宝的表情。
4. 然后再让宝宝闻闻各种家庭烹调用品（比如醋），观察宝宝的表情。

爱的互动

宝宝闻到妈妈身上的奶味，会把头凑向妈妈；而爸爸的汗味，可能会让宝宝皱起眉头。当把醋和蒜让宝宝闻，宝宝可能会整个五官拧到一起做出夸张的表情，此时大人可以轻轻拍拍宝宝，告诉他这是什么东西。

温馨提示

大人让宝宝闻过各种味道以后，最好让他呼吸一下新鲜空气，然后让他吃点奶，放松一下。

妈妈须知

视觉、听觉、触觉、嗅觉、味觉五大感觉系统对小宝宝而言，不仅是自然生理发展的一部分，更是认识这个世界的通道。这个阶段的宝宝，五觉启蒙已经可以开始进行，爸爸妈妈别忘了配合宝宝的发展提供其成长所需的感觉刺激。

漂亮颜色宝宝爱

能力培养

发展宝宝的视觉，给宝宝颜色的刺激。

游戏步骤

1. 妈妈在脖子上戴一条鲜艳的项链，然后在给宝宝喂奶时或者看护时让他看。
2. 收集鲜艳的丝巾和领带，系在宝宝床边，看看宝宝是怎样专心凝视这些色彩亮丽的物品的。
3. 给宝宝穿双颜色鲜艳的袜子，或者将袜子套在宝宝手上，让他看这些色彩亮丽的物品。

温馨提示

游戏中，可对宝宝说“多漂亮的颜色”之类的话，吸引宝宝的注意力。颜色对宝宝的视觉发展很有帮助，宝宝慢慢地可以从色彩斑斓中分辨出几种他经常见到或者喜欢的颜色。

爱的互动

大人可以故意用鲜艳的项链碰宝宝，让宝宝注意到项链。在这个时候宝宝往往会抓住项链，大人可以告诉宝宝这是什么颜色的。或者大人给宝宝在手上套上袜子，宝宝会对鲜艳的色彩产生好奇，然后大人帮助他把袜子举到眼前，告诉宝宝这是什么颜色的。

妈妈须知

颜色对宝宝的智力也有影响，所以当宝宝能盯着某种颜色或转动头部看别的颜色时，你可以指着说：“这是红气球。”“那是红灯笼。”“这是黄花。”用语言加以描述，加深他对颜色的感知和对名词概念的印象及它们的相关性的认识。

暗暗的世界

能力培养

在母亲陪同下，尤其是在温暖的怀抱中经受一些不常遇到的黑暗，能刺激宝宝的视觉，锻炼宝宝对暗光的适应能力。

游戏步骤

1. 白天喂奶时把窗帘拉上，使房间渐渐地变暗。
2. 夜间喂奶时不开灯，用不同颜色的布包上手电筒，在不同色彩的昏暗光线下喂奶，或者在最暗的灯光下换尿布。
3. 虽然是昏暗的环境，但是宝宝听到母亲熟悉的声音，看到人的轮廓并躺在温暖的怀抱中也不至于害怕。

温馨提示

宝宝喜欢光亮的窗户，也喜欢明亮的灯光。当宝宝习惯暗淡的光线后，他也能辨别母亲和床的位置，渐渐适应昏暗的环境。

爱的互动

宝宝还不能区分颜色，但是对黑暗还是有些恐惧，而听到母亲熟悉的声音可以让宝宝感到安心。如果大人经常在昏暗的灯光下慢慢地拍着宝宝给他喂奶、换尿布，宝宝也就慢慢地习惯了昏暗。这种游戏可以锻炼宝宝对暗光的适应能力，让宝宝注意到环境的变化，刺激宝宝视觉的发展。

妈妈须知

比起听觉、触觉、嗅觉、味觉，视觉的发展较晚。在2个月时，宝宝只能看清楚20厘米范围内的物体。他的眼睛不会随着物体靠近或远离而调焦，因此一开始宝宝看东西，只能感觉其外形。移动中的事物比较能够吸引他们的注意，他们能感觉到物体在移动，并模糊地看到外轮廓。

0~2个月宝宝档案

感知理解力发育

- 对压力、冷、热有反应。
- 对亮光和黑暗有反应，眼球的运动不协调，在视线范围内能注视物体。
- 听见声音时增加活动并凝视，对苦味和酸味表示拒绝。
- 存在拥抱反射、颈部紧张反射，并能伸舌、吸吮、吞咽、咳嗽、打呵欠、打喷嚏、眨眼。

运动能力发育

- 俯卧时，能有爬的姿态。
- 当看见人的面部时，活动减少；被抱着时，表现出特征性的姿势（如紧紧蜷曲像只小猫）。

语言能力发育

- 哭吵的特征随环境而变。
- 喉咙部会发出“咿咿呀呀”的声音。
- 对宝宝讲话或抱着宝宝时，宝宝显得很安静。

情感发育

- 当不舒服时会大哭，但没有眼泪。
- 一天睡 20 小时左右，大约有 3 小时是深睡眠状态。

习惯养成

- 睡眠时间比较长且逐渐形成规律。

第2章

3~5个月 开发基本技能

这个阶段的宝宝，动作能力和感知能力有了很大的发展，开始做一些转头和抓握的动作，也可以自己翻身并俯卧，俯卧时用双手或肘部支撑身体，能抬头达90度。此外，宝宝对颜色和声音的感知能力明显增强，能分辨两种不同的颜色，能随音乐节奏摆动四肢，但协调性还有待提高。此时父母可以是继续促进宝宝运动能力和感知力的发展，培养宝宝初步的韵律感。

01 感知理解力发展训练

“朵朵，爸爸是不是很帅啊！”看到朵朵盯着自己看，朵朵爸摆出一个又一个自我感觉魅力十足的姿势，让一旁抱着朵朵的朵朵妈很是鄙视：“朵朵刚学会看东西了，是看着你奇怪，不是帅好不好？”“你嫉妒朵朵喜欢我。”朵朵爸的心情丝毫不受影响，在宝宝面前继续搔首弄姿。

4个月的宝宝可以分辨颜色。他对自己喜欢的物体，比如一张挂历，可以注视很久；5个月的宝宝喜欢照镜子，看见镜子里的人会发出欢笑声。这时爸爸妈妈可以多和宝宝玩照镜子的游戏，来发展宝宝的视觉聚焦能力和追踪能力，玩的时候妈妈可以指着镜子里的宝宝，说宝宝的名字，指着自己说“妈妈”。这不但帮助宝宝认识到自己是个独立的个体，而且还使给宝宝得到了他的名字和“妈妈”一词的语言刺激。

这个阶段，宝宝的视线已能从一个物体转移到另一个物体上了。当他生气时，除了以啼哭来表达外，还会把头转向一边不理人。吃奶时听到有人大声说话，就会转头并且挣扎，表示“不要”。不过，这些情感的表现也与个性有关。开朗活泼的宝宝喜欢表达，文静内向的宝宝较少表达，这属于性格差异，没有好和坏，所以爸爸妈妈不必担心和纠结哪种更好。

宝宝是通过模仿来学习的，所以表达对宝宝的情感时，爸爸妈妈的肢体动作和语言都不妨夸张些，宝宝会更容易区分差异，更好学习和掌握。

这个阶段宝宝的视力、记忆力和注意力都在快速发展之中。由于这些能力的增长，宝宝在这一时期会非常富有好奇心。动作协调能力的改善和视力范围的扩大使得他试着去拿他力所能及的任何东西。爸爸妈妈可和宝宝多玩那些需要去够、去抓的游戏，既促进他的手眼协调和动作发展，又能使他的自信心在通过一次次努力够到目标后大大增强。

他对这个世界的运行方式逐渐有所了解，这会使他有更多的探索行为，如一件东西从他面前的高脚椅上落下时，他的目光会随之移动。这时，可与他玩一些促进这方面能力发展的游戏。比如可将一件玩具放在他面前的高脚椅上，在被他碰到地上后，爸爸妈妈恐怕要不厌其烦地为他拾起，让他多多探索。

球球摸宝宝

能力培养

刺激宝宝的手掌、足掌，促进宝宝触觉发育，提高身体的感知力。

游戏步骤

1. 准备一个直径10厘米左右、表面突出的小触摸球。
2. 在宝宝刚睡醒或他心情愉悦时，妈妈先用自己温暖的手为宝宝做抚摸。
3. 然后用小触摸球轻轻地抚摸宝宝的身体，尤其是他的手指、脚趾。

温馨提示

这个游戏一定要选在宝宝刚睡醒或心情好时进行。如果宝宝有困意，会对这个游戏产生烦躁情绪。而在宝宝不高兴的时候触摸他，他会很反感。

爱的互动

小宝宝的触觉非常发达，身体各个部位受到刺激都会做出反应。刚开始，妈妈温暖的抚摸会让宝宝感到舒适。然后用触摸球抚摸，一开始，宝宝或许会很紧张，但是因为有妈妈的抚摸做过铺垫，所以宝宝会很快领悟到这也是一种舒服的抚摸，从而放松身体。而这两种触感的不同宝宝也能够清晰地感受到。

妈妈须知

触觉障碍主要指宝宝在处理触觉信息时调节得不够好，或许是迟钝，或许是太敏感。其实，宝宝的脑细胞并不比成人逊色，只是细胞间的神经感触还没有连接，需要妈妈帮助宝宝开发，所以要经由不断地触摸、感受，配合其他感官的刺激，才会渐渐形成触觉。一般来说，剖腹产、早产、非母乳喂养、母亲爱抚少的宝宝比较容易出现触觉障碍。

颜色碰撞真好玩

能力培养

增强宝宝的视觉跟踪能力，有助于宝宝将图像和声音联系起来。

游戏步骤

1. 将几个色彩鲜艳的小玻璃球放入小瓶中（最好是玻璃瓶），盖上盖子。
2. 倾斜或者翻转小瓶，带动瓶子里的小球相互碰撞发出声音。
3. 引导宝宝观察小球是怎样运动的。

温馨提示

游戏中要注意安全，不要将球拿出来给宝宝，谨防宝宝吞食小球。

爱的互动

宝宝对鲜艳的颜色很有感觉。看到瓶子里的颜色互相交替、碰撞，还可以发出声音，他会很兴奋，很积极地参与到游戏中来。5个月大的宝宝可能就会试图自己去抓住玻璃瓶来回晃动了。

妈妈须知

训练宝宝眼睛的追视能力，对日后阅读有很大帮助。一是能进一步帮助宝宝提高注意力，二是为日后顺利进行逐行阅读创造条件。

抓住什么了

能力培养

让宝宝去感受同样是软软的质地，都可以有质感、表面粗细等差异，拓展宝宝触觉的广度和敏感度。

游戏步骤

1. 准备小棉布条、小绒布条、小纸条、小海绵条、小橡皮条、小绸子条各一个。

2. 首先拿起小棉布条放到宝宝手里，让他体会布条温软的感觉。然后再拿起小绒布条让宝宝抓捏，让宝宝自己去感受、体会。以此类推。

3. 当宝宝把物体抓到手里时，大人要在一旁解释："绒布软绵绵的，绸子滑溜溜的。"

爱的互动

游戏中，还可以把不同质地的物体放到宝宝面前，引导他伸出手来抓捏。如果宝宝不理睬，可以首先用夸张的动作和语言示范一遍给宝宝看。当宝宝参与到游戏中时，大人可在旁边富有感情地讲解和鼓励。

温馨提示

如果宝宝将布条抓过来，然后探出头去用嘴"品尝"，甚至塞进嘴里吮吸，我们不要急着往外拽，更不要去打宝宝的手，可以轻轻拉一拉，或者换一条颜色鲜艳的小条，来转移孩子注意力。

妈妈须知

对于一个3个月的婴儿来说，口的功能除了可以满足生存外，还是认识自身的工具之一，这就可以解释为什么大部分婴儿都有吮吸手指的行为（只有程度上的差异）。宝宝通过吮吸手来认识手，等他可以独坐的时候，还会吮吸脚来认识脚，6个月以后，还会用口来试探周围的一切，包括你可能会发现孩子趴在床上舔床单，会爬了以后，还会去舔地板等。我们可能无法知道吮吸、舔等到底带给孩子什么样的认知，但是有一点是可以肯定的，就是所有的婴幼儿都是通过口来和世界建立亲密关系的。

小球来了

能力培养

通过海洋球声音吸引宝宝注意力，然后再以不同颜色引导宝宝目光上下移动，进而激发他的兴趣，鼓励他自己去抓。

游戏步骤

1. 宝宝坐在妈妈腿上，背靠妈妈，眼睛看前方。
2. 在宝宝前方，用一个大纸盒装上五颜六色的海洋球（海洋球里要配有小铃铛）。
3. 先用铃声吸引宝宝注意，再将海洋球从上至下一个个倒出来，倒的速度快慢交替。

温馨提示

如果宝宝需要，可以让他拿着一个球观察一阵，再开始这个游戏。另外，大人在游戏中要放松和快乐，充分享受亲子时光，即使宝宝只看自己拿的球，不再注意你的交替动作也没关系。

爱的互动

大人先用铃声吸引宝宝的注意，然后再把盒子里的海洋球一个一个倒出来。宝宝看到盒子里不断有五颜六色的小球跳出来会很惊讶，他的眼睛会随着海洋球从上面落到下面。如此反复，宝宝视觉的追踪能力得到很大提升。

妈妈须知

可以让家庭其他成员多参与和宝宝的游戏，如果游戏的步骤和要领他们不清楚，可以把这些告诉他们，或者干脆把这本书递给他们，然后你可以去休息一下，让孩子的爸爸或者爷爷奶奶（外公外婆）去完成这些。

五指游戏真有趣

能力培养

发展宝宝手指上的触觉，并且让宝宝练习五个手指放松张开，同时感受每个手指头的差异。

游戏步骤

1. 选宝宝睡醒或刚洗好澡的时候。
2. 用自己的大拇指和食指轻轻地抚摸揉捏宝宝的每一个手指和脚趾。
3. 一边捏，一边给宝宝唱儿歌："大拇哥、二拇哥、中轱辘、四小弟、五小妞爱看戏。"

爱的互动

这个游戏最好选在宝宝洗完澡、全身都很放松舒服的时候进行。大人用自己的大拇指和食指抚摸宝宝，让宝宝对大人的两个手指有个大概的印象，然后又能感觉到自己的五个手指在被抚摸，慢慢地就会对自己的手指有一定的了解。

温馨提示

手指和脚趾是宝宝触觉敏感的部位。大人碰触宝宝的手指会让宝宝感到很好玩。每天捏一两次，对宝宝触觉的发育很有好处。

妈妈须知

有研究指出，稳定的触觉经验会让宝宝产生愉悦的情绪，感觉安定，因此家长有机会就要多抱抱他、拍拍他或给他做按摩，这样将有助于稳定宝宝情绪及增进亲子间的联系。

摇啊摇，不倒翁

能力培养

手触碰不倒翁后，它晃动的身体为宝宝提供了视觉刺激。

游戏步骤

1. 妈妈坐在地垫上，宝宝坐在妈妈的身上，背靠妈妈胸部。
2. 在离宝宝30厘米的地垫上放一个不倒翁玩具，妈妈拨动不倒翁，使它摇晃起来。
3. 引导宝宝注意不倒翁的晃动。

爱的互动

妈妈的怀抱很容易让宝宝产生安全感，并且背靠妈妈的坐姿会让宝宝的视野很开阔。当不倒翁晃动的时候，宝宝的眼睛会注视它。如果不倒翁能发出悦耳的声音，还会为宝宝提供有效的听觉刺激。宝宝可能会伸手去触摸不倒翁，尤其当他发现妈妈的触碰和不倒翁摇晃之间的关系后。另外，妈妈可以告诉宝宝这是什么东西，并配合儿歌：“说你呆你不呆，推你倒下，你又站起来。”

温馨提示

妈妈一定要把宝宝抱牢，不要让宝宝后背悬空，这个月份的孩子背脊还不能独立支撑自己坐立。

妈妈须知

3~5个月的宝宝，视觉有了明显的发展，他不仅可以自由控制头部转动，还能够伸手去够东西。这是一个非常大的进步。但是他还不能很好地控制手部肌肉，因此有时候总表现为对自己想要的东西“拍拍打打”或者感觉是要“拨弄”一下，其实也许他只是想抓起它们而已。

认真看天气

能力培养

增强宝宝将感知的事物与概念结合在一起去感受和记忆，慢慢理解抽象概念与具体事物之间的联系。

游戏步骤

1. 抱着宝宝到窗边看看天气如何，为他讲讲天气情况。
2. 然后带他出门加深对天气状况的印象。
3. 增强宝宝对不同类型天气的记忆力，通过你的解说来加强他对已获取信息的理解。

温馨提示

这个游戏不要半途而废，一定要持之以恒，这是一个非常好的从具象到抽象，从抽象又到具象的思维转换游戏。游戏中，注意观察宝宝的情绪，最好选择宝宝高兴时进行。

爱的互动

当大人给宝宝讲天气情况时，也许宝宝并不明白。这时，大人可以抱着宝宝感受外面的天气是热是冷、是晴是阴。宝宝通过一段时间的反复感受就会明白什么是天气的变化，并且他还会对自己获得的各种关于天气的信息进行归纳、总结。

妈妈须知

随着宝宝的成长，开始有了注意力集中的时间，但依然容易被无关的事物吸引。爸爸妈妈可以和宝宝有目的、有计划地一起进行较持久的感知活动，锻炼宝宝对事物的专注及感知能力。

踢踢动动叮当响

能力培养

眼脚的协调能力很重要，宝宝以后除了会用脚走路外，还要让眼睛通过大脑告诉脚要往哪里走。

游戏步骤

1. 在宝宝床沿或游戏围栏上系一根有弹性的绳子。
2. 绳子上再系些铃铛、拨浪鼓之类能发出响声的东西。
3. 当宝宝踢床时，鼓励他观察动作与响声之间的联系，脚底的感觉、目标物的声音和形象在宝宝大脑里形成了丰富立体的认知。

温馨提示

在宝宝床沿或游戏围栏上系的那根绳子要短，避免勒着宝宝。当铃铛响的时候大人要鼓励宝宝多做几次，有助于宝宝发现床和铃铛之间的联系。

爱的互动

现在，宝宝的小腿可以踢床了。他踢腿时，听到了铃铛的声音，就会去看声源和自己动作的关系。大人可以明确地告诉宝宝，也可以给宝宝示范一下床和铃铛之间的联系。宝宝会很快注意到这一点，明白因果关系。

妈妈须知

你的宝宝早在出生之前，就开始学习理解其他人在说什么、做什么。刚出生时，宝宝还不能准确地理解你说的话是什么意思，但他能感受你的情绪，比如高兴、伤心、爱、关心、焦虑、生气等。到宝宝4个月大时，他能听出自己的名字。所以你的示意，他是可以明白的。

墙头坐不住

能力培养

有助于宝宝掌握节奏感、锻炼平衡感。

游戏步骤

1. 坐在地板上，将宝宝放在你曲起的膝盖上。
2. 妈妈用轻快的声音唱儿歌：“小宝宝坐在墙头，小宝宝掉下墙头，一切马中之王，一切人中之王，都无法将这个小胖墩扶起。”
3. 当唱到“小宝宝坐在墙头”时抬起脚尖，让宝宝有一种被弹起的感觉，当唱到“小宝宝掉下墙头”时，伸直腿让他也“掉下来”。随着儿歌的节奏，反复进行。

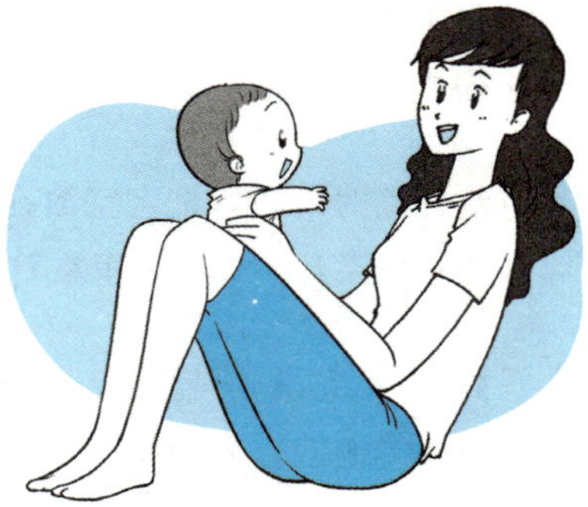

爱的互动

宝宝坐在你的膝盖上，你膝盖的动作让宝宝感到有些刺激和惊奇。宝宝很快就会知道你膝盖的动作是随着儿歌发生的。大人唱儿歌时尽量吐字清晰，让宝宝多感受语言的韵律和节奏之美。

温馨提示

游戏中要注意安全，动作尽量缓慢，不要幅度过大。

妈妈须知

几乎没有宝宝不喜欢这样的游戏——既能感受到身体有规律的动作，又能听爸妈唱有趣的儿歌，还能够被充满爱意地抱着。

小黄球跑了

能力培养

训练宝宝远距离追视的能力。锻炼宝宝的语言发展，并且可以培养宝宝对熟悉事物的观察能力，还可以激发宝宝对外部世界的好奇心，激发宝宝探索的欲望。

游戏步骤

1. 提前准备好可以滚动或移动的玩具，或者是既带响声又可行走的电动玩具。这里以黄色乒乓球为例。
2. 游戏开始时，妈妈把宝宝放在宝宝车里，在车旁放一张茶几，妈妈手里拿着黄色的乒乓球。
3. 妈妈对宝宝说："宝宝，我们今天来玩一个'追'的游戏，看妈妈手里拿的是什么？"向宝宝出示黄色的乒乓球。
4. 引起宝宝注意后，妈妈把乒乓球放到靠近宝宝的茶几上，然后松手，乒乓球向远处滚了。
5. 观察宝宝的视线是否追视桌面上滚动的乒乓球。游戏可反复进行，直至宝宝会追视为止。

温馨提示

茶几应低于宝宝的视线。在游戏时，妈妈适当的语言提示很重要。等到宝宝的追视能力有所发展时，妈妈应抱宝宝到户外去追视物体。

爱的互动

宝宝看到黄色乒乓球就会想要拿起来，这个时候妈妈把球放到茶几上，乒乓球滚动，宝宝的视线也会随着乒乓球由近及远。当妈妈滚乒乓球的时候，妈妈可以说："小球跑远了，跑远了。"给宝宝一个距离概念，让宝宝理解"远"的意思。

妈妈须知

同样是追视游戏，但这个"小黄球跑了"的游戏除了练习宝宝追视物体的能力外，更能输入类似"远""近"等抽象概念，让宝宝将抽象概念与现实感受结合起来。

02 情感发展训练

朵朵奶奶抱着朵朵兴冲冲地对朵朵妈说："朵朵可真棒，刚才抱着她出去，她见人就笑。大家都一个劲地夸她可爱。"朵朵妈也笑了："朵朵的社交能力不错嘛，居然不怕生，好现象。""我说朵朵妈啊，以后就多抱着朵朵出去转转，让她多见点人，以后肯定是个人见人爱的小公主。"婆媳两个兴奋地讨论着。

宝宝到了3至5个月，更乐于与人接触。当你与他在一起时，他会非常开心。他喜欢你为他搔痒，而且会咯咯地笑个不停。他对玩具的钟爱也逐步加深。这个时候的宝宝还很会看大人脸色，见大人笑就跟着笑，见大人生气则会默不作声。妈妈哭时，宝宝会静静地趴在身边，伸手摸妈妈的脸，好像在同妈妈分担忧愁。

在与人交往的能力不断增长的同时，他的交流表达能力也在发展。他嘴里发出喃喃声，有时还会发出一长串的声音引人注目。这时你要多和他说话，多和他玩游戏，当他"咿咿呀呀"地好像在回应时，你要立即做出反应，并鼓励他。可以立即亲亲他，也可以用语言来表扬，如"宝宝，是不是在说喜欢啊，说得好"。你的积极反应就是在给宝宝示范如何对他人做出反应，是宝宝人格、社会性和情感发展的重要组成部分。

此时宝宝开始区分熟人与陌生人，并喜欢与熟人"交流"。当宝宝饿了啼哭时，听到妈妈"来了，来了"的声音，宝宝会安静地等着。看到妈妈时脸上会出现笑容，然后投怀吃奶。忽然来了客人或听到陌生的声音，宝宝会表示迟疑、询问。如果有声音大声说话，宝宝会被吓得哭起来。

这个阶段，大人可以经常带宝宝到户外散步。大人同邻居们打招呼时，也让宝宝多接触些人。有些宝宝见人就先笑，有些宝宝看见自己喜欢的人才笑，这些宝宝都有笑的主动性。有些宝宝要等大人逗才笑，被动一些。这些都没关系，只要尽可能趁宝宝怕生之前，创造机会让宝宝接触不同的人，多与外人见面，等宝宝到了“认生”期时，有助于减少宝宝怕生的范围和程度，为他们日后的人际交往打下良好的基础。

爸爸举高高

能力培养

这个飞起来的游戏可以锻炼宝宝颈背部和平衡能力，让他在忽上忽下中感到自己重心所发生的改变。

游戏步骤

1. 爸爸用强健有力的双手把宝宝抱在怀中，同宝宝说话，逗宝宝笑。
2. 在宝宝心情愉悦、神经放松的时候，把宝宝举到空中。
3. 把宝宝抱回到怀里亲一下。如此反复。

爱的互动

爸爸抱着宝宝的时候，宝宝会感到和妈妈抱时不一样。爸爸要比妈妈更有力气，抱着更有安全感。爸爸不但会唱歌还会吹口哨，这让宝宝觉得更刺激，也更快乐。爸爸对宝宝的关爱会让宝宝感受到父爱，这和温柔的母爱完全不同。这两种关爱，会让宝宝感受到家庭的温暖。

温馨提示

游戏过程中要牢牢抓住宝宝的身体，动作幅度不要太大。

妈妈须知

这个游戏不仅让宝宝可以和爸爸亲密互动，还能够感受到男性的力量，同时让宝宝感受到尝试、探索带来的愉悦，双方美美的笑容会让这个“冒险游戏”变得温馨有趣。

宝宝跟我一起唱

能力培养

在音乐中增加与宝宝身体、表情上的互动，让宝宝体会律动的同时，更能感受到你的爱。

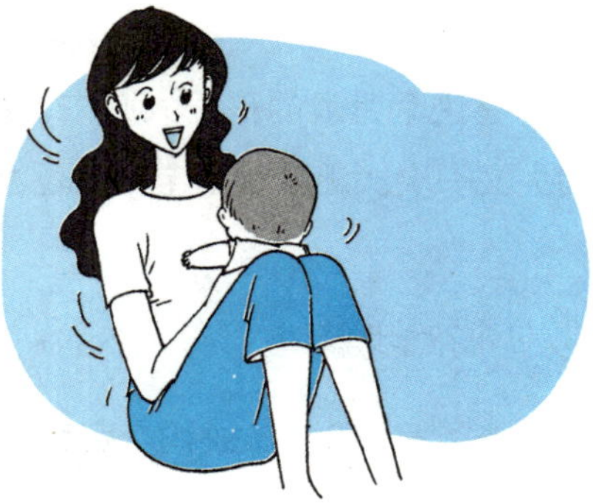

游戏步骤

1. 大人抱着宝宝，把宝宝放在膝盖上，让宝宝面对着自己。
2. 大人用夸张的嘴形哼唱歌曲，伴随着节拍的改变，带动着宝宝左右摇摆或上下颠动。大人可以选择慢一点的节拍做左右摆动，快一点的节拍做上下颠动。
3. 引导着宝宝注意大人的嘴形，甚至让他用小手来摸大人的嘴巴和脸。

温馨提示

大人所选择的音乐应以欢快的节拍为主，如莫扎特的《土耳其进行曲》、舒伯特的《音乐瞬间》或者一些圆舞曲等。尽量不用摇篮曲。

爱的互动

大人抱着宝宝随着音乐的节奏而摆动的时候，节奏感好的宝宝会表现得很积极，显现高兴的表情，也能调动身体配合节拍，使摆动更加有趣。

妈妈须知

孩子对音乐有着天然的直觉。婴幼儿对于音乐中的节奏和身体节奏的配合都很喜欢，到2岁左右就能很好地把握节奏，会表现为能跟随音乐自主摇摆身体或四肢。随着年纪的增长，对于音乐的感受力会增强，逐渐可以体会音乐中的复杂情绪。我们在日常可以为他们提供系统欣赏音乐的机会，这样一来，即使他们不接受系统的音乐训练，也一样可以对音乐有敏锐的感受力。

小宝宝藏猫猫

能力培养

在这个月龄的孩子大脑中，某个物体从视线中消失就意味着不存在了。当你一次次消失又一次次出现时，宝宝会逐渐理解物体恒存的原理。

游戏步骤

1. 爸爸抱着宝宝，妈妈在宝宝对面同他玩玩具。
2. 突然妈妈用布巾盖脸，仍然同宝宝说话。当宝宝左右观看，找不到妈妈有点儿着急时，妈妈掀开布巾，笑嘻嘻地说“喵”。
3. 等一会儿，妈妈再盖上布巾，引导宝宝自己动手把布巾掀开找到妈妈。

温馨提示

注意观察宝宝的情绪，如果宝宝很喜欢这个游戏，妈妈可以和爸爸互换角色继续来玩。宝宝会感到很兴奋。

爱的互动

当宝宝看到妈妈不见了，但是仍能够听到妈妈的声音，会很着急地想找到妈妈，这个时候妈妈自己把布巾掀开，宝宝会又惊又喜，手舞足蹈。重复这个游戏，宝宝就会知道怎么和妈妈配合玩这个游戏，并且知道妈妈只是暂时不见了。

妈妈须知

3个月前宝宝不会找看不见的东西。六七个月以后，宝宝通过这个游戏受到启发，开始掀布，以后还会揭开纸，翻开杯盖和盒盖，甚至还会翻开书等来找东西。他懂得东西会被盖住，但东西并未消失——这可是宝宝一项非常重要的能力。

妈妈的味道

能力培养

让宝宝感知妈妈的气味，增强亲子感情。

游戏步骤

1. 将一件妈妈不打算再穿的旧衬衣剪成几片。
2. 把几个碎片与其他衣服碎片放在一起，让宝宝从中找出妈妈衣服的碎片。
3. 引导性地向宝宝发问："这个是不是妈妈的衣服？宝宝来闻闻。"然后，把碎布片凑近宝宝的鼻子，让宝宝闻一闻。
4. 宝宝找到了妈妈衣服的碎片后，成人可适当鼓励一下。

温馨提示

每块布片最好不要小于77平方厘米，妈妈要在一旁小心看护，不要让宝宝把布片塞进嘴里。虽然宝宝不会说话，但是他对妈妈的肯定还是可以分辨出来的，所以宝宝找到后，妈妈要及时回应宝宝。

爱的互动

最好找气味重一些的衣服，便于宝宝识别出来。妈妈的味道会让宝宝觉得亲切。在看到、听到的同时，能够将气味与之联通，丰富了宝宝对人（妈妈）的认知。

妈妈须知

人嗅觉的好坏往往也是其五感灵敏与否的标志。人类经常接触到的气味比较固定，有一定的规律性。例如，当新生儿接近母亲的乳房时，即使宝宝看不清楚，也会根据嗅觉去寻找乳头。据研究，人能辨别的气味竟然可达2000~4000种，大脑因此摄入的信息量也是相当可观的。所以，我们要适当注意保护和促进宝宝嗅觉的发展。

宝宝看看小镜子

能力培养

促进宝宝的观察力，延长宝宝暂时记忆的时间，还可以促进宝宝自我意识的发展，同时培养宝宝对不同质地物体的感知力。

游戏步骤

1. 3~5个月宝宝可以俯卧，头抬得很好，在他面前放一块镜子，可以激发他好奇心。
2. 6个月以后妈妈把宝宝放到宝宝车里，推着宝宝到镜子前停下来，让宝宝看到镜子里的自己。
3. 妈妈引导宝宝用手触摸镜子并对宝宝说："镜子可真光滑呀！宝宝也来摸一摸光滑的镜子。"

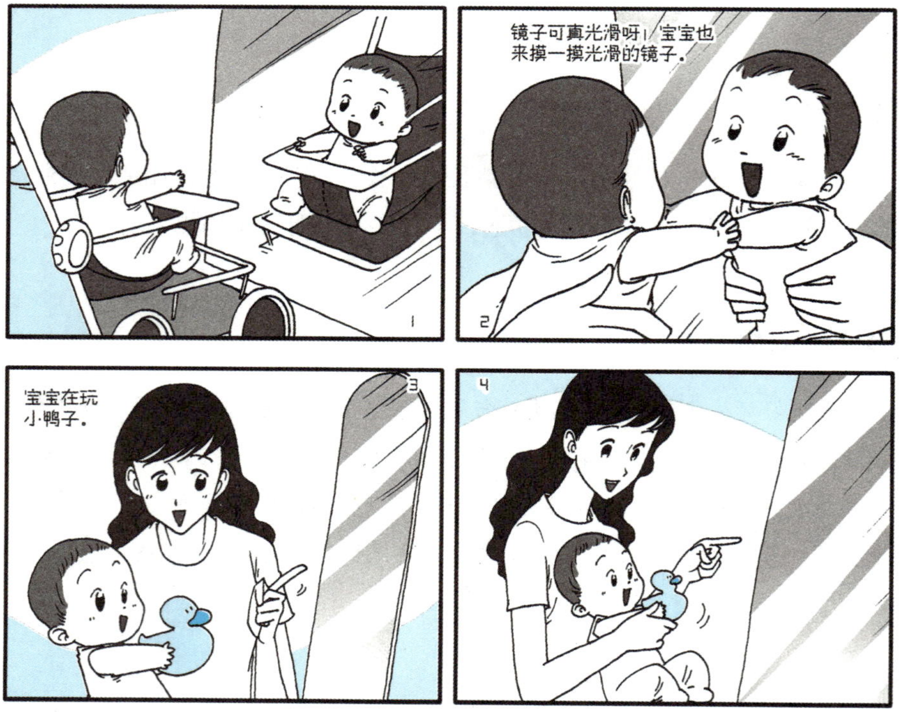

4 妈妈给宝宝一件小鸭子玩具，让宝宝玩。然后，妈妈指着镜子让宝宝看，说："宝宝在玩小鸭子。"

5 妈妈拉着宝宝的手，把宝宝手中的玩具摇一摇，让宝宝观察镜子中的宝宝也在摇手中的玩具。这样的动作，妈妈可拉着宝宝的手多做几次。

温馨提示

注意镜子边框，可用棉布包裹，有时锋利的边角会对宝宝安全造成隐患。

爱的互动

宝宝还不知道镜中的人是他自己，但是宝宝仍会在妈妈的引导下，对着镜子做各种动作，如对着镜子笑、点头、挥手、说话，与镜子中的人玩，差不多要到15 ~ 18个月，他才能明白镜子里是他自己。

妈妈须知

3~5个月的宝宝已经可以和自己独处并且自娱自乐了。他会喃喃自语，有时候还会注视自己的手一段时间。4个月左右的宝宝视线会追踪物体，比如他会盯着某人的脸端详很久，也能够追视来回移动的物体，并表现出持续一段时间的注意力不转移。

灯好亮啊

能力培养

教会宝宝注意并认识与生活密切相关的物品。让宝宝感受明和暗的区别，以及开关灯与明和暗的逻辑关系。

游戏步骤

1 白天时，妈妈把宝宝抱到台灯前，用手把台灯拧亮又拧灭，一闪一闪的，让宝宝的视线落在灯上。然后妈妈对宝宝说："宝宝，这是灯，灯是照明的。"

2 到了晚上，妈妈事先把台灯拧亮，抱着宝宝走进房间，问宝宝："灯在哪里？"如果宝宝把头转向台灯的方向，表明宝宝认识了灯。

3 妈妈抱宝宝走到灯前，拧灭台灯，屋子里一片黑，这时再次拧亮灯，兴奋地对宝宝说："哇，灯好亮啊。"

爱的互动

在白天的时候宝宝也许并不会特别注意灯。到了晚上，妈妈把台灯拧灭时，在黑暗中宝宝会有点不安。妈妈可以轻轻地拍打着宝宝，并说："不怕，不怕，宝宝不怕黑。有妈妈在，宝宝什么都不怕。"当台灯再次亮起来后，宝宝对灯的认识就加深了一层，甚至对明暗的分界线产生关注。

温馨提示

台灯的灯光不要太亮，避免让宝宝直接看灯泡。因此，不要将宝宝置于灯罩正下方，让灯罩与桌面保持在45°～75°为宜。

妈妈须知

在这个游戏中，还会因为灯光的原因产生影子，宝宝可能会挥舞着双臂去抓自己的影子。影子随着宝宝动作的改变而改变，为他带来另一种光被挡住后产生阴暗的影子的直观感受。不要小看这些体验，它们都作为信息被存储在宝宝的大脑中，这对将来宝宝的手眼协调能力、语言能力的发展都有很重要的作用。

03 语言能力发展训练

朵朵自己躺在床上抱着橡皮小鸭子，“咿咿呀呀”地说话，手舞足蹈，看上去心情很好的样子。朵朵妈和朵朵爸站在门口悄悄观察。朵朵爸啧啧称奇道：“这小妮子平时折磨死人，没人搭理了倒老实了。”朵朵妈捏了他一把，轻声说：“小声点，让她听到了又要哭了。”朵朵爸赶紧压低了声音，说：“我现在终于开始佩服你表姐李茜了，她说给朵朵自由的空间，没想到这么管用。”正说着，朵朵“哇——”的一声大哭起来。朵朵妈赶紧进去看，原来是毛线玩具小鸭子砸到朵朵的脑袋了。朵朵爸摸摸下巴，说：“看来方法有待改进。”

3个月以后的宝宝清醒时间明显延长，感知能力得到进一步发展，眼睛调节功能增强，能看清较远和较近的物体，耳朵的灵敏度也有了提高。被成人抱起时头部能够竖起，且转动自如。随着宝宝各种感觉器官的成熟，宝宝对外界刺激的反应越来越多，这个时候的宝宝，听觉比较敏锐，听到新奇的声音会停下正在做的动作。他也能够分辨熟悉与陌生、愤怒与友好等不同的语言、语气、语调并做出反应。如果你用严厉的语气和宝宝说话，他会哭；喜欢你温柔的轻声细语。当你和他面对面“交谈”时，能用眼睛看着你大约30秒钟左右，并会有反应，如“咯咯”地笑，或“咿咿呀呀”地发出轻微的“a”“e”等语音应答。

3个月以后的宝宝发音越来越多，能清晰地发出一些元音，而且情绪越好，发音越多。此时，可在宝宝情绪愉快时多与他说笑，使其感受多种声音、语调，促进宝宝对语言的感知能力。另外，利用日常生活中的一点一滴来教宝宝语言，比如看到小鸟飞过，就指着说“小鸟”，爸爸进门，就说“爸爸回来了”。还可以试着反复唱两三个音符，比如，唱着“啦……啦……”，让宝宝逐渐模仿你唱。如果你经常唱，这就很容易成为他早期口语表达的一部分。

宝宝也会打哇哇

能力培养

引导宝宝连续而有节奏地发音，初步感知自己的声音。

游戏步骤

1. 提前准备好一张洁净的薄纸，备用。
2. 妈妈先用手在自己的嘴上拍，发出哇哇的声音，然后拿着宝宝的小手在他的嘴上拍。
3. 当宝宝发出哇哇声时，妈妈拿出薄纸放在他的嘴前，通过观察纸张振动，引导宝宝感知声音。

爱的互动

如果宝宝不能发出哇哇的声音，大人可以发音，让宝宝看着你的口形。轻拍宝宝嘴巴的时候，大人要引导性地发出哇哇的声音，示范给宝宝看。最后，大人把纸放到宝宝嘴前，让他看到由自己的声音而引起了纸的振动，让他能更好地感知声音。

温馨提示

宝宝的皮肤、肌肉很敏感，帮助宝宝打哇哇的时候，动作要轻柔，触到宝宝口唇部即可。

妈妈须知

宝宝在练习发音的过程中，我们的回应非常重要，在这个游戏中，宝宝跟你配合顺利完成，你可以多鼓励宝宝“很棒”“真有意思”等，让宝宝慢慢学会用除了哭以外的方式与外界建立联系。宝宝发音能得到更多正向的肯定，对宝宝将来乐于用语言表达，并且能够正确表达有着非常积极的作用。

调皮的小铃铛

能力培养

训练宝宝听力，同时可锻炼宝宝注意力。

游戏步骤

1. 将宝宝抱在妈妈身上，用一个声音柔和或美妙清脆的摇铃，在宝宝头部的左侧或右侧轻轻摇动，观察宝宝的反应。
2. 当宝宝转头过来找声音的来源时，把摇铃换到宝宝的另外一边，躲避宝宝的视线。
3. 反复几次后，让宝宝发现铃铛。摇动铃铛发出有节奏的声音，让宝宝听，并和宝宝一起手舞足蹈起来。

温馨提示

注意铃声不要太大，也不要太靠近宝宝的耳朵，否则会伤害宝宝的听觉。和宝宝一起跳舞时要投入，让自己快乐、宝宝快乐。当发觉宝宝不愉快或烦躁时要停止游戏。

爱的互动

宝宝听到铃声响会去寻找声源，妈妈在宝宝看到铃铛后转移到宝宝的另一边，再次让宝宝寻找。这个过程不仅可以锻炼宝宝的听力，刺激他的好奇心，而且还可以锻炼宝宝颈部肌肉。

妈妈须知

适合3~5个月宝宝的玩具有：第一，家庭相册，可以让宝宝认识自己、父母，发展宝宝视觉能力。第二，各种悬挂玩具，便于宝宝抓握、踢打，有利于发展宝宝的手眼协调能力。第三，能发出声音的手镯、脚环，可以戴在宝宝的手腕、脚腕上，增加宝宝活动的兴趣，引导宝宝明白因果关系。

听声音，看照片

能力培养

培养宝宝对语言里有关概念的信息与实物信息建立联系的能力。

游戏步骤

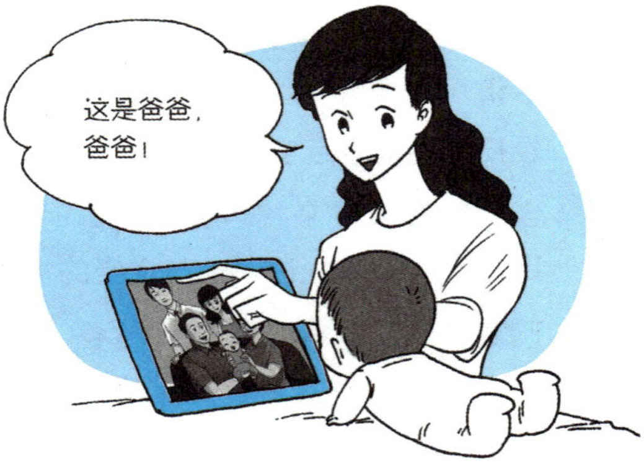

1. 事先找出几张彩色照片，一张爸爸的、一张妈妈的、一张宝宝的、一张爸爸妈妈和宝宝的合影。

2. 游戏时，妈妈抱着宝宝，先拿出一张爸爸的照片，边看边对宝宝讲：“宝宝，这是谁呀？这是爸爸，这是宝宝的爸爸。”让宝宝看照片的同时用手指一指爸爸。

3. 换一张照片问：“宝宝，这是谁呀？这是妈妈，这是宝宝的妈妈。”同时，妈妈用手指一指自己。让宝宝反复地看看照片再看看爸爸妈妈本人，加深宝宝的印象。

4. 随后，再给宝宝看他自己的照片，问宝宝：“这是谁呀？这是宝宝呀。”

5. 最后，再拿出爸爸、妈妈和宝宝的合影，让宝宝看着照片，爸爸指着照片说：“宝宝看，这是爸爸、妈妈和宝宝的合影。这是爸爸（同时指一指自己），这是妈妈（指一指妈妈），这是宝宝（指一指宝宝）。”

6. 如此重复几次，还可以引导宝宝进行指认，比如可以拿着宝宝的手，先指照片上的爸爸，再指一指身边的爸爸；先指照片上的妈妈，再指一指身边的妈妈。

温馨提示

游戏的照片最好选择爸爸妈妈近期的照片，便于宝宝辨认。如果宝宝喜欢这个游戏，则我们可以多准备一些照片，照片中的人以头像为主。要想方便翻阅的话还可以直接给宝宝看家庭相册。

爱的互动

宝宝看到照片上的人会很好奇，他会根据妈妈说的话去仔细辨认照片上的人。通常宝宝对自己的照片最感兴趣，他会多看几次，甚至还会表现得很兴奋。大人这个时候再让宝宝看合影，宝宝也许会对合影产生更大兴趣也不一定。

宝宝快来大声叫

能力培养

让宝宝练习发辅音，并且让宝宝试着从逻辑上联系音与物（人）之间的关系。

游戏步骤

1. 大人用口唇使劲发“爸”的音，用手指着爸爸或者爸爸的照片，尽量使声音与人联系起来。
2. 宝宝很可能不理睬大人，而是自己很随意地发出声音，比如“啊不——”。大人不要打击宝宝的积极性，而是要呼应他，说：“啊不——”
3. 宝宝知道大人喜欢听他发音会使劲大叫，把声音拉长或者重复地叫。大人很配合地鼓掌表示鼓励，说：“宝宝好棒！”

温馨提示

这个时候宝宝也许还不能叫出爸爸妈妈，但这并没有关系，重复是最好的学习方式，让宝宝听到这些跟b、p、m、f相关的音。

爱的互动

鼓励宝宝发音，尽可能将声音与实物联系起来。宝宝还不懂其中的含义，但是经常重复地练习会让宝宝渐渐懂得“爸”“妈”是指人，而且能慢慢地分清是指哪一个人。

学着和妈妈说话

能力培养

培养宝宝与人说话的兴趣很重要，因为这是在引导宝宝用语言来与外界交流而不是哭声。

游戏步骤

1. 大人要用夸张的口形同宝宝说话，引导宝宝也发出声音回应大人。
2. 这时的宝宝喜欢说双元音，如“咿咿”“呀呀”“嘿嘿”“哦哦”等，或者拉长一个元音“啊——”。大人要学会翻译宝宝的语言，比如，接宝宝的话茬：“宝宝在说‘啊——’吗？”

爱的互动

宝宝从小就喜欢同人对话是语言发展的良好开始。宝宝在独处时也会自己发音自娱，或者对着玩具说话。大人和宝宝对话的时候，除了大人可以积极回应宝宝的讲话，比如学宝宝的一些词外，多鼓励宝宝模仿你说话，尝试一些复杂的语句，对宝宝很有意义。

妈妈须知

宝宝现在说话经常是叽里咕噜，有时还会自己发笑。虽然你觉得这些可能都没有意义，但是他其实是在表达自己，或者通过发音来发现自己。如果我们能够非常积极地与他对话，比如可以尝试用“啊啊”“呀呀”等婴语，可以促进宝宝语言能力的发展。不过，大人模仿宝宝的发音方式在宝宝开始说话以后就要尽量避免了，那时候我们需要教给宝宝正确的发音，而不是重复宝宝有可能错误的发音。

宝宝听妈妈说话

能力培养

记忆力是表达力的基础，这个游戏旨在为宝宝多积累词汇、语句，也可以帮助宝宝将具体形象与概念间建立逻辑联系。

游戏步骤

1. 带宝宝外出。
2. 描绘一下左边树木、灯光的颜色："左边是树林，树林是绿色的。"
3. 描绘前面信号灯的颜色："前面是红灯，等会儿就会变成绿灯。绿灯跟树林的颜色是一样的。"

温馨提示

这时宝宝的听觉已经很敏锐，大人不断地跟宝宝说话，他可能一下子听不懂，不过没关系，这些都会成为他以后开口的词语储备。

爱的互动

妈妈要耐心讲解，并且发音尽量清晰，语言要简洁，语速可适当放慢，宝宝有时会很安静，有时可能也会很兴奋地跟着牙牙学语。

04 动作发展训练

朵朵妈一手握着朵朵的手，一手拿着指甲刀，迟迟不能下手。朵朵爸看不下去了，抢过指甲刀，就要为朵朵剪指甲。朵朵妈赶紧提醒：“注意，不要剪到宝宝的手。”朵朵爸瞥她一眼，专注地看着朵朵小小的指甲，指甲刀比划了半天同样无处下手。“这么小，怎么剪？！”朵朵爸终于忍不住抱怨起来。刚进屋的婆婆听到了，抢过指甲刀，小心地握着宝宝的手，“咔嚓，咔嚓”几下就把指甲剪好了。朵朵妈不禁发出感慨：“姜，还是老的辣！”

3个月时，宝宝已经能用双臂支撑着挺起头和胸部了。我们可以和他玩抬头游戏，拿一个他喜欢的玩具在宝宝面前晃动，吸引他的注意力。当他注意到玩具时，将玩具慢慢抬高，促使宝宝不仅抬起头至90度，而且抬起胸部离开床面。抬头游戏可以锻炼宝宝的颈肌、背肌和胸肌。

4个月后，拉住宝宝的手稍稍用力就可以将其从仰卧位拉成坐位。注意让宝宝自己用力坐起来，家长只是给予帮助。开始练习时需借助成人的力量，经过每日数次练习之后，宝宝进步得很快，只要握住成人的手指，就能毫不费力地坐起来。有些宝宝4个月抬头还不很稳，拉坐起来后头会短暂下垂。经过一段时间练习，到5个月，宝宝就能完全控制头部了。之后可以慢慢让他练习靠坐。将宝宝放在有扶手的沙发或小椅子上，身后放上靠垫让他练习坐，以后逐渐撤去靠垫，宝宝能够自己独坐片刻。

这个阶段，宝宝手的活动范围也扩大了。从3个月后宝宝打开攥紧的手，手指开始活动起来，他的手就开始主动地、有意识地打开，并到处触摸。开始时是大把的、不准确的抓握，手眼不协调抓不准，但不断让宝宝练习抓握玩具，慢慢他就能有意识地准确地抓到想要的东西了。此时如果宝宝仰卧在床上，他喜欢伸直胳膊观察自己的小手，翻过来调过去地看，看得十分专注。慢慢地宝宝的两只手能在胸前握在一起，他会经常把手拿到眼前，这只手拿着那只手来玩，或者有滋有味地啃着自己的手指头。啃手是宝宝认识自己的一种方式，你不需要过分干预，只要注意清洁干净他的小手就好。

宝宝5个月以后，如果让他仰卧在床上，他可以自由地变为俯卧位。当大人扶住宝宝站立时，宝宝能够立直。当他处于俯卧位时，会想向前爬，但由于腹部还不能抬高，所以爬行受到一定的限制。这个时候，可以在宝宝一侧用玩具逗引他，宝宝能一只手支撑身体，另一只手去抓东西。

干吗要翻身

能力培养

锻炼宝宝的颈部及背部肌肉。

游戏步骤

1. 让宝宝仰卧在床上，将他的一只手放在胸前，另一只手做上举状。
2. 妈妈一只手扶住宝宝胸前的小手，另一只手放于宝宝背部，帮助宝宝从仰卧转为侧卧，再转为俯卧。
3. 将宝宝胸前的小手拉向前，让宝宝两臂屈肘，手心向下，两臂距离比肩宽，支撑身体。
4. 妈妈在宝宝的背部和脊柱两侧从上至下轻轻抚摸，用玩具逗宝宝抬头。

温馨提示

翻身的时候要注意宝宝的小手，别压在身下，如果压住了，可以轻抬身体，让胳膊处于舒服的位置。另外，让宝宝抬头时最好用会发出声音的玩具引逗他。

爱的互动

这个阶段，宝宝正是学习翻身的时候。大人动作要慢，然后把宝宝从仰卧转为侧卧，再转为俯卧。记得把宝宝的小手放在胸前。每天多练几次，慢慢宝宝就会自主翻身啦。

妈妈须知

宝宝可能会出现阶段性食欲不佳，不用担心，多进行这样的运动可以增加宝宝活动量，从而让宝宝有个好胃口。

宝宝会踢小气球

能力培养

踢蹬能锻炼宝宝腿部和腹部的力量，腿部屈伸的训练能增加腿部的灵活性，要知道腿部力量和协调性是日后爬行和走路的基础。

游戏步骤

1. 用五彩缤纷的气球做道具。
2. 把不同的气球吊起，高度是宝宝躺着时脚抬起来就能蹬到。
3. 让宝宝平躺，先拉他的小脚去碰小球，当小球动起来弹回来后，再让他另一只脚去碰气球。
4. 大人可以鼓励宝宝："气球飞起来了，宝宝真能干。"
5. 也可以让宝宝坐在大人身上，背靠在大人怀里，脱掉袜子，去蹬踢大球。

温馨提示

如果宝宝不知道如何与球互动，大人可协助他踢蹬。同时，气球充气不要太足，以免突然爆响。多给宝宝鼓励，他会更加喜欢这个游戏。

爱的互动

大人拿着宝宝的小脚去碰气球的时候，宝宝看到小球被弹起，然后又弹回来。大人这时用另一只脚再踢。宝宝会学会左右两只脚不停变换，他看到小球来了就会自动地伸出脚。这对增强宝宝的腿部力量有好处。

宝宝也会虫虫飞

能力培养

增加宝宝眼球的灵活性，使其视线能够跟随物体的移动而移动。还可以提高宝宝注意力集中的时间，引导其通过观察来学会模仿。在模仿的过程中，增强宝宝的手眼协调能力和语言能力，同时手部肌肉也能得到锻炼。

游戏步骤

1. 游戏时，妈妈应让宝宝背靠着坐在怀里，扶住宝宝，防止宝宝坐不稳摔倒。爸爸则盘着腿，坐在妈妈和宝宝的对面。爸爸和宝宝的距离越近越好，30~40厘米最佳。
2. 一切准备好之后，爸爸把两只手攥起来，让两个食指尖对拢，说："虫虫——虫虫！"
3. 然后把对拢的指尖分开，同时说："飞。"如此反复几次，看看宝宝有何反应。觉得时机成熟的时候，对宝宝说："好，现在让宝宝和爸爸一起做虫虫飞。"示意宝宝模仿。

4 宝宝模仿不了爸爸的动作，可由妈妈协助宝宝来完成。妈妈用手握住宝宝的双手，用食指和拇指握住宝宝的食指，做对拢和分开的动作。妈妈教宝宝做的同时，爸爸也应和妈妈一起做，并保持一致的节奏。

5 重复几次后，宝宝渐渐能够一听到爸爸妈妈说“虫虫——飞”，自己就能对拢食指，然后再分开食指。

温馨提示

游戏时，爸爸的示范动作要明显，食指对拢和分开的幅度要大，以便于宝宝注意和观察。游戏过程中，爸爸妈妈要心情愉快，宝宝自然会有良好的情绪反应。在宝宝做动作后，要给予鼓励。

爱的互动

如果宝宝不注意看爸爸，爸爸可以先微笑着对宝宝说：“宝宝，今天爸爸妈妈和宝宝一起来做‘虫虫飞’的游戏。我们宝宝很聪明，一定学得会。”引起宝宝注意后，再开始游戏。宝宝看到爸爸手上的动作会想模仿，妈妈可以协助完成，然后让宝宝自己玩。宝宝的动作并不完善，但这都没关系，互动的学习过程比做得标准与否要重要得多。

拉起又躺下

能力培养

锻炼宝宝颈腰部肌肉，增强上肢的力量。

温馨提示

游戏中，大人用力要适度，要找到宝宝就着你的手用自己的力量往上起的感觉，不要生拉硬拽。多试几次就可以找到。

游戏步骤

1 宝宝仰卧，双手置于身体两侧。

2 妈妈双手握住宝宝手腕前臂，或者宝宝双手握住妈妈拇指。

3 拉直宝宝双臂，让他坐起，动作要缓慢，并和宝宝说话：“宝宝，我们拉起来，啊！起来了。”

4 然后，轻轻地放宝宝躺下。重复这个动作两次。

爱的互动

整个游戏过程，大人的动作要缓慢，要轻柔，让宝宝感觉很安全。在拉起、躺下的过程中，宝宝会感到坐着和躺着的不同，会很新奇。大人记得要不断地鼓励宝宝。

宝宝单手敲一敲

能力培养

敲击能锻炼宝宝手部肌肉，也能培养宝宝的手眼协调能力和进行听觉刺激。

游戏步骤

1 让宝宝背靠妈妈胸部坐着，在宝宝面前放一个小平鼓。

2 妈妈敲几下小鼓，示范给宝宝看。

3 给宝宝一根鼓棒，妈妈握住宝宝的小手进行敲击，然后让宝宝自己拿着鼓棒敲击。

温馨提示

可以让宝宝感受用手击鼓和用棒击鼓声音的不同，让宝宝试着去理解咚咚的声音和手部敲击动作的关联性。

爱的互动

母亲可先示范，并握住宝宝的手去敲，慢慢地他就会模仿。妈妈每次示范时，可以敲击出不同的节奏，让宝宝感受什么是节奏。

妈妈须知

5个月的宝宝会用一只手去够自己想要的玩具，并能抓住玩具，但准确度还不行，往往一个动作需要重复好几次。

撕纸小专家

能力培养

训练宝宝双手的灵活性，尤其是精细动作，纸张“嘶嘶啦啦”的声音会让他很兴奋。

游戏步骤

1. 大人先向宝宝演示一下撕纸的动作。
2. 然后，把废弃的纸袋或包装纸的一头交给宝宝抓住，大人抓住另一头，示意宝宝一起用力拉，直到撕坏。也可以把纸给宝宝，让宝宝模仿大人的动作，自己去拉。

爱的互动

这个时候宝宝对双手的控制还不是特别好，所以大人协助宝宝撕纸对他的眼手脑的协调性发展很有好处。他会体会动作—声音—结果的过程，撕纸的动作和嘶嘶的声音，以及碎片的纸之间的逻辑关系。

温馨提示

宝宝双手向不同方向用力还很困难，但揉动纸张发出响声或无意撕坏纸会给宝宝带来快乐，且能锻炼手和手臂的力量。

妈妈须知

宝宝从4个月开始就会“磨人”了，这时他们的啼哭多是因为周围没有人，他们盼望有人来陪伴，所以我们可以先对他们微笑并且温和地跟他们说话。如果还是哭，就把他们抱起来给他们爱抚，稳定一下情绪或者抱着他们出去走走。等他们很平静后可以将他们放在推车或小床上，让他们在看到你的前提下，自己活动手脚。

看我180°大转身

能力培养

这个阶段，宝宝身体各部分的发展日臻成熟，多翻身可以活动四肢，对增加宝宝四肢的力量很有好处。

温馨提示

在冬季，让室温保持在24℃~25℃，紧闭门窗，再将大浴巾铺在床上让宝宝自由活动。夏天就更方便了，让宝宝裸身在床上玩就可以了。

游戏步骤

1. 洗澡之前，脱光宝宝身上的衣服，让他有一段毫无束缚的活动时间。
2. 大人协助宝宝翻身，让宝宝左右翻，或者将两次侧翻联合起来成为180° 的翻身。
3. 在宝宝翻身的空档，大人轻轻抚摸宝宝光溜溜的身体，给他按摩。

爱的互动

没穿衣服的时候宝宝会体会到一种自由的快乐，大人这个时候帮助宝宝运动，宝宝会非常高兴。有些宝宝从俯卧转到仰卧较易，从仰卧翻到俯卧较难。当宝宝遇到困难时，给予外力适当地协助，让宝宝爱上翻身。

妈妈须知

每个孩子都有惊人的学习能力。出生后，他就会主动地探索周围的世界。丰富而适宜的环境刺激，是他急速发育的大脑最重要的“营养素”。因此，父母们适当做些准备，给宝宝营造一个可以不断探索和感知的环境。

Section 05 习惯养成训练

朵朵奶奶告诉朵朵妈这个时候应该让朵朵练习吃东西，不能总是吃奶了。朵朵妈想想也对，于是她准备了美味的鸡蛋羹。哪知道朵朵一吃就喜欢上了。从那天开始，朵朵再也不肯喝奶了，整天只愿意吃鸡蛋羹。反正也没什么不好，吃就吃吧，于是鸡蛋羹成了朵朵的正餐。一次闲聊中朵朵妈跟表姐李茜说起这事，李茜告诉朵朵妈说："奶的营养和构成是这个阶段宝宝的必需品，现在朵朵还不能完全不喝奶。只吃辅食对朵朵的成长不利，所以要想办法让朵朵继续喝奶。"

5个月左右时可以慢慢开始给宝宝添加辅食了，虽然国际母乳协会、中国营养学会都最提倡纯母乳喂养可坚持到6个月，但有些混合喂养的宝宝可以根据健康状况少量提前。培养宝宝自然吃辅食的习惯，能保证营养吸收均衡，对宝宝以后的成长发育有好处，而且适当的咀嚼可以锻炼宝宝的口腔能力，为宝宝说话打下基础。需要注意的是辅食添加要循序渐进，不能操之过急。可以从容易消化的米粉开始，如果宝宝拒绝吃，也不要勉强，等过几天再试。辅食要一种一种地添加，不能一次同时增加几种。添了一种后要观察，没有不适应的情况发生，才能再增加下一种。如果宝宝不适应，就要立即停止，过几天再试。

这个阶段的辅食添加是尝试性的，有时一天就是一小勺米粉而已。如果宝宝出现阶段性厌奶且增重不理想，可以在早上睡醒或午睡后，趁婴儿尚未完全清醒、情绪较好又有饥饿感时喂奶。为了宝宝吸吮时只要稍微用力，就能很容易地喝到奶，可采用大号奶头的奶瓶。

宝宝体内每个细胞的生长都需要能量，而睡眠是"节能"的最好办法。况且，宝宝生长所必需的生长激素在睡眠时分泌量是最多的。这种生长激素可以促进蛋白质合成，加速全身各组织特别是骨骼的生长。可见培养良好的睡眠习惯非常重要。虽说每个个体在具体睡眠时间上有些差异，但相对规律的睡眠习惯家长可以进行培养，比如晚上尽量让宝宝在9点前入睡，白天上午、下午可各一小觉等。

宝宝小手有力气

能力培养

鼓励宝宝自己进食，让他自己学会扶奶瓶，学习准确地将奶嘴放入口中，锻炼手和身体感觉的联合。

游戏步骤

1. 用奶瓶喂水或者喂奶时，鼓励宝宝双手把瓶子抱住，并且自己将奶嘴送入口中。
2. 由于宝宝的双手还托不住奶瓶，大人要帮助宝宝托住瓶底。让宝宝感受到自己喝奶的乐趣。

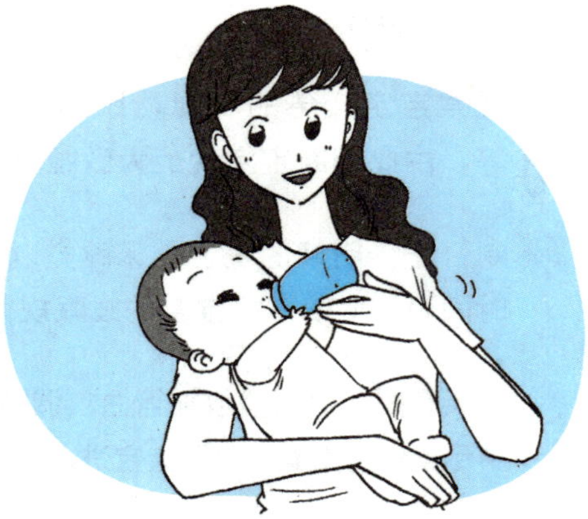

爱的互动

5个月的宝宝手部能力有了进一步的发展，所以可以在生活中让他多体会手的作用。在吃奶、喝水时，可以让宝宝自己扶着奶瓶。在宝宝扶住奶瓶喝奶的时候，大人多给宝宝以笑容和鼓励，使其感觉到快乐，因为这是他走向独立的开始。

温馨提示

喂奶前应注意使液体充满奶嘴，避免宝宝吸入空气。另外，考虑到婴儿使用的安全性，最好用轻一些的小塑料奶瓶代替玻璃奶瓶。

妈妈须知

纯母乳喂养的宝宝在一开始使用奶瓶时可能会有拒绝的现象发生，这与宝宝的先天气质有关。有的宝宝喜好接受新事物，而有的宝宝则比较难，需要爸爸妈妈耐心引导。

到时间睡觉了

能力培养

给宝宝建立一个睡觉前的仪式或标准动作，有利于宝宝睡眠规律的建立。

游戏步骤

1. 观察宝宝疲倦的表现，比如揉眼睛、拉耳朵等，由此判断宝宝晚上大致睡觉时间。

2. 制订一个明确的晚上上床睡觉以及白天小睡的时间表，协助掌握宝宝的睡眠规律。

3. 每天在固定时间播放摇篮曲、调暗室内灯光、家中尽量保持安静，引导宝宝进入睡眠流程中。

温馨提示

从小培养良好的习惯，一方面有利于宝宝身心健康，另一方面也是宝宝理解社会行为规则的最佳途径。在习惯养成过程中，大人要多一些耐心，少一些责备，在循序渐进中慢慢养成。

爱的互动

宝宝最好是在晚上 7:00 ~ 8:00 入睡。太晚宝宝很可能会因为过度疲倦而难以入睡。父母尽量不要因为自己的方便而随意改变宝宝的睡眠规律。

3~5个月宝宝档案

感知理解力发育

- 除了视觉有待发展外，其他四觉发展很好。
- 能分清爸爸妈妈和陌生人。
- 与人交往的能力增强。

运动能力发育

- 能够翻身，自己转头。
- 会用一只手够取玩具。
- 开始拍打视线内的玩具。
- 模仿能力增强。

语言能力发育

- 会和大人咕咕地说话。
- 高兴时会大声笑。
- 喜欢听音乐。
- 喜欢吸吮手指。
- 知道自己的名字。

情感发育

- 会对着镜子里的人笑。
- 喜欢和大人玩藏猫猫等游戏。
- 会根据自己的需要是否得到满足而表现出喜怒哀乐等情绪。

习惯养成

- 开始对辅助食品感兴趣。
- 有规律的睡眠时间。

第3章

6~8个月 建立爱和信任

6～8个月是宝宝大脑发育的关键期，也是进行早期智力开发的重要阶段。在此期间对宝宝进行反应能力、大动作、精细动作、适应能力、语言、社交等行为训练是很有必要的。而这些训练大都是借助宝宝喜爱的游戏和玩具来完成的。

对于0～3岁的孩子，不要给他们买很小的球状玩具、带尖头或有锋利边角的玩具。此外，有些玩具的固定部件由于玩久了会发生松动，家长应该经常检查玩具是否有破损、是否有固定小部件可能会掉下来等情况。

01 感知理解力发展训练

朵朵妈逗着朵朵在床上玩儿，朵朵爸在一旁翻箱倒柜。“真是怪了，我的文件明明放在这里的。你见到了吗？”“什么文件？重要吗？”“给客户的一份资料，咦！这是什么？”朵朵爸从床单下拿起一张破碎的纸张，沉默片刻，立即发威：“朵朵！！你竟然撕了我的文件！！”朵朵妈立即抱起宝贝女儿对着朵朵爸瞪眼：“你那么大声，吓坏宝宝怎么办？谁让你把文件放那里的呢！”然后轻声逗弄宝宝：“朵朵没事，没事。”朵朵冲着一脸无奈的爸爸笑了。

宝宝在七八个月的时候已经学会撕纸玩儿了，所以如果是重要的文件和书籍，就要放到宝宝够不到的地方。

在这个阶段宝宝的脑部发展迅速，对看到的东西有了直观思维能力，如看见妈妈拿着奶瓶过来就知道要喂他奶了；分析记忆力也比以前强，如一件物件可以唤起以前的记忆，一些声音可以让宝宝回想之前接触过的人，或者会找寻记起的玩具，甚至如果之前给他指认过窗户，下次再说窗户，他就会去看；联想力开始增强，会联想起开心时刻而笑；观察力及理解力大大增加，开始用手来表示语言，如“再见”“你好”等。宝宝还分不清“你的”和“我的”的概念，被人拿去玩具会不愉快和尖叫。分辨能力也开始提高，能分辨出镜中的自己。

8个月大的婴儿已有了不少的发现，他们已认识玩具、家具等多种用具，他们了解到有些物件是软绵绵的，有些是硬邦邦的，有些有棱有角，有些圆滚滚。面对积木，会开始使用两只手，让两块积木相碰发出响声，会将一块积木放在另一块上面。

这个阶段宝宝智力开发的重点是首先要满足宝宝旺盛的好奇心，满足宝宝对亲人依恋的心理需求，然后再从训练其手眼协调能力、对语言的理解能力、鼓励模仿行为、学习指认生活中常见物品、认识自己身体各部位等入手，从身心各方面促进其全面发展。

这个阶段是宝宝最爱交际的时候，他也许已经学会以伸手、拉人或发音等方式主动与人交往，我们可以耐心引导其发展。比如可以带他去郊游，见到不同的景、物、人；与他用语言互动，比如“您好”，挥手说“再见”。被你叫时，他能意识到并把头转过去。需要妈妈抱时，不仅会发出声音，而且能有伸开双臂的姿势；当你真的抱起他时，他会高兴得大叫。

下面介绍几种适合这个时期宝宝做的游戏，借此训练宝宝的手眼协调能力，为开发宝宝的智力打下基础。

哪个是大肚子

能力培养

通过宝宝自己的视觉和操作，让宝宝体会物品的大小概念以及认知物体的差异性。

游戏步骤

1. 套杯三个（大、中、小）。
2. 先让宝宝看到套叠在一起的杯子，然后一个一个拿出来，排成一排。
3. 也可以用大小套的塑料盒、硬纸盒（圆形、方形都可以），让宝宝接触大小套的玩具。按大小放进去，又变成一个重叠起来的杯子。让宝宝去拿取，协助宝宝拿出来、放进去。

温馨提示

如果宝宝不喜欢套杯，那么可以换成别的玩具比如同样质地、同样颜色但尺寸不同的物品。

爱的互动

宝宝看到三个杯子因为他的移动而变成一个，他会感到很新奇和兴奋。大人这时可以鼓励宝宝自己去发现杯子大小的差异。大人可以把这个游戏重复几遍，宝宝渐渐会看出杯子间的差异和关联性，可能会开始自己尝试摆弄起来。

妈妈须知

玩具的安全性应该是家长首先要考虑的问题。宝宝探索世界的方式和大人是不一样的，除了去玩、去看、去听，他还会去闻一闻、咬一咬，甚至使劲敲打一下，所以选玩具时要严格按照年龄分级要求，比如，有很多细小零件的玩具对3岁以下的宝宝都是不合适的。

大力士找饼干

能力培养

训练宝宝的观察能力，同时让宝宝体会思考、寻找之后获得食物的快乐。

游戏步骤

1. 准备好小饼干，如磨牙小饼干（宝宝吃过的牌子）。
2. 大人先张开手掌，让宝宝看到手心里有一块小小饼干。
3. 当着宝宝的面把手轻轻握起来，手心向上伸到宝宝面前，让宝宝的小手来拿。
4. 协助宝宝去抠和掰动大人的手指，找出饼干。表扬宝宝是大力士，用饼干奖励宝宝。

温馨提示

小食物主要是为了引起宝宝的兴趣，如果宝宝不感兴趣则可以换成其他宝宝喜欢的东西。宝宝掰手时，可以让他感觉要用些力气，以此增加游戏的趣味性。

爱的互动

有时宝宝的反应比较慢，大人可以把握饼干的速度放慢，或者多做几次。宝宝明白之后就会自动去掰开大人的手。刚开始可以故意不让宝宝“得逞”，让宝宝多做几次努力，然后再把饼干给他。宝宝拿到饼干后会很高兴，大人可以及时鼓励他。大人的鼓励是宝宝最好的动力，宝宝在吃完后，会满怀期望地看着你。这个时候再换另一只手，做同样的游戏。也可以用一些小玩具，让宝宝掰开获得。

妈妈须知

游戏可以促进宝宝记忆能力的发展。游戏往往重复上演宝宝经历过的事件，从而加深其对事件的理解，起到巩固记忆的作用。由于扮演角色的需要，宝宝必须自觉地、积极地、有目的地去记忆某些游戏规则或追忆事件的情节，这样对增进宝宝记忆力有很大帮助。

和小鸭鸭躲猫猫

能力培养

帮助宝宝理解什么是物体的恒存性，同时发展宝宝由部分推断整体的初步思维能力。

游戏步骤

1. 准备一只橡皮小鸭子，最好是黄色的小鸭子。
2. 家长和宝宝一直在床上玩小鸭子玩具。趁宝宝不注意时家长把小鸭子藏在被子或枕头下面。
3. 故意露出小鸭子的头或脚，问宝宝：“小鸭子呢？”指引宝宝寻找小鸭子。
4. 如果宝宝即使看见了小鸭子的一只脚也不知道这就是小鸭子，家长可以指着那只脚问宝宝这是什么？并建议宝宝：“拉出来看看。”
5. 在家长的帮助下，宝宝终于拿到了小鸭子。这时家长要及时称赞宝宝。

温馨提示

由部分而知整体是推断的结果。对宝宝而言，这是思维发展的一个飞跃。这样的游戏可以经常做。除了锻炼思维外，让宝宝记得消失的事物也是对记忆力极好的锻炼。

爱的互动

宝宝看到小鸭子突然不见了会很困惑，不知道该怎么办。大人要引导宝宝的思维，给以鼓励和肯定。当他根据一条腿来找到小鸭子，一方面他会感知消失的东西又出现的惊喜，一方面他也会为自己通过蛛丝马迹的线索有更大发现而备感喜悦的。因此，宝宝通常会催促你再次把小鸭子藏起来。这个时候家长可以用毛巾盖住整个小鸭子，让宝宝根据鼓起的毛巾找到被盖住的玩具。

妈妈须知

宝宝在6个月以前一般不能理解不见的东西仍然存在的概念，即如果把他的玩具藏起来，他会认为不存在了。而6个月以后，他的思维进步越来越大，当玩具不见了，他也许并不清楚去哪里了，但他感觉到事情没有那么简单，它一定还存在，只是去了一个他看不见的地方。这个游戏可以很好地帮宝宝理解物体恒存的概念，同时一点点暴露的“蛛丝马迹”可以帮助宝宝发展推理能力。

抓起来放下去

能力培养

培养宝宝手的灵活性以及拿取物体的准确性，为以后完成更复杂的任务打下基础。

游戏步骤

1. 准备小饼干和红枣若干，大碗一个。
2. 把小饼干和红枣放在碗里，让宝宝去抓。
3. 慢慢减少饼干和红枣的数量，让宝宝准确地去抓。
4. 再训练宝宝将抓到的东西放下，让宝宝从无意识地松手到有意识地放下。

爱的互动

小婴儿的抓取一般是无意识的，到这个阶段他开始会主动抓取自己感兴趣的物品。我们可以多鼓励宝宝的探索行为，然后告诉他哪个是饼干，哪个是红枣。宝宝可能会本能地将物品放到嘴边尝试，饼干和红枣的香甜口感也会让他很愉悦。

温馨提示

可以尝试其他的食物，比如苹果条、橘瓣等。

妈妈须知

“快乐”是游戏的第一要务。不要让宝宝为了达到某一目标而游戏，更不要强迫他们玩不喜欢的游戏。玩耍要自然，只要快乐就好！游戏过程往往比游戏结果重要得多。

摇摇晃晃真好听

能力培养

寻找被移出视线范围的物体。这一时期的宝宝大脑中正形成一种概念：即使看不见的物体，也仍然存在，即物体恒存。

游戏步骤

1. 准备一个铃铛、一个拨浪鼓和两把汤匙。
2. 把这三样东西都放进一个纸袋里。
3. 摇晃纸袋子使其发出声音，再将袋子交给宝宝，让他去摇晃翻弄。

温馨提示

如果宝宝摇晃袋子后，又把袋子里的玩具一股脑全部倒出来，那就由他来做这样的尝试吧。可能他是非常好奇，特别希望尽早看到袋子里的东西，或者他对倒东西这件事情更感兴趣。

爱的互动

当宝宝碰到纸袋时，纸袋会发出声音。这时宝宝的表情也不一样。有的宝宝会好奇，有的宝宝则会害怕地丢掉袋子。大人可以拿起袋子摇晃几下，然后递给宝宝，说："摇摇看看，响不响？"当宝宝了解到这个袋子并没有危险时，就会非常好奇地要打开袋子。让宝宝看大人是怎样把东西拿出来的，然后再把袋子给宝宝，他会更开心地摇晃袋子。

妈妈须知

摇晃袋子创造声音，这个过程让宝宝觉得特别有成就感。在制造声音的过程中，宝宝还能够尝试理解因果关系，去感受不同材质的玩具撞击发出的不同声响，促进眼耳手脑的协同发展。

哪根绳子是对的

能力培养

通过抓拉动作发展宝宝手眼协调能力，培养语言理解的能力。

游戏步骤

1. 妈妈抱宝宝坐在桌边，桌上放一根系有玩具的绳子，绳子另一端放在宝宝伸手可以触摸到的地方。
2. 让宝宝伸手去拉绳子，并教他学习朝自己的方向拉绳，直到拿到玩具为止。
3. 当宝宝熟练拉绳后，可在桌上再放一根没有玩具的绳，让宝宝去辨别拉哪一根绳才能得到玩具。
4. 熟练之后，再将塑料杯内放一个塑料娃娃，将一根绳子穿过杯柄，并将绳子两端放在宝宝面前。

温馨提示

绳子上系的玩具可以时常更换，每次当他拿玩具时可以告诉他玩具的名称。注意宝宝的情绪，鼓励他多做尝试。

5 观察宝宝是否会用两手拉绳子。若用两手拉绳子，玩具会以怎样的方式呈现在宝宝眼前。

爱的互动

宝宝第一次拉绳可能会是没有目的的，但是被拉过来的玩具会激发宝宝的好奇心。大人这时可以让宝宝把这个动作多做几遍，他会很喜欢这个游戏的。

当变化游戏规则后，宝宝可能会一时没有适应。没有关系，只要大人多示范几次就好。

小刷子真舒服

能力培养

这个小游戏有利于宝宝触觉系统的发育，同时帮助宝宝建立信任感。

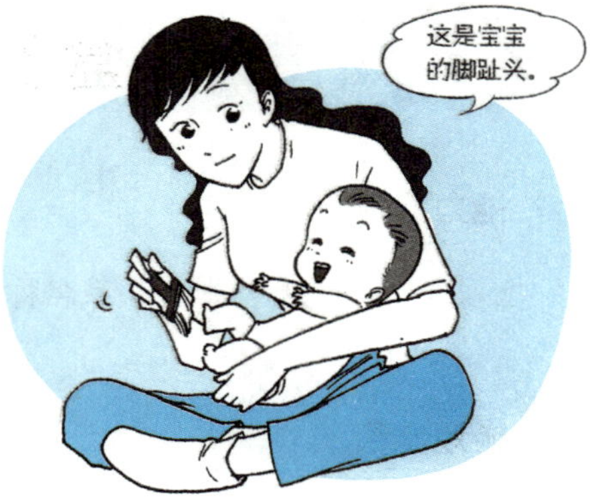

游戏步骤

1 准备一把颜料刷或者大号的油画笔（超市里就能买到）。要注意质量，不要买容易掉毛的。

2 把宝宝抱在怀里，游戏先从宝宝的脚指头开始。用颜料刷轻轻地刷宝宝的脚指头，一边刷一边唱儿歌。也可以一边刷一边告诉宝宝“这是宝宝的脚指头”之类。

3 拿一张厚纸将宝宝的足印印在纸上，既可以让宝宝辨认，又可以留作纪念。

温馨提示

游戏应该在家里的床上或者地板（最好有软垫）上进行。室内温度要适宜，因为要和宝宝肌肤接触，宝宝不能穿太多。

爱的互动

先用刷子刷宝宝的大脚趾，如果他感到很舒服，大人可以继续轻刷宝宝的脚心、脚背。如果宝宝很开心，就可以继续向上刷，比如刷宝宝的小脸颊、手指、手心、手背。

妈妈须知

宝宝脑部的发育在胎儿期就开始了，触觉是其最早发育的感觉器官。触摸可以刺激神经末梢的感受器，引起神经冲动，经由脊髓传到脑部，让人产生松弛舒畅的感觉。所以通过触摸，不但可以刺激宝宝的感觉器官，还能够调节宝宝的情绪。

盒子里面是什么

能力培养

增强宝宝记忆力，学会联系名称与实物，同时满足宝宝好奇心。

游戏步骤

1. 准备一个小盒子及小镜子、项圈、铃铛等各种颜色的小玩具。
2. 把小玩具放到小盒子里。
3. 打开小盒子让宝宝观察里面的东西。
4. 把盒子里的东西更换一下，问宝宝缺少什么，多出什么。然后告诉宝宝答案。

爱的互动

宝宝第一次看到色彩斑斓的东西聚集在盒子里会很兴奋。可能宝宝会按照你的预想继续进行设定的游戏过程，也有可能他只对其中的一件物品感兴趣并来回摆弄。如果出现后一种情况，那我们可以适当调整游戏方式，比如，可以让他尽可能多地玩弄他喜欢的物品，也可以让他从一堆物品中挑出自己喜爱的然后再进行藏猫猫的游戏，并对该物品的名称进行说明，宝宝很快就能记住。

温馨提示

可以依次指认物品，也可以将拿走或多出来的物品再次放在宝宝面前，大人指定，加强记忆。

妈妈须知

著名教育家陈鹤琴说过："小宝宝生来是好动的，是以游戏为生命的。"确实，游戏是他们生活中最基本、最喜爱的活动。据统计，宝宝在6岁前与玩具一起度过的时间就长达1.5万个小时。

一样的颜色

能力培养

训练宝宝观察模仿的能力，增强其视觉感知力和运动协调性；训练宝宝手与上肢的运动能力。

游戏步骤

1. 准备好一堆塑料球，一部分红色，一部分黄色。再准备两个纸盒子，一个红色，一个黄色。

2. 游戏需要爸爸、妈妈和宝宝共同参与。爸爸独自坐在一边，妈妈搂着宝宝坐在相对的另一边。爸爸和妈妈之间的距离控制在2米左右。

3 在爸爸的面前放黄色的盒子，在妈妈和宝宝的面前放红色的盒子。在中间放上红色和黄色的小球。

4 由爸爸先做示范，爸爸走到中间，拿起球，把红色的小球放进红色的盒子里，把黄色的小球放进黄色的盒子里。

5 然后在妈妈的指导下让宝宝来做。最初宝宝不熟练，但多做几次就可以让宝宝独自进行了。

温馨提示

盒子要大，特别是盒口一定要大，便于宝宝把彩球投进去。示范动作一定要仔细、缓慢，让宝宝看得清清楚楚。如果宝宝动作发展较好，可将宝宝放在爸爸妈妈的中间，移近盒子的距离，让宝宝把相同颜色的彩球扔进相同颜色的盒子里。

爱的互动

宝宝刚开始见到爸爸把球放进盒子里不知道什么意思，妈妈这个时候可以握着宝宝的手来做一遍，让宝宝产生模仿的思维。然后爸爸观察宝宝的情绪，如果宝宝很迷惑就要重复几遍动作。如果宝宝开始惊奇和兴奋，妈妈则可以帮助宝宝把小球分别放进两个盒子里。

妈妈须知

玩具的颜色要五颜六色充满视觉冲击，这样在玩耍的过程当中就可以潜移默化引导宝宝识别不同的色彩和明暗度。宝宝理解不同的形状、材质可以有同样的颜色这一共性，而模仿成人去完成这一动作，也说明宝宝的理解力进步一大截。

超级保龄新人

能力培养

锻炼宝宝的平衡能力，加强触觉刺激。

游戏步骤

1. 大人先将三个空饮料瓶依序摆好，间距不要太大。
2. 然后扶着宝宝面对瓶子站好。
3. 接着由大人扶握住宝宝腋下并荡起离地悬空，前后轻轻摇晃，好像荡秋千一样。
4. 当宝宝习惯了摇晃的感觉，大人可稍微用力，并再往前荡起，协助小宝宝踢倒瓶子。

温馨提示

把宝宝抱起离地时，要当心不要把宝宝的胳膊弄疼了。在踢瓶子时不要太用力晃宝宝，避免扭到宝宝的身体，更不要摔到宝宝。

爱的互动

宝宝感到身体悬空的刺激可能会有些害怕，大人可以及时以愉快的口气说："真好啊，摇摇晃晃真好玩。"等宝宝渐渐平稳下情绪，甚至有些高兴的时候，大人再进行游戏下一步。见到瓶子倒了，大人抱着宝宝高声欢呼，并观察其表情。宝宝很喜欢把物体撞倒的感觉，他会感到自己很强大，同时也加强了触觉的刺激。如果小宝宝喜欢玩，不妨重复进行，并试着增加瓶子数或调整瓶子之间的距离。

妈妈须知

6~8个月的婴儿对高度已经有了感知。到了8个月，宝宝一般都会很自如地翻身和爬行了，但这些运动能力的掌握不足以使他们应付对高度产生的恐惧。随着婴儿年龄的增长，身体控制能力的增强，这种恐惧会慢慢消失。

小小投篮高手

能力培养

训练宝宝视觉搜寻能力和大运动能力、精细动作能力，让宝宝感受空间、大小等。

游戏步骤

1. 准备洗净的饮料纸盒数个、小型安全玩具数种、胶带等。

2 大人先把纸盒上下挖空，以胶带固定在墙面上，高度要与宝宝坐下时鼻子的高度平齐。

3 大人示范把小玩具分别丢进各纸盒中。

4 然后大人抱着宝宝坐在纸盒前面，让宝宝自己丢。如果宝宝一开始总丢不进去，大人握着宝宝的手，协助他把小玩具丢进去。

温馨提示

玩具掉落后，大人可协助宝宝捡回来再丢。如果宝宝总是投不中可能会很着急，这时大人可以给予适当的帮助。

爱的互动

宝宝见到玩具被丢到纸盒里会感到非常惊奇，他可能会为“放进去又掉出来”忙得不亦乐乎。如果在玩具落下时，你可加上好玩的音效（如“哇”），这会让宝宝感受到你的兴奋。宝宝知道这个游戏很好玩，也会很开心。当宝宝发现了投进去又掉出来的规律后，会更喜欢玩这个游戏。

妈妈须知

毛绒玩具多形象可爱、质地柔软，深得宝宝们喜爱。但是有些宝宝天生对毛绒制品过敏，玩了这类玩具后会出现呼吸道感染、咳嗽、皮疹，甚至引发哮喘，因此这类宝宝就不要接触毛绒玩具了。

另外，细心的妈妈们在选择毛绒玩具时要注意：挑选时最好选择一些知名品牌的玩具，它们的质量相对过硬，可以放心购买。另外，要注意检查玩具细小配件的牢固性。不要给宝宝买毛绒过长的玩具，因为脱落的细毛有可能被宝宝吸入鼻孔。

气球跳跳跳

能力培养

使宝宝更好地理解因果关系，同时锻炼手部、臂部肌肉。

游戏步骤

1. 准备好几个红色的气球。
2. 将宝宝放在一个长桌子上，与你面对面。
3. 吹起一个气球，然后用手轻轻拍拍它，告诉宝宝，这就叫拍气球。
4. 然后把气球给宝宝，让他学着摸一摸、拍一拍。

爱的互动

宝宝见到你吹起一个由小变大的气球时，会很好奇。当你把气球轻轻地拍几下时，他同样会对落下弹起很好奇。当把气球拍给宝宝时，宝宝会有些无措或者会直接扑上去。大人可以示范给宝宝看并说，“像妈妈这样拍拍”，拿着宝宝的小手让他拍几下，然后让宝宝尝试自己拍。

温馨提示

不要把气球吹得太鼓，避免气球被拍破时的声响吓到宝宝。最好选择小的、弹性很好的气球。

妈妈须知

宝宝的视觉似乎特别钟情于颜色，因此，借助颜色来实施智力开发，就成为了一种既方便又有效的早期教育手段。鲜艳的颜色对于吸引宝宝注意力和引导宝宝参与游戏有很大的帮助。

02 情感发展训练

一天晚上，朵朵妈在收拾朵朵的换洗衣物，朵朵爸则负责看护女儿。“朵朵，叫爸爸，爸爸给你买糖吃。”“得了吧你，朵朵都不会叫妈妈怎么会叫爸爸。”朵朵爸丝毫不受影响继续努力：“叫爸爸，爸爸，快叫爸爸。”朵朵侧着头思索着爸爸是什么东西，而朵朵爸也慢慢失去了耐心。他悻悻地把女儿放到床上，转身帮朵朵妈收拾衣物。这个时候稚嫩的嗓音响起：“爸——爸。”虽然发音很模糊，但是可以确定她是在叫爸爸。朵朵爸幸福极了，正准备抱起朵朵狠亲两口，却见朵朵抓着毛毛熊，亲热地叫着：“爸爸。”朵朵爸一脸错愕，朵朵妈则抱着衣服笑倒在床上。

6 ~ 8 个月之间的宝宝能够辨认出照片、视频中的爸爸妈妈，并且能够根据对他照顾的多少，对不同家庭成员表现出不同的亲近度，常照顾他的人，比如妈妈或奶奶最受他欢迎，一见到就伸手要抱。在这一阶段，有些宝宝可以说出第一个有意义的词，这些最早的词一般会用来称呼他们喜欢的人，例如“爸爸”“妈妈”或是经常哄他玩的小朋友。同时，此月龄的宝宝对照顾者的语气会有不同的反应，会用哭笑等来表达自己，所以和宝宝在一起时要注意调适好情绪，保持关爱温和的态度。

6 个月以上的宝宝已开始有了依恋、害怕、认生、厌恶、爱好等比较复杂的情绪，会对着熟人表现出明显的好感；看到陌生人会惊奇、不高兴，甚至可能把脸和身体转向另一边来回避，这是宝宝的怕生反应，即害怕陌生人和陌生环境，对妈妈十分依恋，妈妈离开时他会因为害怕、恐惧而哭闹。这种现象很常见，它说明了宝宝大脑正在快速发育，因为在这之前，他并不能够区分出谁是熟悉的人、谁是陌生人。

6~8个月的宝宝会与主要照顾者建立情感上的依附，睡觉要妈妈哄、抱，会和妈妈情感互动，会摸妈妈的脸；如果某个动作如噘嘴，使你发笑，只要你一直和他玩，他就不断要重复该动作。也会用简单的动作表达需要，如伸手要人抱、模仿大人拍手或挥手。生活中爸爸妈妈要多陪伴宝宝，并注意自己的语气和行为，对宝宝的动作、语言要积极回应，和他互动，帮助他建立安全感。这对于宝宝情感的健康发展和建立良好的社会人际关系很重要。

飞机飞到外婆家

能力培养

俯卧飞行游戏可以刺激宝宝空间感，发展宝宝的平衡系统，同时亲密的身体接触可以增进亲子感情。

游戏步骤

1. 让宝宝坐在大人的两条小腿上，大人仰卧，双膝弯曲，让宝宝的面部对着自己，分别抓住宝宝的左右手。

2. 大人双脚左右摆动起来。一边摆动，一边对宝宝说："我们坐飞机啦，飞机飞啦！"

3. 也可以让宝宝俯卧在大人伸直的双臂上，双手紧握宝宝的身体，左右摆动180°，让宝宝感受到旋转的速度。

4. 为了避免宝宝害怕，大人要不停地告诉宝宝："我们飞起来啦，飞到外婆家啦，飞到阿姨家啦。"

爱的互动

当宝宝第一次腾空时，可能会有些害怕，此时大人脸上的笑容成了安慰宝宝的利器。大人的兴奋和反复的腾空，会让宝宝习惯这种感觉，他会感到既快乐又安全。旋转时，大人不要转圈太多太快，避免双方产生不适感。

温馨提示

妈妈结实的臂膀、朗朗上口的童谣和彼此开心的笑容都让这个“冒险游戏”变得非常有趣。

妈妈须知

平衡感对于宝宝来说是很重要的，它能帮助身体保持平衡，形成空间方位感。平衡感还与追视能力、专注力、阅读力、音感能力、触觉和语言能力有关，所以锻炼宝宝的平衡感是很必要的。

妈妈腿上来蹦极

能力培养

对宝宝进行听觉刺激，练习平衡能力并发展其期待情绪。

游戏步骤

1. 妈妈坐在地板或床上，伸直双腿，让宝宝坐在自己的膝盖上。
2. 妈妈一边唱歌，一边缩回小腿、抬起膝盖。
3. 当膝盖抬到最高点时，大人停止唱歌，看看宝宝，说：“一、二、三！”大人数到三时，同时把腿放平，并发出“哇”的音效。如果宝宝反应良好，可以重复几次。

温馨提示

配合往下落动作的声音不要太大，避免惊吓到宝宝，因为空间上的失重感已经让他感到新鲜、刺激了。

爱的互动

当宝宝感到自己在慢慢上升时，会不知道怎么回事。妈妈的脸上要有笑容，这样才会让宝宝放心。当把腿放平时，宝宝可能会因突然的下降而感到害怕，妈妈的笑容则会暗示宝宝这个游戏不具危险性。当妈妈再次把腿往回收时，宝宝就会期待着降落时的刺激了。

举高高真刺激

能力培养

让宝宝在身体经历空间大幅度移动时感到兴奋，同时还能让宝宝将“升高”和“下来”的概念与自己的感受联系在一起。

游戏步骤

1. 爸爸抱起宝宝。
2. 一边说“举高高”，一边将宝宝高举过自己头顶。
3. 一边说“放下来”，一边将宝宝放到自己的腿下。

温馨提示

任何抛、扔等让宝宝离开我们手而片刻在空中的动作都是禁止的。

爱的互动

爸爸将宝宝举过头顶时，宝宝会感到紧张，所以当把宝宝放下来时，要多给宝宝鼓励。用表情告诉他这样很安全，因为有爸爸在。宝宝会很快理解这种游戏，也会懂得说“举高高”时是上升，说“放下来”时是下降。

妈妈须知

除了游戏外，抚触、按摩也是很好的亲子交流方式。英国政府曾经积极训练父母为宝宝按摩。许多爸爸妈妈都表示，替宝宝按摩是非常愉快的经历，感觉宝宝也很喜欢。每天 10 ~ 20 分钟触摸宝宝的肌肤，是增进亲子情谊最好的方式。

镜子里面有宝宝

能力培养

不仅是宝宝认识自我、识别五官的过程，还可以引导宝宝与自己互动，是智力开发的重要步骤。

游戏步骤

1. 把宝宝放到镜子前，任由他同镜中的自己笑或者做鬼脸。
2. 宝宝看到镜中的人对他笑、对他伸手，他会伸手到镜子后面，寻找站在后面的人。
3. 妈妈可以及时问宝宝："里面的人是谁？"然后告诉宝宝："里面是宝宝啊，这是镜子。"

温馨提示

经常照镜子会使宝宝表情丰富。尤其当宝宝生气、啼哭时，让他看看镜中的自己，他可能会因此思考起"镜中的自己是怎么了"这样的问题。宝宝第一次见到这么神奇的景象会很入迷，大人尽量不要妨碍宝宝，让宝宝自己去体验。成人注意游戏前检查镜子是否安全，比如，宝宝伸手可及处是否有锐角等。

爱的互动

妈妈可以陪宝宝在镜前做动作，如吐舌头、张大嘴、皱鼻子、眨眼睛、噘嘴巴等，边做边说，为宝宝以后认识五官做准备。

妈妈须知

视觉的发育有赖于有效的视觉刺激。利用这样的游戏，宝宝可以感知、接受、加工更多的信息，在大脑皮层形成更多的视觉记忆，从而促进大脑的发展，提升宝宝的智力水平。

小车开动了

能力培养

锻炼宝宝的平衡感，帮宝宝感受快慢远近的差异，同时帮助宝宝建立信任和安全感。

游戏步骤

1. 把一条浴巾铺在床上，让宝宝先仰卧在浴巾上。

2. 妈妈用双手拉住宝宝脚部浴巾的左右角，向后拉动，一边拉，一边对宝宝说：“我们坐小车，小车开了，有好多好多大人，还有好多好多小朋友，他们离我们远了……他们离我们越来越远了……”

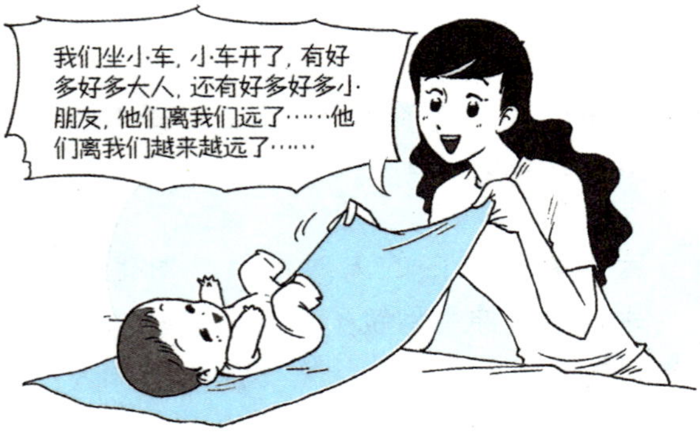

3. 当停下来时，要告诉宝宝：“到站喽！宝宝下来了，我们到家了。”

爱的互动

当浴巾被拉动时，宝宝可能会有点紧张，妈妈的笑脸和声音是对宝宝最好的鼓励。随着浴巾的不断拉动，宝宝看到眼前的事物由远及近地平移，会与日后乘车的感受发生关联。

温馨提示

拉毯子的时候不要过分靠近床的边缘，摇晃毯子的时候幅度也不要过大。

妈妈须知

这个游戏和其他游戏的最大不同在于，它除了提供了必要的五感体验外，还是一个非常好的角色扮演游戏。儿歌中的大人、小朋友、火车都是想象而来，并不是实际存在，因此，它对于拓展宝宝的想象力，把握事物的特征有很大的帮助。

漂亮围巾来跳舞

能力培养

刺激宝宝视觉，满足宝宝好奇心，让宝宝感受到喜悦。

游戏步骤

1. 准备几条不同颜色、色彩鲜艳的围巾，让宝宝拿着其中一条。
2. 开始在房间里播放轻快的音乐，制造愉悦的气氛。
3. 妈妈抱着宝宝，一边随着音乐转圈，一边握住宝宝的手，舞动手里的围巾。
4. 可变换背景音乐，让宝宝手拿其他颜色的围巾和妈妈一起重复上面的动作。

温馨提示

单手抱宝宝一定要抱稳，同时围巾不宜过长，避免被缠绕。如果有材质轻盈的丝巾就更好了。

爱的互动

色彩鲜艳的围巾会让宝宝眼前一亮。宝宝很喜欢在音乐中起舞。妈妈这时握着宝宝的手舞动围巾，在音乐声中，感受到不同颜色围巾的飘动，大人与孩子心情都是特别愉悦的。

甜甜小嘴巴

能力培养

让宝宝感受儿歌的韵律和节奏，增强宝宝的语言和记忆能力。

游戏步骤

1. 妈妈唱儿歌："小宝贝，甜嘴巴，喊着妈妈，喊爸爸，喊得奶奶笑'掉牙'。"

2. 当唱到“小宝贝，甜嘴巴”时，妈妈用手点一点小宝宝的嘴巴。

3. 妈妈哼唱时配合夸张表情，逗宝宝笑。宝宝笑了的时候，可以借机亲亲他。

温馨提示

妈妈每天坚持给宝宝唱1~2首儿歌，每首儿歌要多唱几遍。唱儿歌时，应配以丰富的表情和动作。宝宝会对大人的表情和动作产生好奇。儿歌的节奏会让宝宝感到十分愉快。

爱的互动

这个阶段的宝宝虽然还不懂儿歌的意思，但喜欢儿歌欢快的节奏，更喜欢家长给他唱儿歌时亲切而又丰富的表情和动作。你可以试一试，当你非常愉快地念完一段顺口溜或儿歌时，你的宝宝会用什么样的表情看着你？

妈妈须知

音乐有助于培养宝宝的节奏感和韵律感。音量的大小、节奏的快慢、乐曲所要表达的各种情感等可以非常好地发展宝宝的感知力，培养优美的情感。

一家三口躲猫猫

能力培养

除了让宝宝明白物体恒存性外，一家三口亲子互动有利于宝宝建立信任感，发展宝宝的情感智能。

游戏步骤

1. 这个游戏需要爸爸也参与进来。爸爸藏在妈妈身后，妈妈对着宝宝说：“爸爸哪里去了？”

2. 宝宝开始到处搜寻，爸爸适时现身：“爸爸在这里呢。”宝宝高兴得手舞足蹈，于是认识到“藏起来”的意义。

3. 妈妈把手藏在身后，问宝宝：“妈妈的手哪里去了？”宝宝如果找不到，妈妈就把手拿出来。

4 妈妈拿着宝宝的手，放到他的身后，问："宝宝的手哪里去了？"宝宝困惑的时候，再把宝宝的手拿过来，说："宝宝的手在这里！"这样，他也开始认识自己的手。

爱的互动

当爸爸藏起来时，宝宝会很卖力地搜查。当爸爸突然出现，宝宝就会很高兴。当妈妈把手藏起来，他也会卖力地搜查。当妈妈把手拿出来，宝宝也会十分高兴。如此几次，他会对物体恒存性有更深的认识，并且对于人（具体是谁）的记忆更深。

温馨提示

爸爸妈妈可以互换角色，妈妈也可以将除了手之外的肢体藏起来，通过让宝宝进行视觉找寻，来让宝宝认识人体的外在构造。

妈妈须知

爸爸妈妈在与宝宝做游戏时，要注意观察宝宝的情绪，尽量在宝宝精神好、注意力集中的时候进行。如果发现宝宝已经分心，注意力转到别的东西上去了，就可以停止游戏，改换其他的活动了。

03 语言能力发展训练

奶奶给朵朵带来一个拨浪鼓，朵朵立即爱上了这个新玩具，一天到晚摇个不停。朵朵爸有点受不了，跟朵朵妈商量要不要换个玩具。朵朵妈告诉朵朵爸：“你不觉得朵朵自从有了拨浪鼓，就开始变得爱说话了吗？”朵朵爸说:“可是她经常对着这个叫爸爸。”朵朵妈说:“这是好现象，说明朵朵正在学习说话。”朵朵爸还是很不屑，说：“学说话你教她不就得了，跟摇拨浪鼓有什么关系呢？”

6～8月的宝宝喜欢声音，如果妈妈能将不同的发声玩具放在宝宝手边，他会用手拿起，摇出声音，或者用脚去踏出声音。这个年龄段的宝宝喜欢双手各拿一物对敲，或者在桌上或床架上敲积木弄出声音。有时喜欢将一些硬的东西扔到地上发出声音。对此不需要太过限制宝宝，如果担心安全的话，妈妈只需要将易碎的和有安全隐患的东西拿开，如玻璃杯、小纽扣等，然后腾出一块活动的空间给宝宝，使他可以自由、安全地敲敲打打。

除了借助玩具制造噪音，这个时期的宝宝会发出“da—da”“ ma—ma”等声音，还会模仿咳嗽声、舌头咔嗒声或咂舌音。爸爸妈妈多鼓励宝宝这种无意识发音，有助于宝宝更快、有意识地说出有实际含义的字词。

由于听音辨声和视觉观察的能力愈来愈强，宝宝对旁人的口形特别留意，当有人说话时，他不但会专心注视其嘴部的变化，还会努力模仿发音，或以肢体语言积极回应。比如，想要抱抱，他便张开双臂身体往前探；听到“不可以”“不行”，他会停下动作，脸上表现出不太乐意的神情；对于“再见”“谢谢”等词汇，会搭配特定的招牌动作展现；当人们给予拍手等肯定的鼓励时，会开心地笑出声来。

在这个阶段，成人要帮助宝宝积极练习发音，促进语音发展，可以多跟他一起说“爸爸”“妈妈”“拿”“打”“娃娃”等词语。这时无论是母亲还是家里其他亲人，都应当尽量创造条件和宝宝交流、对话，多引导他发音，扩大语言范围。同时，还可以培养宝宝理解语言的能力，引导宝宝使用肢体语言，如再见、欢迎等。

在环境营造上，我们可以继续播放一些宝宝乐曲，优美、温柔和宁静的环境，对稳定母婴情绪，发展宝宝听力和情绪感受力，大有帮助。

此外，母亲的声音是宝宝最喜爱听的声音之一。妈妈多用愉快、亲切、温柔的语调，面对面和宝宝说话，并把教宝宝说话和实际生活结合起来，如要出门了，可以对他说："我穿衣服出门了，这是衣服，这是门。"同时指指衣服，指指门。

毛毛熊蹭痒痒

能力培养

本游戏中有触觉刺激，有社交能力的培养，同时还能促进宝宝语言的发展能力。

游戏步骤

1. 妈妈抓住宝宝的一只手，并让他的手张开。

2. 妈妈用另一只手在他的掌心画圆圈，接着用两根手指顺着宝宝的手臂往上移。边做这些动作边哼唱儿歌给宝宝听："胖胖毛毛熊，围着花园转，一步，两步，三四步，就在这儿蹭痒痒，蹭啊蹭啊，蹭痒痒！"

3. 当儿歌唱完时，手指定在他的下巴下，轻轻地挠痒痒，逗得宝宝开怀大笑。

温馨提示

也可以选用动物玩偶，比如不同的手偶，配合儿歌中不同的动物。宝宝可能还会跟他们叽哩咕噜地聊天呢。

爱的互动

妈妈在宝宝手掌上的动作，使他有一种新奇的感觉。随着手指的移动，宝宝的好奇心也越来越重。这个时候妈妈所哼唱的儿歌就像引路灯一样，宝宝就明白你在跟他玩。对宝宝来说，在儿歌中被触碰到下巴、鼻子，是非常有趣的触觉刺激，同时也是非常美妙的亲子互动。

妈妈须知

语言表达能力强的宝宝会很擅长于表达自己，善于沟通，在以后的社会交往中也会更受欢迎。其实，要发展宝宝的语言能力，并不需要父母做特别多的事情，只需每天拿出一点时间，认认真真地和宝宝对话、玩游戏，就会有意想不到的收获。

勇敢的心

能力培养

通过简单的儿歌增强宝宝对词汇动作的理解，同时可以锻炼其平衡力和空间感。

游戏步骤

1. 妈妈坐在床上或地板上，屈起膝盖，让宝宝靠在妈妈的小腿上。

2. 妈妈开始抖动小腿，并唱着儿歌："几个小小消防员，夜黑睡成一排排，听到'叮叮'铃儿叫，顺着杆子滑下来，我们赶紧救火去！"

3. 念至"叮叮"时，妈妈模仿火警铃声；念至"滑下来"时，慢慢地让宝宝倚着妈妈的腿往下滑。

4. 宝宝滑下来后给他拥抱和亲吻。

温馨提示

在游戏中注意防护，可以用双手轻扶住宝宝双臂，免使其头脸向下俯冲。

爱的互动

当宝宝随着儿歌而起伏时，他会对妈妈的儿歌产生兴趣，因为他知道儿歌和动作是一致的。火警的声音尖锐，很有特色。当最后宝宝得到妈妈的亲吻时，他会很享受这个游戏。

妈妈须知

儿歌对宝宝语言能力的形成很重要。语言是人类特有的、用来表情达意、交流思想的工具，是思维和感情的直接表现。人的思维随着语言能力的发展而不断完善。配合儿歌进行一些动作不管是宝宝自己完成，还是由你协助，将语言、音乐和动作融合在一起的游戏都有助于扩大宝宝的词汇量。

小马驹的小马掌

能力培养

有助于宝宝分辨声音和节奏，同时配合小脚的动作，也为宝宝增添了不少乐趣。

游戏步骤

1. 妈妈坐在沙发上，宝宝坐在妈妈的膝盖上。让宝宝背靠着妈妈，抓住他的两只脚踝，唱儿歌："小马驹，钉马掌，吧嗒，吧嗒，又吧嗒，这儿一下，那儿一下，钉不上，光脚丫，疼啊疼，疼啊疼，疼啊疼！"
2. 随着儿歌的节奏，轻轻拍打宝宝的小脚。
3. 当唱到"疼啊疼"时，停下来，轻挠他的脚掌。

爱的互动

刚开始宝宝并不理解儿歌的含义，但是每次唱到"疼啊疼"时，都会轻挠脚掌，宝宝可能会对这一串不一样的音节很好奇，可能还会觉得好笑。

妈妈须知

在角色游戏中，宝宝可以把自己想象成另外一个人，并可以不断地变换身份。游戏为宝宝的想象力提供了广阔的天地，成为创造力的源头。

这个是干吗用的

能力培养

让宝宝认识事物，在听到词汇的同时对应物品进行记忆。

游戏步骤

1. 妈妈抱着宝宝在房间里来回走，耐心地指导宝宝认识自己卧室或活动室中的各种生活用品。

2. 一边指认一边和宝宝说："这是钟，嘀嘀嗒嗒。这是桌子，宝宝的饭摆在桌子上。这是小床，宝宝睡觉的……"

温馨提示

不要在宝宝情绪烦躁不安时强行进入游戏。在宝宝愉快时，大人与之良性互动对双方都是享受。

爱的互动

妈妈经常对宝宝讲述，会让宝宝对这些东西慢慢建立清晰的概念。经过妈妈详细地讲解，宝宝已经能够知道自己经常玩的几种玩具的名称。他已将这些词汇存储在大脑里，当他有意识使用语言时，这些词汇可能会是他率先发音的。

妈妈须知

以游戏的方式记忆某些事物，是发展宝宝记忆力的重要方法。在轻松快乐的游戏活动中，不仅锻炼了宝宝的记忆力，也让宝宝动用了多感官共同参与，这样他的头脑中就会留下全面、清晰的印象，有助于准确地记忆内容、保持时间的延长。

照片上是谁

能力培养

提升宝宝辨别能力，特别是将抽象词汇与身边熟人联系。

游戏步骤

1. 给宝宝看妈妈的大照片。
2. 妈妈示范发出“妈——妈”的声音，逗引宝宝注视妈妈的口形，逗引宝宝模仿。
3. 妈妈再指着爸爸的大照片，同样让宝宝注视，逗引他模仿发出“爸——爸”的声音。每发一个重复音节后，应停顿一下，让宝宝有模仿的机会。
4. 爸爸也可以参与进来。妈妈抱宝宝，就让宝宝模仿妈妈发音方式；爸爸抱宝宝，就教宝宝模仿爸爸发音方式。

温馨提示

妈妈还可以给宝宝看大幅图片或图书上的常见动物，如鸡、鸭、猫、狗，给宝宝模仿这些动物的叫声。跟3个月前的宝宝看照片不同的是，本阶段的重点在于词汇的发音和理解词。

爱的互动

宝宝看到照片上的爸爸妈妈时，会有意识地根据大人的口型来发音。我们可以多鼓励宝宝进行发音练习，同时还可以拿照片中的人和现实的人在宝宝面前进行比对，锻炼宝宝思维能力。

妈妈须知

运动的、夸大的、鲜艳的事物总是最能引起宝宝注意。宝宝在学习语言过程中通常是看着成人的表情进行的，所以丰富的表情能增进宝宝模仿的动力。

百宝箱寻宝

能力培养

锻炼宝宝理解语言、认识物体的能力。

游戏步骤

1. 准备1只纸箱子做“百宝箱”，里面装上10~20个大小不同、形状不一的小玩具，如乒乓球、小娃娃、小汽车、小盒子等。

2. 将宝宝熟悉的几件玩具或物品放在他面前，先说出玩具的名称，再把它拿起来给宝宝玩玩，然后放进“百宝箱”。

3. 放完后，再边说边把玩具一件件从“百宝箱”里拿出来。从中挑出几件玩具，隔一定距离放在宝宝面前，说出其中一件的名称，看宝宝是否看或抓这件玩具。

温馨提示

玩这个游戏，需要宝宝具备将物品名称与物品联系起来的能力。如果宝宝还不具备，妈妈可以将游戏第3步骤改为从“百宝箱”中一一拿出来，再一一说出它们的名称。

爱的互动

宝宝看到自己的玩具都在“百宝箱”里会很兴奋，妈妈可以及时取出一个玩具，告诉宝宝名称。宝宝如果可以准确地抓住妈妈所说的玩具，妈妈可以故作夸张地大叫“答对了”以示鼓励。妈妈藏起东西时，宝宝会很好奇，并积极去寻找，当他找到东西后，他会很开心，并不断去接触它们，不同大小、形状和重量的体验和抽象的词汇便很容易联系起来了。

妈妈须知

语言不单纯只是单方面的说和听，将词汇与具体事物做完整的联结，宝宝才能更清楚地了解语言存在的意义。

04 动作发展训练

朵朵爸满脸疲惫地把朵朵交给朵朵妈："朵朵怎么这么兴奋，一直动来动去，快把我累死了。"朵朵妈有些不满地说："才让你抱了一会儿就这样了，我可是整天照顾着她呢！"朵朵爸撇撇嘴："你一直是让她自己玩。"朵朵妈说："朵朵现在正是有力气的时候，像你那么一直抱着，自己累坏了不说，对她也没有好处呀，有力气就让她使出去。"俩人半开玩笑地斗嘴的时候，朵朵兀自爬来爬去，小手抓起橡皮鸭子奋力一丢，正好砸在刚坐到她旁边的朵朵爸头上。朵朵爸惨叫一声，很"悲壮"地倒在了床上。

宝宝到了六七个月大时，一个明显的变化就是"硬朗"起来，脊柱、背部、腰部渐渐茁壮，因此他从翻身到坐起的动作已经很连贯。通常，他会先呈现半躺坐的姿势，接下来身体会微微向前倾，并以双手在两侧辅助支撑。

身体硬朗起来，宝宝的整个人就更有活力。给他喂奶或洗屁股时总是扭来扭去；抱他时又弓背又弯身，潜台词似乎在说："妈妈快把我放下，我有别的事情要做呢。"

这个阶段大部分宝宝都具备了直立平衡的能力，于是他们探索的重点也发生了改变。妈妈和宝宝游戏时，稍微留意就可发现，宝宝已经有了一定的自主意识。他会主动伸手抓取感兴趣的玩具，并尝试坐起把玩；有时为了自己感兴趣的物品，会奋力爬行很久，奔向它；当身边有支撑物，如墙壁、桌椅、人体等，他会不断地进行站立实验，而且乐此不疲；在妈妈的牵扶下，他的两只小脚会忙碌地蹒跚，认真体验站立的感觉。这正是进行增强下肢力量与身体平衡能力的最佳时机。

大运动方面，此时的宝宝爬行时肚子还不能完全离开床或垫子，臂膀、腿、腹部力量和四肢协调性都有待进一步发展。千万不要小看小家伙们的匍匐爬行，因为"爬行"是一种全身运动，身体各个部分都会参与进来，不仅能增强体力，还能够锻炼自己的平衡能力。爬行还是全方位的大脑综合感觉训练，它能促进手、眼、身体的协调和小脑协调，对开发脑潜能，左右脑协调发展意义很大。宝宝能靠爬行自主达到他想去的地方，有利于开拓他的视野和建立心理自主性。当宝宝和其他同龄宝宝互相追逐爬着玩，或推滚着小皮球玩时，还能培养宝宝的社交能力。所以，家长应让宝宝多多爬行，可以让他在地上爬行，也可以让他在床上爬。为了安全，在宝宝练爬时，要做好防护措施。在床上、台阶上等高处爬时，要有人在旁边守护，避免跌落；地上四周小孔，尤其插座孔要封好；爬的地板、垫子要保证清洁卫生。可以在爬行区域周围设置一些矮的围栏，让已经会熟练爬行的宝宝随时可以扶着站起来，再逐渐过渡到从站到扶走，再到独走。

精细动作方面，6个月后的宝宝手部运动亦有所增强。玩玩具时，除了用拍、丢、敲打等方式挑战不同玩法外，也会试着以大拇指和其他手指配合抓握物品，或是单独伸出食指触摸，偶尔还能用拇指、食指配合捏拿。但手指的灵活度和控制能力还不强，因此妈妈与宝宝可有意识地进行游戏训练。

前倾后倒

能力培养

锻炼宝宝的腿部和脚底肌肉，练习平衡能力；培养宝宝脚部感觉，运动脚趾，刺激运动神经。

游戏步骤

1. 妈妈坐在地毯上，宝宝赤脚，直立在妈妈腿部近膝盖处。
2. 拉动宝宝的双臂，使其往妈妈胸前靠。
3. 让宝宝的脸贴着妈妈的脸，妈妈和宝宝亲一亲。
4. 熟练以后，可以小心地做幅度更大一点儿的“前倾后倒”动作。

温馨提示

这项游戏一定要注意不要太用力拉扯宝宝手臂，要配合宝宝拉住你手的力量。

爱的互动

宝宝在几个月你抱他的时候，他就会站在你腿上晃来晃去的，现在他踩在你腿上的双腿更加有力，你能够感受到明显的蹬踩动作。在你的扶持下短暂站立，并可以贴近妈妈再亲一亲，对他真是莫大的享受。

妈妈须知

宝宝的生活世界由三个主要事件构成，睡眠、饮食以及运动，它们彼此交替循环上演。其中的运动，会随着宝宝年龄的增加，量越来越大，出现频率越来越高。而睡眠时间所占比重则慢慢下降，但夜晚尝试睡眠时间增加。

拿到球球了

能力培养

发展宝宝眼、手、脚协调动作的能力，促进全身肌肉发展及注意力培养。

游戏步骤

1. 准备几颗小球（或其他替代玩具）。
2. 让宝宝俯卧在床上或地垫上。
3. 在他前面放一个球（或其他玩具）诱引宝宝向前爬行。
4. 在宝宝跃跃欲试移动身体时，妈妈要鼓励宝宝说："小球在前面哟，宝宝乖，快爬过去拿小球。"
5. 如果宝宝还不会熟练爬行，妈妈可用两

温馨提示

宝宝刚学爬时，只会后退或以腹部为中心转圈爬。经多次练习，配合自身肌肉和大脑的发展，才会腹部悬空，用四肢向前爬行。爸爸妈妈不仅需要给宝宝鼓劲，还要成为宝宝的成长动力。在宝宝笨拙地努力的时候扶一把、拉一下等等，都是他运动的助推力。

手掌顶住宝宝的左右脚掌，用力向前交替推动，使宝宝的脚借着推力蹬着向前移动身体，爬去取球。经过反复练习，宝宝就能逐渐独立爬行。

爱的互动

当宝宝去追小球时，他是全心全意在用力气爬行。妈妈一边鼓励，一边让宝宝借助自己的推力向前蹬，不仅赐予了宝宝外力，更重要的是会让宝宝信心倍增。如果宝宝对你提供的玩具不感兴趣，可以尝试换一换种类，或者干脆结合藏猫猫的游戏，让他看到他喜欢的东西藏在了垫子后面，他可能会爬过去探索一下，发现玩具。

运球小专家

能力培养

通过互动游戏和对手的锻炼，增加宝宝手眼协调能力、大运动能力。

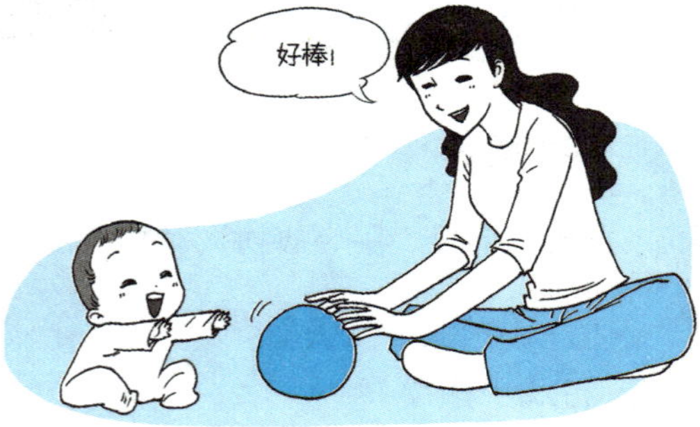

游戏步骤

1. 准备好地毯和一个大橡皮球。
2. 妈妈与宝宝面对面坐在地毯上。
3. 妈妈将大橡皮球向他滚去，他会很高兴地将滚动的球停下来。

爱的互动

有时候球可能不会直接滚动到宝宝手及范围，他可能会非常灵敏地翻身爬着去追，然后用一只手支撑身体，一只手去将球停住。在这个过程中，我们可以让球交替停在离宝宝周围远近不同的位置，增进他的空间感。

温馨提示

这个阶段的宝宝还不具备把球滚回给你的能力，这样的互动需要等到他1岁甚至更大才能做到。

妈妈须知

运动能够提高脑组织内与认知功能有关的化学物质的分泌。鼓励和引导宝宝增加运动量，对发育中的大脑能产生持久的益智效果。手的灵活度和大脑有着千丝万缕的联系。手的运动越频繁，思维会变得越敏捷，对大脑的发育也越有利。

爬过独木桥

能力培养

培养宝宝维持身体平衡的能力，增强宝宝爬行动作的灵活性，激发其社交能力的发育。

游戏步骤

1. 妈妈躺在床上，采取仰卧式。
2. 让小宝宝趴在自己身上，把宝宝的身体摆放成适宜爬行的姿势。
3. 用两只手做成护栏状放在自己身体的两侧，开始让宝宝在妈妈身体上爬行。

爱的互动

宝宝在妈妈身上爬行时，他会觉得具有挑战性，一方面觉得这个游戏很好玩，另一方面跟平时爬行平整的床面和地垫是不同的。多给宝宝些鼓励，跟你这么亲近的接触，他会很喜欢这种爬行方式的。

妈妈须知

最新科学研究显示：会爬、多爬的宝宝动作举止比较灵敏，协调能力好，懂事快，求知欲强。此外，爬行好和好爬行的宝宝认知力强，看图识字、语音构成与发声能力，以及日后行走、跑步的平稳程度等均好于迟爬或爬动少的宝宝。

抓呀抓秋千

能力培养

刺激宝宝的听觉和视觉系统发育，并且锻炼宝宝的手眼协调力。

游戏步骤

1. 用颜色鲜艳的丝带拴上一个毛绒玩具或者塑料环。
2. 在宝宝面前缓缓地上下、左右移动，吸引宝宝用眼睛去追逐。
3. 妈妈一遍遍在靠近宝宝小手的地方做小幅度摇晃，鼓励宝宝伸手去抓。

温馨提示

游戏玩具还可以选择会发声的毛绒玩具，这样能刺激宝宝的听觉。

爱的互动

宝宝看到玩具在眼前晃来晃去，会很感兴趣地去抓。也许宝宝的小手并不能准确抓住晃动中的玩具，这时妈妈可以配合宝宝，让他抓到玩具。

妈妈须知

近年来的研究表明，利用视觉锻炼可大大提高宝宝的注意力、记忆力及综合能力。宝宝会把他见到的对象完整清晰地印在脑子里，形成牢固的脑映语言，这是宝宝智力发展的重要标志之一。

纸儿飘飞

能力培养

培养宝宝小肌肉精细动作的发展，并训练宝宝的手眼协调。

游戏步骤

1. 准备一堆五颜六色的纸，放在宝宝的面前。
2. 妈妈坐在一边。先把纸给宝宝玩，如宝宝主动撕，则不要干涉，可在适当时候把已撕过的稍大纸片再次递给宝宝，引导宝宝继续撕得更小。
3. 如果宝宝不撕，妈妈不必强迫，可以自己先故意撕着玩，也可等宝宝随意玩一会儿之后，再引导宝宝双手向前后不同方向用力，把纸撕开。
4. 撕完之后，宝宝的小手也累了，这时候妈妈可引导宝宝把碎纸片一片片捏起，放到妈妈的手中，妈妈一口气吹散。五颜六色纷飞的纸屑会令宝宝开心不已。

爱的互动

宝宝喜欢听纸被撕碎的声音，妈妈可以示范，鼓励宝宝把纸撕得更碎一些。宝宝撕得十分起劲时，妈妈可以握住宝宝的手，教给宝宝不同的撕法。在吹碎纸时，可以妈妈为主，宝宝看到后可能会兴奋地大叫或拍手。

温馨提示

跟平时撕纸只听到“刺啦”一声不同，五颜六色、大大小小纸片能带给宝宝更多视觉刺激，纷飞的纸屑还可以让宝宝体会到“飘起来”的概念。

妈妈须知

手的活动在肢体运动中尤为重要。人的大拇指运动区在大脑皮层中的面积相当于大腿运动区的10倍。而人手上有100万根神经和大脑联系在一起。现代医学研究也表明经常活动手指可促进大脑功能的保持与强化。

让我们荡起双桨

能力培养

此游戏可增强宝宝的臂力，锻炼腹肌。

游戏步骤

1. 准备一根60厘米左右的木棍或竹竿。
2. 让宝宝背对着坐在妈妈的怀里，妈妈和宝宝一起握住木棍，宝宝握中间，妈妈握两端。
3. 妈妈引导宝宝一起做划船模拟动作，妈妈可用语言提示说："宝宝来划小船，划呀划！"

爱的互动

宝宝拿着小竹竿，听妈妈说划船就会显得十分兴奋。妈妈不断地做出划船的动作，并且唱儿歌，宝宝会有身临其境的感觉。妈妈这个时候就可以说："宝宝划得真好，宝宝真棒。"宝宝可能就能理解这个动作就是划船。

温馨提示

妈妈要小心，游戏前认真查看棍或竹竿是否光滑平整。游戏中可唱《让我们荡起双桨》或《采红菱》等和划船有关的歌曲。

妈妈须知

别把"学习"这件事想得太复杂。对于刚刚来到这个世界上的宝宝而言，游戏就是最好的学习方式。动作的学习就是其中的一项重要任务。从最初的躺卧，到用躯干支撑着坐起来，到四肢协调爬行，再到后来的站立和行走，在一连串的动作学习中，你只需和宝宝做一些简单的游戏，就能帮上他的大忙。

05 习惯养成训练

“你家朵朵怎么老是吃手指呀？”登门拜访的同事李梅第N次把朵朵的手从嘴里拿出来。“她不仅吃手指，她是逮着什么吃什么。”朵朵妈端着洗好的水果走出来解释道，“我一开始也老想阻止她，但上次我表姐来的时候说，禁止宝宝吃手并不利于他心智的发展，所以我就只好随她吃喽。”李梅有些错愕：“真的吗？没有什么好办法吗？”朵朵妈叹了口气：“表姐说要把朵朵的注意力转移到玩具或者图画上，可是你看……”朵朵妈把朵朵的画册随手递过去，朵朵一把抱在怀里低头就啃。李梅忍不住故意抢走朵朵的画册，她“哇——”地哭了起来。

宝宝出生的第一年为“口腔期”，这期间宝宝是用嘴通过吸、吮、咬等方式来认知事物的。如果强制阻止，会让宝宝缺乏安全感，也不利于宝宝的认知发展。此时与其限制、阻止宝宝，倒不如让宝宝周围环境保持清洁卫生，如宝宝的玩具最好每晚清洁消毒。宝宝的玩具、衣物要保证天然和无害，另外还要特别注意别让宝宝拿到小纽扣、小珠子一类不安全的东西。这个时候，要尽可能多抚摸宝宝，让他把注意力转移到其他东西上，让宝宝认识更多的事物，开发宝宝大脑。如果宝宝见什么咬什么，也有可能是因为长牙引起牙龈痒，妈妈可将水果切成条，或用磨牙饼干，让宝宝尽情去咬。

这一阶段的宝宝开始吃辅食了，睡眠也不像刚出生的时候那么多了，大便也有一定的规律了。这时可以培养宝宝的生活习惯，它包括良好的饮食、卫生、睡眠习惯等等。家长帮助宝宝建立良好习惯时，要多些耐心和信心。

首先来谈谈睡眠习惯。睡眠占宝宝生命的大部分时间，可以说小宝宝主要任务之一就是睡眠。充足的睡眠能够积聚能量，促使大脑发育和身体成长。6 ~ 8个月的宝宝大多数能一觉睡到天亮，小部分会入睡困难或夜间醒后哭闹。哭闹的原因有环境因素

（不良的睡眠习惯）或先天因素（难抚养型气质或对刺激敏感性高），但主要还是取决于环境因素。要想让宝宝养成良好的睡眠习惯，就要逐渐养成夜间不吃奶的习惯，这样让其有更多的睡眠时间。

我们可以尝试让宝宝学会自己入睡，不要抱着或拍摇着入睡，也不要让宝宝含着奶头入睡。由于睡眠周期决定宝宝夜间会醒，学会自己入睡的宝宝夜间醒来会自然又入睡，进入下一个睡眠周期。如果宝宝养成要哄或含奶头入睡的习惯，夜间醒来也会要求同样的条件，达不到时就会哭闹。

其次，我们可以帮助宝宝养成爱运动的习惯。孩子都是爱动爱做游戏的，我们可以设置安全的环境任他们摸爬滚打尽情探索，也可以每天陪他们做几个肢体活动的游戏。不要因为担心孩子受伤或怕麻烦而选择总抱着或总坐在婴儿车中。

再次，不要小看每日与宝宝之间的语言交流，虽然这时的他们不能用完整的句子和清晰的词汇回应我们，但你的语言早已成为信息被他储存在头脑中，有了足够多的刺激和量的积累，才能为宝宝输出语言（开口讲话）做好准备。

另外，好的饮食习惯从现在开始培养也很重要。如果发现宝宝总是在吃饭时精神不集中，大人应积极尝试一些方法，从辅食的食材、口感、味道甚至外形方面入手，培养宝宝对吃饭的兴趣。

此外，大人应该帮助宝宝养成爱清洁的好习惯。平时勤给宝宝洗澡，一般来说夏日每天1到2次、冬天至少每周1次。宝宝6至7个月后，可以帮助他们养成排便规律。家长要提前留心观察宝宝每次排便时间，从中找出规律来。宝宝一般是在睡觉前、睡醒后、吃饭前、吃饭后、外出前、回家后的什么时间大便。帮助宝宝逐渐养成排小便的习惯，比如在宝宝可以坐稳时，可以让他尝试坐坐便盆，同时结合纸尿裤或尿布的使用。坐便盆时，宝宝刚开始会不明白是什么意思，家长可以试着告诉他，过些时间就懂得坐便盆的意义了。需要注意的是，我们不要强迫宝宝在无便意的时候排便。

下面介绍几种帮助宝宝养成良好习惯的游戏。

再见，妈妈

能力培养

帮助宝宝养成道别的习惯，了解语言的作用。

游戏步骤

1. 妈妈每次出门前都对宝宝说："宝宝再见，妈妈去上班了。"
2. 妈妈亲吻宝宝，自己尽量多放松心情，让宝宝看着自己出门，并对宝宝挥手。
3. 宝宝这个时候就会明白妈妈是要离开他了。如果宝宝哭闹，妈妈可以告诉他，你很爱他，然后离开。当他发现你按照承诺下班回来了，几次后他会习惯很多，也安心很多。

温馨提示

不要因为害怕宝宝哭闹而悄悄离开，这样做可能会让你压力降低，但对宝宝建立安全感并没有好处。

爱的互动

当宝宝看到自己喜欢的人离开时，可能会哭闹不安。妈妈在做游戏的时候，一定要要有一个良好心态。自己要坦然接受短暂分离，然后平静真诚地与宝宝沟通。告诉宝宝你很爱他，但你要出去一趟，不久就会回来。宝宝情绪就是大人的镜子，你内心是平静快乐的，孩子便很少会表现得焦躁不安。

妈妈须知

父母总会对宝宝的衣食住行特别在意，但同时也不要忽视了宝宝在心理上对我们的依恋。因为这种感情对他心理安全感的确立、人际关系、对他人的信赖或防卫等，都有着极其重要的影响。你的心理模式可能未来也是你孩子的心理模式。因此，要让他充满信任感，那就先从你信任他开始。你要多给他一些爱和鼓励，同时再给予安慰，相信他可以独立，于是你的孩子便能够建立起独立自信的心理模式。

小袋鼠跳跳跳

能力培养

刺激宝宝的下肢骨骼和肌肉发展，用直立的体式感受地平面。

游戏步骤

1. 在地垫上，妈妈双手扶住宝宝腋下，让宝宝光脚着地用力蹬。
2. 妈妈可以有节奏地顺着宝宝蹬脚动作向前推进。
3. 妈妈在一边推进的时候一边说："宝宝学袋鼠跳，跳跳跳！"

爱的互动

宝宝一次蹬地可以蹦起很高，他会觉得很兴奋，而且妈妈在一旁的鼓励，对他而言，更是分外有力，于是他会很热衷于蹦跳。但是宝宝脊柱、腿部可以承受的力量有限，所以游戏时间以每次 5 ~ 8 分钟为宜。

温馨提示

妈妈的动作要轻，要用双手放在腋下，四指张开置于宝宝前胸，大拇指放在后背上。

妈妈须知

运动对于脑部发育有直接的促进作用，中脑是最大的受益者。从脑的解剖结构看，中脑是脑干（人的生命中枢所在地）的一个重要组成部分，上面排列着视觉与听觉两大反射中枢，是主管听声音与看东西的"总部"，它上传外界信息，下达大脑命令。运动扩大了视听范围后，中脑受到的刺激就得以强化，而促进了中脑的功能，无疑会使整个脑的功能"更上一层楼"。

节约每块食物

能力培养

锻炼宝宝手腕和手指的灵活度，同时让宝宝体会捡拾食物放入口中、品尝滋味这一连串动作的意义。

游戏步骤

1. 让宝宝很舒服地坐在餐椅上，然后妈妈给宝宝一些小块食物，示意他尝试拾起来。
2. 宝宝拾起来后，母亲可以将宝宝抱起来亲亲或用语言表示认可。宝宝不拾，母亲就要马上收起笑容，表情严肃，表示不赞成或者生气。
3. 然后增加拾起食物的难度，将一些薄脆饼干放在他面前的托盘里，妈妈示范，怎样把它们拾起来，怎样将它们放进另一只手里。
4. 妈妈伸出左手，把左手张开，看看宝宝是否会拾起一块放进妈妈的左手里。

温馨提示

在这个游戏中，成人要注意控制食物的大小，既不要太大让宝宝吞食存在风险，也不要太小不方便宝宝捡拾。

爱的互动

当宝宝可以捏起小块食物时，大人可以示意宝宝吃下去。宝宝知道捡起的小块食物可以吃时，会反复地捡起放下，也许会给你一些，但更多的时候，他们会直接放到自己嘴里。宝宝养成这个习惯后，大人可以把米粒放到宝宝面前，宝宝也会捏起来吃掉。

妈妈须知

宝宝精细动作的训练可以在日常生活与宝宝的习惯培养放在一起。可以让宝宝经常做一些抓捏游戏。父母最好先示范，然后多给宝宝自己做的机会，在这过程中多鼓励，不要代替宝宝，也不能要求宝宝一次就做好，要有耐心，循序渐进。

冷和热的感觉

能力培养

刺激宝宝的触觉，帮助宝宝感受生活中的冷和热。

游戏步骤

1. 准备两个透明的、大小相同的瓶子。
2. 分别往两个瓶子里装入热水（大约50℃）和冷水。让宝宝用双手去抱住瓶子，先冷后热，观察宝宝的表情。
3. 妈妈要鼓励宝宝反复去握瓶子。在宝宝能主动握瓶子时，妈妈可以告诉宝宝："这是热的，这是冷的。热的让宝宝的小手暖和了，冷的让宝宝的小手冰冷了。"
4. 在握瓶感知冷热的基础上，还可以用盆分别装上冷水、热水，让宝宝用手去摸摸，告诉宝宝冷水、热水。也可以拿冷热毛巾让宝宝抓，刺激宝宝的手和脸。

温馨提示

除了控制好温度之外，一定要将瓶子密封好。

爱的互动

宝宝第一次握住冷瓶子和热瓶子的时候，会很不解，他不明白为什么一个冷一个热。这个时候大人可以告诉宝宝冷热的差异。宝宝在不断变换尝试中可以感受到同一种材质不同温度的差异。妈妈也可以试着这样做：问宝宝哪个冷，哪个热，也许宝宝还能指对呢，这可是意外惊喜。

妈妈须知

在对宝宝的早期培养中，我们可以适当加大触觉的探索。成年人比较习惯于用视和听来感受世界，往往对触觉不那么敏感。而宝宝们正好相反，他们因为视力还没有长成成年人的水平，所以，他们的触觉会更为敏感。在早期游戏中，我们可以适当加大各种材质、温度、形状触摸带来的不同感受，从而让宝宝的智能得到更为全面的发展。

一个一个把门出

能力培养

促进宝宝对声音的分辨，以及不同语义与节奏和肢体动作间的相关性，让宝宝爱上听儿歌。

游戏步骤

1. 妈妈坐在椅子上，将宝宝放在膝盖上，轻轻抖动双腿。还可以不时转动，让宝宝面对不同的方向。
2. 将他从左向右、从前向后倾斜，最后让他坐直身子。
3. 一边做这些游戏，一边对他唱儿歌："爸爸、妈妈、大头叔，一个一个把门出，妈妈跌一跤，爸爸跌一跤，只有大头叔没事儿，大步流星往前走，大步流星往前走，往前走。"

温馨提示

动作和儿歌串联，更容易让宝宝对语言加深认识。关注宝宝的情绪，不要在宝宝饥饿、犯困的时候做游戏。

爱的互动

儿歌与普通的语言相比，有更加明快的节奏和韵律，有了节奏，宝宝的肢体就可以随着节奏舞动；有韵脚的句子会让儿歌更加动听、有趣，便于理解。几乎所有的宝宝都喜欢这样的形式。我们可以观察一下，宝宝是不是在你念儿歌的时候特别屏息凝神地听呢？在跟着儿歌一起做游戏时，宝宝是不是特别开心呢？

妈妈须知

儿歌的传播在很大程度上是通过游戏方式来实现的。儿歌语言浅显、明快、通俗易懂、口语化、有节奏感，便于宝宝倾听。儿歌还能帮助宝宝矫正发音，正确把握概念，初步认识事物，有助于孩子语言连贯的发展、锻炼思维、提高他们运用语言的能力。

小手不够用了

能力培养

训练手的技巧，手和眼的协调，让宝宝明白用两只手可以拿很多玩具。

游戏步骤

1. 事先准备三个可以对敲的玩具。
2. 让宝宝两手各拿一个玩具对敲着玩。
3. 等宝宝厌倦了，再给他换一个玩具。宝宝会扔掉手中的去拿新的。妈妈将宝宝扔掉的玩具拿走，宝宝就会关注原来丢掉的玩具，可能他会把手中的玩具放在胳膊上抱着，再去拿另一个。
4. 胳膊抱不住玩具时，宝宝会尝试多种办法，最后学会将左手拿的玩具放下，将右手拿的玩具传到左手，再伸右手去取第三个。

温馨提示

传手是手技巧进步、双手协调能力增强的标志。大人可以多培养宝宝的传手技巧，这有利于宝宝的双手协调。

爱的互动

宝宝也可能会拿着玩具对敲，也可能会思考如何拿起更多的玩具或者尝试学会传手，在宝宝的尝试中，成人多去鼓励哦。

妈妈须知

操作、认知和语言的发展有着密切的联系。常言说“心灵手巧”，也就是说，手的运动会促进宝宝语言能力和认知能力的发展，它是宝宝各项能力发展非常重要的基础。

按时睡觉

能力培养

帮助宝宝建立规律的作息时间，让宝宝养成良好的睡眠习惯。

游戏步骤

1. 每天睡觉时，给宝宝洗个澡，然后跟他一起唱几个儿歌。
2. 妈妈把床铺好，跟宝宝说："该睡觉了。"然后伸个懒腰给宝宝看。
3. 再给宝宝读一两篇睡前故事，或是唱一支摇篮曲。妈妈最好坚持每天在同一时间、以同样的顺序进行。久而久之，一到妈妈进行这些程序，宝宝就会接受这一套睡前程序的信号，就知道到了要放松、该睡觉的时间了。

温馨提示

确定相对固定的上床睡觉时间，你和你的宝宝都会从中获益。但这并非意味着必须要一分不差地实行，只是说你应该尽量遵从一个大致的、可预知的时间表。

爱的互动

每天的重复动作，会提醒宝宝睡觉的时间到了。当晚上给宝宝洗澡时，可以进行暗示，说："洗完澡，睡觉舒服。"另外，如果宝宝精力很旺盛，妈妈可以尝试晚饭后半小时增加宝宝的运动量，睡前半小时家中尽量处于相对平静的状态。

妈妈须知

宝宝大脑神经发育尚未成熟，生理上尚未建立固定的作息时间表。生物钟日夜规律的调整要依赖宝宝生理成熟度的配合。大人尝试一些方法帮助宝宝建立规律的作息时间，有助于他的身心健康。神经系统兴奋性较高的宝宝，容易出现睡眠不安的情况，这可能需要家长求助于更多专业的婴幼儿睡眠知识。

6~8个月宝宝档案

感知理解力发育

- 分析记忆力比以前强，一件物品可以唤起以前的记忆。
- 联想力开始增强，会因联想起开心时刻而笑。
- 观察力及理解力大大增强。
- 已经知道很多事物的因果关系，被人拿走玩具会不快和尖叫。
- 分辨能力也开始提高，能分辨出镜中的自己。

运动能力发育

- 渐渐具备直立平衡的能力。
- 已经较好地掌握了爬行的技能。
- 手指灵活度增高，可以捏起东西。
- 可以双手敲打和传递东西。

语言能力发育

- 会发出简单的音节。
- 对声音开始关注。
- 开始牙牙自语。
- 常常会主动与他人搭话。
- 听音辨声和视觉观察的能力愈来愈强。

情感发育

- 开始学习、模仿大人表情等。
- 对妈妈或者经常照顾他的人产生了依赖。
- 开始认生，出现了害怕、高兴、焦虑、害羞、好奇等情绪。
- 赞美他，他会高兴；批评他，他会哭泣。

习惯养成

- 每天要睡 14~15 个小时，白天需要小睡 2 ~ 3 次，在半夜醒来知道重新入睡。
- 开始学习咀嚼和吞咽，由吃菜粥或烂面条，慢慢向吃软饭或其他面食过渡。
- 在屋里呆不住了，会用小手指着门，会在妈妈怀里往门口方向使劲，会眼睛盯着到外面的门，显露出要出去的表情。

第4章

9~12个月
释放无限天性

众所周知，宝宝出生的头一年是大脑发育非常重要和关键的时期。而大脑中的神经细胞靠突触传递信息。宝宝接受到的刺激直接影响突触的形成。反复的刺激加强并使它们变得持久；反之，这些刚形成的神经细胞会因为没有刺激而逐渐消失。这个时期宝宝的经历和体验，对于大脑整个系统的完善起着至关重要的作用。父母要抓住机会，积极地进行一些互动游戏，以有效刺激宝宝的神经细胞突触。

01 感知理解力发展训练

晚上，朵朵妈把朵朵抱在怀里一边哼着歌，一边用木质汤匙给朵朵喂粥喝。这时，朵朵爸走来，塞给朵朵一把汤匙说："来，朵朵喂妈妈。"朵朵兴奋地挥舞着汤匙，但不知道怎么喂。朵朵爸握着朵朵的手，舀起一勺粥放到朵朵妈嘴里。朵朵妈忙说："朵朵乖，真好喝，朵朵真乖。"朵朵爸撇撇嘴："怎么好像在说我似的。"朵朵妈嗔了他一眼，继续鼓励朵朵。朵朵再一次颤巍巍地举起小汤匙送到了朵朵妈嘴边，朵朵妈假装受宠若惊地说："朵朵真聪明，会给妈妈喂粥了！"

大部分宝宝从9个月开始，可能会让妈妈们有点儿小伤心，因为他们变得不粘妈妈了，而是越来越喜欢和爸爸在一起。这时候的宝宝也开始有点儿小"自私"了，他的辨别能力更加明显，也有可能会说"不"；也第一次有了占有欲，自己的玩具开始不轻易给别人。对他来说，把自己的东西给别人，就好像东西被抢走一样，很不高兴。

这时的宝宝已经与他人有很好的互动性了，也更加活泼。他会主动找爸爸妈妈玩，在爸爸妈妈走进家门时，他会朝爸爸妈妈爬过来，抓着爸爸妈妈的裤脚努力站起来。他知道自己的名字，叫他的名字时他会有反应，并懂得简单的语意。比如，他想要拿某种东西，父母如果严厉地说："不能动！"他会立即缩回手来，停止行动。玩得高兴时，他会咯咯地笑，并且手舞足蹈。有些宝宝能扶着桌椅围绕屋子行走，会爬上椅子又爬下来。此时一张大床已经容不下他了。有些宝宝甚至能用一只手拿两个小东西。大部分宝宝已具有真正说话的声调，很喜欢重复别人的声音。有的宝宝这时候会突然冒出第一句话来。

针对宝宝以上发育特征，成人应尽量让宝宝多运动、多看图、多听大人说话、多与外界进行交流……与外界的互动能增加宝宝的记忆和反应能力。还可以通过照镜子、模仿等途径强化宝宝的自我意识。这个时期的宝宝已经可以理解躲猫猫的游戏规则了，他知道藏起来的东西可以找出来，如可以拿开盖布、盖盒、碗、枕头、被子等将藏着的东西找出来，所以可用不同的方法同他做游戏，让他多积累经验。还有被绳子系住的东西可以用拉绳的办法找到，放入管子的东西可以从另一头倒出来，等等，这些经验对他以后解决问题会有很大的帮助。

什么在山那边

能力培养

激发宝宝好奇心，并且自己身体力行地探索发现好奇物品，这是藏猫猫游戏的升级版。

游戏步骤

1. 妈妈背对着宝宝躺好，将事先准备的小玩具放在自己胸前这一边。妈妈的身体挡住玩具，让宝宝看不到。
2. 妈妈回过头对宝宝说：“过来，到这边来，妈妈给你好东西哦。”用玩具吸引他，让他爬过你的身体。
3. 宝宝爬过来以后，把玩具给宝宝玩，并且称赞他的勇敢。

温馨提示

妈妈可以改变身体的高度，比如刚开始完全平躺，慢慢侧躺，来增加宝宝爬行的难度，以强化他的成就感。

爱的互动

宝宝听到妈妈的呼唤，会很好奇，会迫不及待地想知道妈妈身体的另一边有什么东西。在理解语言、探寻未知的过程中，他会爬过“高山”看到对面有什么。跟在平面的爬行不同的是，宝宝需要掌握一定的爬行技术才可以往高处、低处爬，这个游戏同时很好地锻炼了他的协调性、平衡能力和上肢力量。

妈妈须知

从一出生开始，宝宝就具备了旺盛的好奇心。随着环境的改变和年龄的增长，宝宝的好奇心也与日俱增。好奇心能帮助宝宝拥有主动学习的动机。

小鸭鸭快回家

能力培养

激发宝宝的好奇心，通过触觉刺激来唤起大脑的反应。

游戏步骤

1. 用一个大洗衣盆，里面放一定量的水，放3只以上的塑料小鸭子。
2. 妈妈从后面扶住宝宝，让他站立在盆边，挽起宝宝的袖子，露出小手臂，让宝宝把小手伸进盆里去触动小鸭子。
3. 宝宝一个人玩腻了的时候，妈妈可以一只手扶着宝宝，另一只手参与进来，和宝宝一起玩，让小鸭子在水中互追嬉戏。

爱的互动

当宝宝的小手接触到水的时候，会刺激他的触觉。这时妈妈可以用语言或者唱歌的形式，告诉宝宝让小鸭子游回家。小鸭子在水中漂来漂去、晃晃悠悠，妈妈还可以把它们摁到水下，然后小鸭弹出来的全过程宝宝会看得很入迷，并也会模仿着做。对于浮力的感受就开始建立起来了。

温馨提示

注意天气和室温，可以备一条小干毛巾，及时给宝宝擦干手臂的水，不要让宝宝弄湿袖子。在安全方面，任何时候都不可以把宝宝留在水边。

妈妈须知

研究表明，新生儿对他人的触摸有敏锐的反应，尤其是嘴部周围、手掌中间和脚掌中间对触觉刺激尤为敏感。成人轻柔地爱抚宝宝的身体，会引起宝宝微笑，还能增加宝宝对人脸的注视时间。母亲给予宝宝的抚摸、拥抱和亲吻，可以安抚宝宝的情绪，让宝宝感觉安全、温暖和舒适。

车车过洞洞了

能力培养

培养宝宝的耐心和想象力，同时可以帮宝宝理解空间的概念。

游戏步骤

1. 准备两块大一点儿的积木、一个纸板和一辆玩具小汽车。
2. 先用积木和纸板建成一座桥，妈妈抱着宝宝坐在桥边。
3. 妈妈把小汽车从桥下开过去，再开过来。一边开，一边告诉宝宝："车车过桥洞了，看不见喽……又出来喽……"

4 让宝宝拿开纸板，看车子在两块积木中穿行。

5 妈妈再架好桥，让宝宝自己开动小汽车过桥洞。

温馨提示

注意宝宝的情绪变化，如果表现得不高兴，可以将汽车藏在积木下面，然后让宝宝找出汽车，给予他赞美和表扬，使其产生兴趣。

爱的互动

当宝宝第一次玩这种游戏时，会很兴奋。看到汽车不见了，就想拆掉小桥去发现汽车。当汽车跑出来时，宝宝会非常欣喜。宝宝很喜欢这种神秘的游戏，大人可以让宝宝试着自己将小车推进桥洞，然后再帮助宝宝一起用大一点的力量将小车一次穿过桥洞去。

妈妈须知

通过感官刺激游戏，宝宝的身心和大脑都能得到锻炼，这正是游戏的功用。无论在哪一时期，最重要的是让宝宝通过游戏去发展五感、锻炼身体，在快乐的游戏和实践中健康成长。

小小动物世界

能力培养

训练宝宝的认知能力和记忆力。

游戏步骤

1 准备四种动物卡片（或动物玩具，如猫、兔、狗、鸡）。

2 将动物卡片一张张摆在宝宝面前，让他看。

3 拿起小猫的卡片告诉宝宝：“这是小猫喵喵，小猫的眼睛很大很亮，小猫嘴上有胡须，走路静悄悄，专吃老鼠保护家。遇见老鼠，它就喵、喵、喵地叫。”妈妈可以让宝宝用手指指小猫，学小猫叫，同时在宝宝脸上比画小猫胡须。

4 妈妈拿出小狗卡片，用手势、语言进行描述和表演：“这是小狗汪汪，小狗的耳朵支棱着，听见小偷到家它就汪汪叫，宝宝长大要赏给小狗骨头啃。” 同时让宝宝用手指指小狗，学小狗叫。

温馨提示

家长可以多模仿动物的典型外型特征、行为特点或叫声，让宝宝体会这种差异。

5 妈妈拿出小白兔卡片，用手势、语言进行描述和表演：“这是小兔乖乖，小白兔，乖又乖，爱吃萝卜和白菜，蹦蹦跳跳真可爱……”同时让宝宝用手指指小兔，拿胡萝卜玩具喂它。

6 妈妈拿出小鸡卡片，用手势、语言进行描述和表演：“这是公鸡喔喔，大公鸡喔喔叫，外面的世界真美妙，大红冠子头上顶，打起鸣来亮堂堂。” 同时让宝宝用手指指大公鸡，学公鸡叫。

7 多次反复后，妈妈让宝宝用手指出四种动物，或按指令把卡片拿起来。

爱的互动

宝宝通过大人反复的形象特征描述刺激大脑，就可以区分出各种动物的差异，将这种动物形象的图谱存储在大脑中。当宝宝在一堆图片中看到熟悉的画片，也许不记得是什么动物，但是他能找出来。当然，如果可以联系周围真实的小动物就更好了，这对联想力的发展帮助很大。

妈妈须知

宝宝的记忆以形象记忆为主。记忆带有很大的随意性，没有目的和意图，凡是感兴趣的、形象鲜明的事物，宝宝就容易记住，而且他经常会记住一些被大人忽略的细节。这是婴幼儿记忆力与成人很大的区别所在。

宝宝也会喊加油

能力培养

增强宝宝模仿能力，增加宝宝的手臂力量，帮助宝宝去理解词语中的情绪。

游戏步骤

1. 妈妈同宝宝面对面坐着。
2. 妈妈双手高举，口喊“加油”，让宝宝看。
3. 妈妈可以抓着宝宝的手让他模仿。

温馨提示

跟宝宝一起做“加油”的动作，可能在其他游戏中你为他“加油”时，他也会收到这信息，并振臂为自己加油的。

爱的互动

宝宝见到妈妈举起双手兴奋的样子，就会迫不及待地想模仿。可是宝宝的手举不高，大人这时候要抓住宝宝的手，跟宝宝一起做。听到大人欢快的语气，宝宝也会十分高兴。

妈妈须知

从模仿中学习语言表达是人类学习语言的重要方式之一。在引导宝宝模仿大人学说话的时候，可以多让宝宝看清楚大人的口型，并通过声调和表情的变化来激发宝宝体会自己发音和大人发音的差异。

02 情感发展训练

“朵朵越来越不乖了！”朵朵爸照着镜子说。原来，他的脸上被朵朵抓出了一道红印子。“是啊，朵朵这段时间脾气很大，一不顺心就开始哭闹。”说起这个，朵朵妈也很头疼。“哇——”，爸爸妈妈话还没说完，朵朵又放开嗓门哭了起来。妈妈一边哼小曲一边拍着朵朵后背，希望可以安抚她。朵朵慢慢平静下来后，睡着了。朵朵爸看到朵朵妈把朵朵放下，赶紧体贴地给朵朵妈捶背按摩，然后感慨道：“做父母真不容易啊！”

真正考验爸妈的时候到了！现在宝宝变得爱发脾气了，动不动就摇头、甩手、嚷嚷。新手爸妈不要因此焦虑，更不用急于去做纠正，殊不知，这都是因为宝宝的“自我”意识在萌芽，是心智发展的标志。你应该高兴，你的宝宝开始有主意了。矛盾在于，他有主见但还不会用语言来表达，脚还无法协调地走路，手不能灵活地运用，于是对他来说挫折多，心烦，脾气自然就大了。妈妈要理解宝宝，尽可能地多一点点耐心。宝宝想自己吃饭，就让他拿着调羹自己吃，同时你辅助着喂他吃；宝宝打定主意自己穿衣，就让他自己穿，在他穿的过程中，悄悄帮他提一提裤腿和袖管。尊重宝宝的意志是鼓励宝宝走向独立的第一步。

在这个阶段，妈妈的示范意义更显著了，因为已经“有主见”的宝宝，会与你有更多的互动。父母可以多采取各种表情和多种语调来帮助宝宝了解不同情绪的意义。跟宝宝交流时，表情要尽可能更丰富些，比如笑着说："宝宝做得好，妈妈真高兴。"父母做好榜样，适时地将自己的情绪恰如其分地表达出来，用语言结合肢体动作和面部表情的方法，可以帮助宝宝感知情绪，并学习如何去表达情绪。

面对这个想独立的小家伙，妈妈也不要疏于陪伴。要知道，宝宝的内心还是充满不安全感的。有安全感的宝宝，能渐渐适应较多人的照料；缺乏安全感的宝宝，往往只依恋母亲，对任何人都不能适应。当宝宝跟陌生人相处表现出怕生的情绪时，不要为了急于改变他而强迫他跟陌生人打交道。他现在需要的是时间和正确的方法，我们可以让他先慢慢适应第二个人，熟悉以后再适应第三个人，这样宝宝的适应范围慢慢变了。

睡前故事真好听

能力培养

安抚宝宝睡前情绪，增加亲子间亲密互动，同时促进宝宝语言、情感和视觉的发展。

游戏步骤

1. 宝宝睡觉前，妈妈给宝宝朗读1~2则故事。最好选择有彩图、有情节和简短配文的故事书。

2. 妈妈在阅读时，可以把着宝宝的小手边读边指图中的事物，语音语调尽量生动饱满。随时观察宝宝的反应，如果宝宝很投入的话，妈妈会发现他的表情会跟着书中的情节发生变化：故事的主人公被抓了他会着急；当主人公被人救出来的时候，他的表情会变舒缓。

温馨提示

开本见方、硬纸板的书比较适合这个年龄段的宝宝，因为这样既方便家长阅读，又不至于让宝宝在啃咬、撕扯、拍打、扔砸的过程中将书毁坏。我们可以和这个阶段的宝宝读一些以图片为主文字很少的故事书，在购买图书时注意适合的年龄段。

爱的互动

宝宝这个时候已经可以听懂大人说话了。大人给宝宝讲故事时，自己的情绪要随着故事的情节而变化。这些表情和语言会对宝宝产生影响，让宝宝体会情感的变化。大人边讲故事边注意宝宝的情况，如果宝宝很精神，那么大人可以适当地调整语调，例如，放慢一些读；如果宝宝很困了，那就合上书本睡觉吧。

妈妈须知

宝宝也许无法静静地听你念完一整本书，他可能更喜欢对书进行拍拍打打的各种摸索，甚至喜欢听书被撕开的“刺刺”的声音。多观察宝宝，也许在这些书里有他特别喜欢的，可能与画面偏好有关，可能也与故事被朗读出来时的节奏和音调有关。找到他喜欢的，同时在阅读时注意他的反应。

泡泡漫天飞

能力培养

感受泡泡的神奇，促进宝宝的情绪智力和想象力，锻炼其手眼协调能力。

游戏步骤

1. 爸爸吹泡泡，妈妈扶着或抱着宝宝去追赶泡泡，去抓或拍打泡泡。

2. 爸爸吹得越来越快，泡泡越来越多，漫天飞舞，慢慢落下，圆圆的、大大的。这时候追赶得劳累万分的母子稍事休息后，妈妈开始给宝宝讲一个跟泡泡有关的童话故事。

3 神奇的泡泡变化万千，带给宝宝新奇和快乐，也让宝宝在抓和拍打中，锻炼手的灵活性和双手拍打动作。在听妈妈讲故事的过程中，宝宝还会展开想象。妈妈在讲的过程中可以观察宝宝的情绪状态。

温馨提示

泡泡被触碰会破裂消失，宝宝可能会因此茫然不知所措，不过他会很快调整状态，迎接一个又一个的泡泡。另外，要注意安全，不要让宝宝自己单独接触泡泡水，避免误舔误食。

爱的互动

当宝宝看到泡泡在空中飞舞时会感到十分惊喜。妈妈抱着宝宝去拍打、追赶时，宝宝会感到十分兴奋，而且看到泡泡变换色彩，会觉得很神奇。爸爸这个时候可以吹出更多的泡泡，或者在宝宝洗澡的时候吹在浴缸里，让洗澡变得更欢乐。

妈妈须知

父母平时可以多注重提高宝宝的视觉精度。所谓视觉精度，就是指在视野范围内能够看到并有意识地对物体进行准确区分的能力。人们能够对空间知觉定向，并与语言功能进行生理统合。宝宝应该达到的视觉精度是能不费力地看，并在适当距离能准确抓握物体。

宝宝也会捏小人

能力培养

既锻炼宝宝的小手，也让宝宝可以感到无穷的乐趣，在对宝宝进行触觉刺激的同时，促进宝宝情绪智力的发展。

游戏步骤

1 准备足够多的黏土或橡皮泥。

2 妈妈示范后让宝宝去捏、搓、拍打黏土或橡皮泥，打成一个大饼或搓成一根面条。

3 随着宝宝兴趣的提升，妈妈慢慢增加难度。将黏土捏成一个小人，让宝宝体会黏土的可塑性。

温馨提示

如果黏土不好，可以选择橡皮泥。多种颜色更能引起宝宝的兴趣。但要注意宝宝的安全，不要让宝宝舔食。

爱的互动

宝宝抓到黏土时，黏土的触感会让宝宝感到陌生，有的宝宝会继续探索，有的宝宝则会不感兴趣。如果宝宝兴趣索然，妈妈不妨多露几手，做出各种形状的泥人，然后还可以尝试握着宝宝的手一起把黏土捏成各种形状。

妈妈须知

专注力不是天生的，它需要后天的培养。首先，妈妈们要尽可能地给宝宝提供一个相对安静的环境，排除那些不必要的干扰。比如，当宝宝搭积木时请关掉电视，当宝宝“阅读”时请收起其他玩具。其次，一定要为宝宝安排好作息，保证他们睡眠充足，这样才能促进专注力的发展，因为疲劳会使人精神涣散，注意力难以集中。最重要的是，为宝宝安排他们感兴趣且难度适中的游戏。兴趣是最好的老师。妈妈要尽可能早地开始有意识地让他们独立玩耍，并尽量避免干预和打断宝宝的游戏，使宝宝能够有效地集中注意力。

翻山越岭找妈妈

能力培养

爬障碍能让宝宝锻炼平衡能力，也有助于培养宝宝勇敢的性格。

游戏步骤

1 准备好纸箱、枕头、裹起来扎好的浴巾、大的海绵块。

2 用以上物品布置成障碍物，阻挡在宝宝和妈妈之间。

3 妈妈在一端呼唤宝宝，示意宝宝爬过来找妈妈。

4 不要给宝宝任何提示，让宝宝自己想办法越过障碍找妈妈，或绕过障碍物找妈妈。当宝宝成功时要给予表扬。

温馨提示

注意宝宝安全，最好在地垫上进行，这样即使在宝宝爬翻的过程中有一些小挫败，也可以保证他独立完成。

爱的互动

大人对宝宝的呼唤会让宝宝干劲十足，所以宝宝在困惑时妈妈要探头观察他的一举一动，并亲切地呼唤他的名字。当宝宝毫不犹豫地爬到障碍之上时，妈妈要称赞宝宝的勇敢，为他加油打气。有时宝宝爬到最高点，会感到害怕，从而停止动作，等着妈妈来抱。这时，妈妈一定要给予宝宝微笑，鼓励宝宝自己到妈妈这里来。宝宝因为迫切地想投入大人怀抱，就会在成人的鼓励下成功越过障碍。

妈妈须知

保持平衡不仅是身体的事情，也与大脑中所有的感觉有关。宝宝每做一个动作，平衡感就会感受到姿势的变化，并把这个信息传递给大脑。在这个过程中，有多个感官参与了进来：视觉、触觉和听觉。而事实上，也正是平衡感把五种感觉结合在了一起。

食物也可以这样玩

能力培养

训练多方面的感觉刺激，使宝宝变得更富有创造力。

游戏步骤

1 准备一个托盘并在上面铺一张纸。

2. 给宝宝一些食物，如布丁、奶油、红豆沙或其他可以挥洒涂抹的食物，鼓励宝宝用手指蘸取食物涂出图画来。

3. 不管宝宝画的是什么，妈妈都要给予赞扬，并且告诉宝宝自己的相关联想，让其感到有成就感，他就会越画越好。

温馨提示

在亲子游戏的过程中，父母要注意把握住有利时机和时间长度。父母们应选择在宝宝吃饱、清醒安静的时候进行游戏。每次游戏的时间不宜过长，一旦发现宝宝累了或厌烦了就要停止。

爱的互动

宝宝把食物捏在手里时，奇异的感觉会让宝宝迫不及待地把手按到纸上面。看到纸上面的图形，妈妈可以发挥想象力说：“这个像 × ×。”宝宝会因为妈妈的话而兴趣盎然，不断地在纸上画出各种食物图案来。妈妈甚至可以根据图案编出一个故事，一方面会让宝宝对这种游戏产生更大的兴趣，另一方面可以提升他的想象力。

在玩的过程中，还可以让宝宝偶尔用嘴尝试一下，甜甜的口感会让他很惊讶。

车车转弯了

能力培养

锻炼宝宝手眼协调力，同时让他感受到努力的喜悦。

游戏步骤

1. 准备好一个易拉罐、一根1米长的绳子、一些豆子和障碍物。

2. 给易拉罐系上绳子，在罐里放几粒豆子，把罐口封好。

3. 妈妈扶着宝宝，让宝宝拉着易拉罐走。罐子里发出的“叮叮叮”的响声会提高宝宝的兴趣。妈妈一边走一边唱：“宝宝拉小车，小车要开到公园去，开到大街上去……”

4 在小车行驶过程中设置一些障碍，让宝宝绕道行走，转弯走，并说：“车车转弯了……”

温馨提示

设置障碍时最好用纸板之类不会伤到宝宝的东西。过障碍物时要不断地称赞宝宝，让他更有动力。

爱的互动

在游戏过程中，妈妈要小心扶着宝宝，不要让他摔倒。见到宝宝玩兴正浓，妈妈可以说出各种地名，让他熟悉几个常去的地方。遇到障碍，妈妈要让宝宝绕大圈，告诉他不要让障碍物碰到易拉罐，否则会翻车。

妈妈须知

做亲子游戏要注意游戏的适宜性。不同月龄的宝宝，生长发育的状况不同，需求不同。即使相同月龄的宝宝，其生长发育和需求也存在差异。因此，进行亲子游戏，父母一定要选择适宜的游戏来与宝宝玩耍，要让宝宝快乐，不要强迫。不能因为宝宝不会玩这个月龄可以玩的游戏就责骂宝宝。

03 语言能力发展训练

朵朵坐在床上拿着朵朵爸专门为她买的图画书，“呀呀呀”煞有介事地自言自语，朵朵妈在旁边看着备感温馨。这时，朵朵爸回家了，一把抱起朵朵，“啵”地使劲亲了一大口。朵朵还没从学习状态中回过神似的，小手摸着朵朵爸的脸叫道：“爸爸——”“哎！”朵朵爸这个美啊。“妈妈——”朵朵妈立即跑到朵朵跟前说：“妈妈在这儿！”“爸爸，妈妈，爸爸，妈妈……”朵朵像唱儿歌似的叫着玩。朵朵妈立即意识到机不可失，立即诱导道：“爷爷——奶奶——”朵朵瞪大眼睛看着，朵朵爸也加入了教导：“爷爷——爷爷——”朵朵发了几个不清楚的音后烦躁不安起来。

看着身边的宝宝会迸出几个词了，父母开始满心急切地“教”宝宝说话。但急于求成会给宝宝造成压力，反而影响他正常的语言发展。正确的做法是在生活中对宝宝多说，见什么说什么，遇到狗就指着说“狗”；吃什么说什么，比如“米饭、苹果、胡萝卜……”多说能从发音能力、口腔动作协调性以及认知理解、口语诱发、感官刺激上帮助宝宝建立语言沟通能力。

人吃饭、说话都靠嘴，口腔动作能力是口语表达及发音的物质基础，我们可以利用吃东西来形成成熟的口腔动作，为说话创造条件。所以营造愉快的吃饭气氛，提供均衡的、软硬适度的食物，给予不同的食物体验，也是宝宝咿呀学语时父母应该为之提供的条件。

经常带宝宝去街心公园或附近的亲子乐园，让他与同龄人打招呼，看别人活动。看到别人跳舞，他会摇摆着身体模仿；看见小朋友跑，他会着急地跺脚；看到学步的宝宝牵着可拖拉玩具同大人牵手走，他可能会要跟着一起去……有时，某一个宝宝叫了一声，就会有两个宝宝呼应，随后大家不约而同地大声呼叫。宝宝这种在群体中获得的快乐，对于激发宝宝的说话欲很有帮助。

此外，父母要鼓励宝宝模仿，模仿声音和动作可以使宝宝的语言和动作得到进一步的发展。

这一阶段，父母还应特别注意保护宝宝的嗓子和听力。宝宝的咽部耐受力差，为使宝宝将来能有一副好嗓子，早期保护嗓音很重要。首先，不要让宝宝长时间哭喊，尽量用他可以理解的方式沟通；其次，用药要遵医嘱，不当的用药对宝宝器官会有不同程度的损伤。

谁给宝宝打电话

能力培养

训练宝宝的听觉，开发宝宝的语言系统。

游戏步骤

1. 妈妈和宝宝同时拿起玩具电话，拉开一定距离。
2. 妈妈在电话里和宝宝模拟说话：“喂喂喂……”叫宝宝的名字，问候宝宝的玩具，说一些生活中常对宝宝说的话，眼睛看着宝宝，观察宝宝的反应。

3 把电话放回电话机时，要对宝宝说再见，并教会宝宝把电话放好。

温馨提示

电话是宝宝最喜欢的玩具之一。打电话游戏能让他知道一些生活常识。宝宝虽然还不会说话，但对家长的呼唤和说的话会认真地去听。

爱的互动

妈妈对着电话跟宝宝说话，会让宝宝感到不解和好奇。妈妈这时要告诉宝宝，这是在打电话，鼓励宝宝对着电话听声音。等妈妈多次示范后，宝宝就会对电话产生浓厚的兴趣，因为里面可以发出声音。等到宝宝对这个游戏熟悉以后，他会主动地拿起电话，等妈妈拿起另一个，然后高兴地听妈妈在电话里对他讲话。

妈妈须知

语言发展过程中“听”是很重要的，因此，应该借助各种听觉游戏，帮助宝宝建立听觉注意力，使宝宝主动寻找声源并理解生活中的各种声音，以锻炼宝宝语言发展所应具备的听觉能力。

活动嘴唇来亲一下

能力培养

促进宝宝双唇闭合的能力，增进和宝宝的交流。

游戏步骤

1 第一次用勺喂宝宝时，宝宝几乎是张口等着大人将勺中食物“倒”入口中，不会用唇来抿下食物。

2 妈妈在喂食时，勺放进宝宝口中后，可用食指轻压宝宝的上唇来诱发“抿”的动作，逐渐让他自己抿。

3 宝宝可以抿下食物时就会开始对“亲一下”产生莫大兴趣，这样可促进宝宝双唇闭合的能力。

4 满周岁时，宝宝学会用双唇包住杯子喝水了，就可以教宝宝“吸”的动作，此动作与奶瓶吮吸用力部位是不同的。

爱的互动

妈妈教宝宝动嘴唇时，要轻声说：“抿，这样叫抿。宝宝真聪明。”宝宝会动嘴唇后，妈妈可以亲宝宝，然后让宝宝学着来亲妈妈。当然，妈妈要不断地鼓励宝宝活动嘴唇，让宝宝的嘴唇更加灵活。也可以让宝宝多练习自己用杯子喝水，这对宝宝以后开口说话有莫大好处。但是不要太猛，避免宝宝被呛到。

妈妈须知

从语言的发展进程上来看，这个阶段宝宝能理解、听得懂的语汇，比他实际说出的语汇至少多出3~5倍。

舌头动动动

能力培养

训练舌头的灵活度，为以后说话做准备。

游戏步骤

1 妈妈伸舌头扮鬼脸，让宝宝学。

2 妈妈在宝宝的嘴角涂少许食物，让宝宝用舌头去舔。

3 妈妈发个舌音，让宝宝学。

4 妈妈有意识地协助宝宝将食物咀嚼、用舌头搅拌后吞下。当宝宝能够吃下固体食物时，标志着宝宝的舌头活动已成熟。

爱的互动

在做这个游戏的时候，大人可以大张开嘴，让宝宝看到自己的舌头在动，这样宝宝也会下意识地让自己的舌头动。不管宝宝的舌头有没有动，大人都要称赞宝宝聪明，让宝宝有继续努力的动力。要时刻关注宝宝的情绪，如果大人给的食物不合宝宝口味，或者宝宝吃不到嘴角的食物，大人要及时鼓励宝宝，帮助宝宝吃下食物。

妈妈须知

讲话离不开舌头，因为舌头是最根本的发音器官。汉语的“话”字本身，就含有一个“舌”字，说一个人善辩，叫“三寸不烂之舌”。英语 Language（语言）一词是从拉丁词语 Lingua（舌头）变化而来的。在法语词汇里，Langue 的第一词义是“舌头”，然后才是“语言”。宝宝的语言发展不只是“词汇”的发展，嘴唇、舌头、脸颊、声带、咽喉肌肉越协调，他将来就越能“口齿清晰”。所以妈妈在努力给宝宝的小脑瓜塞词汇的同时，要促进宝宝口腔动作的灵活度。

宝宝都知道

能力培养

训练宝宝将一些自己知道的词和常用的物体联系起来。

游戏步骤

1 当爸爸回家时，妈妈要故意大声说“爸爸回来了”，宝宝会马上朝门的方向转头看爸爸。

2. 宝宝在爸爸怀中时，爸爸也可以故意大声叫“妈妈”，让宝宝朝妈妈的方向看去。

3. 妈妈可以问宝宝“电灯在哪儿”，宝宝会将头转向电灯方向，或用手指着电灯。这虽然不是语言，但对宝宝的发音器官是一个很好的锻炼，为模仿说话打下基础。

爱的互动

这个月龄的宝宝能把一些词和常用的物体联系起来。大人可以经常对宝宝进行提问，这样会增加宝宝的印象。当宝宝对你的话产生反应时，要及时夸奖宝宝知道的东西多，这样宝宝就会更想在大人面前表现。如果宝宝遇到不懂的，大人要耐心地告诉宝宝，这个是什么东西。

妈妈须知

对于0~3岁的宝宝，比起说话能力本身，非语言的沟通能力，如哭、肢体动作，或是眼神、手势等反而更为重要，这些都是语言发展能力的重要指标。因此，你要先学会观察宝宝的行为，尝试了解他的意图，以免错失与宝宝沟通的机会。否则，宝宝会因为没有得到你的鼓舞而变得越来越不爱表达！

宝宝记得住

能力培养

锻炼宝宝的记忆力，训练宝宝的开口能力。

游戏步骤

1. 跟宝宝玩图卡游戏，在看图卡时，告诉宝宝每个图对应的名称是什么。

2. 等宝宝认识4~5张图卡后，让他从一大堆图卡中找出其熟悉的那几张。一旦找出来，家长就要大加赞赏和鼓励。

3 增加游戏难度，在图卡中加入1~2张字卡，训练宝宝找出。

爱的互动

宝宝认图卡时，大人应仔细地告诉宝宝图的特点，最好是每个图都编一个故事或者儿歌，让宝宝的手指在图上面指点一下会加深宝宝对图片的认识。让宝宝从字卡中找到图卡时，大人要告诉宝宝字卡和图卡的区别，让宝宝认识字卡。如果宝宝没办法完成这个游戏，大人可以帮助宝宝。

妈妈须知

9~12个月正是宝宝语言发展的重要积累期，这一时期，妈妈应从宝宝的发音能力、口腔动作协调方面，帮助宝宝建立语言沟通能力。对宝宝来说，游戏并不仅仅是游戏，它更重要的是一种探索活动。正是在游戏的过程中，宝宝的心智与体能才会得到快速发展。

宝宝学小熊

能力培养

听着儿歌做动作，将语言和动作相结合，有利于宝宝理解动作、提高语言能力。

游戏步骤

1 妈妈一边唱儿歌，一边做示范动作："小熊小熊转个圈（转圈），小熊小熊敬个礼（敬礼），小熊小熊弯弯腰（弯腰），小熊小熊跺跺脚（跺脚）。"

2 妈妈做几个示范之后，拉着宝宝一起做。

爱的互动

宝宝和大人随着儿歌一起做动作会让宝宝感到十分高兴。如果宝宝兴趣不高，可以换宝宝熟悉的儿歌或用宝宝喜欢的动物来代替“小熊”，以引起宝宝的兴趣。同时要不断称赞宝宝，这样宝宝才会高兴。等熟悉这个游戏之后，宝宝会不等大人唱下句就知道自己下面要做什么动作了。这对宝宝能够早日说话很有帮助，因为他更希望自己唱着儿歌，自己做动作。

妈妈须知

宝宝的语言发展离不开适当的语言环境和刺激。如果爸爸妈妈能细心地关注宝宝的语言发展动态，并适时提供恰当的刺激，那么宝宝说话自然水到渠成。

拍拍手，点点头

能力培养

训练手的灵活性和双手的配合度，运动与语言的结合可以使宝宝更容易学会说话。

游戏步骤

1. 在集体活动中让宝宝围坐一圈，大人坐在宝宝后面，并说：“拍拍手，点点头，拍拍手，点点头。”
2. 宝宝刚开始很难做到，大人可从背后握住宝宝的小手做拍手动作，慢慢地让宝宝自己做。节奏不要太快，让每个宝宝都能看到大人的动作。
3. 集体“拍手”游戏后，大人要及时检查宝宝的成效：在大人不帮忙的情况下喊“拍手”，如果宝宝知道“拍手”的含义，开始拍手，就说明大人成功触动了储存在他脑海中的记忆模式。

爱的互动

和小朋友一起做游戏，宝宝会显得比平常要乖很多。大人这个时候可以在其他人面前夸奖宝宝，让宝宝知道这样会让大人感到高兴。游戏开始时，大人帮助宝宝做，然后宝宝就可以自己随着节奏做了。随着学会的动作越来越多，宝宝就更渴望自己能说话，这样就不用等家长来说口令，自己就可以玩了。注意宝宝情绪，如果宝宝不高兴就要安抚宝宝的情绪。多赞美宝宝，然后慢慢引导宝宝继续玩这个游戏。

妈妈须知

年轻妈妈千万不要犯这样的错误：若宝宝指着水瓶，你马上明白这是宝宝想喝水了，于是把水瓶递给他，这种满足宝宝要求的方法会使宝宝的语言发展缓慢。因为宝宝不用说话，你就满足其要求了，宝宝就失去了说话的机会。所以当宝宝想喝水时，你可以给他一个空水瓶，他拿着空水瓶，想要得到水时，会努力去说“水”。

这里铃声响

能力培养

训练听觉，锻炼腰部灵活性。

游戏步骤

1. 选择四种能发出不同声响的玩具。
2. 让宝宝坐在中间，四个大人从四个方向（东南西北）依次摇铃。
3. 第一个人摇响后，可以呼唤宝宝转头转身寻找摇铃人。摇五六下之后，再换第二个人摇，看宝宝的转动情况，再依次到第三个人、第四个人，铃声依次响起。
4. 随着铃声的变化，宝宝会进行视觉和听觉的追踪，身体也会扭动起来。

爱的互动

宝宝总是充满好奇心，当四个大人轮流摇铃时，宝宝的好奇心完全被激发出来，他甚至会爬到大人身上想找到铃声的来源。大人每次摇铃前可以提醒宝宝：“我要摇铃了。”宝宝会迅速地转身看这个大人，以确定铃声是否真会响起来。如果宝宝找不到摇铃人，大人可以让宝宝看到手中的铃铛，然后继续游戏。重复几次，宝宝就会随着铃声转动身体。这样宝宝不仅增强了分辨声音来源的能力，也让小腰更有力。每个大人都应该笑嘻嘻的，笑容会让宝宝的心情不会因为找不到铃铛而沮丧。

妈妈须知

听觉启蒙和语言发展有着密不可分的关系。“听”，看似被动地接受信息，但却是不可或缺的存在。没有听的累积，势必会减少宝宝学习的动力及能力，导致日后运用语言时产生困难。

原来这是1啊

能力培养

学习数字“1”的发音，开启宝宝的语言能力。

游戏步骤

1. 每当别人问宝宝“你几岁了”时，妈妈都教宝宝竖起食指表示自己1岁。几次之后，宝宝就会自己竖起食指表示“1”。

2. 等妈妈过一段时间故意问宝宝：

“你要几块饼干？”他会竖起食指，表示要1块。

3 妈妈每次只给宝宝1块饼干，让宝宝巩固对“1”的认识。

爱的互动

当妈妈向宝宝伸出一根手指，问宝宝“这是几”，宝宝也许还说不好，但这对促进宝宝开口有好处。宝宝在反复的游戏中也会明白，1 代表的是少的意思。除了“爸爸”“妈妈”这些简单的称谓之外，数字也是开启宝宝语言能力的一扇大门。所以，妈妈要用各种方法让宝宝突破数字发音。这就要从 1 开始。

妈妈须知

宝宝的记忆以无意记忆、机械记忆和形象记忆为主。宝宝最容易记住的往往是那些与他本人关系非常密切的东西和他感兴趣的事物。宝宝对妈妈的记忆是一种无目的、无意识记忆；对唐诗宋词、英语单词的记忆属于简单重复的机械记忆；对容貌以及一些形象具体的事物（如汽车、小猫、洋娃娃）的记忆，则反映了宝宝形象记忆的特点。

04 动作发展训练

“我的小祖宗，你慢点！”朵朵爸两手扶住朵朵两腋，把她放在地上练习走路。结果，朵朵精力旺盛地大步跑来跑去。作为行动的原动力，朵朵爸自然配合着朵朵的脚步，架着她狂奔。

等到朵朵妈买菜回来，就看到了累瘫的朵朵爸和兴致勃勃撕纸玩的朵朵。朵朵一见妈妈，立即高兴地拍手表示欢迎。“朵朵真是长大了，真乖！”“是啊，是啊，乖得差点累死老爸。”朵朵爸没好气地说，“就会在你妈面前表现，一点儿不心疼心疼老爸。”结果朵朵双手一挥，正中朵朵爸的鼻子，引得朵朵妈笑弯了腰。

爸爸妈妈注意了：你的宝宝开始学走路啦！宝宝在九个月时，可以扶着小床或围栏自发地站起来，慢慢地身体也能完全直立；十个月时，能扶着栏杆抬起一只脚再放下，并热衷于重复这个动作，这为他学习行走做好了生理准备；十一个月开始，在父母扶着的情况下能走几步了。这个阶段的宝宝具有熟练的爬行技能和极强的攀高欲望，一刻不停地“攀上爬下”是这一阶段宝宝的特点。这是宝宝自我探索、自寻其乐、增强才干的动力。所以父母应继续创造条件，和宝宝开展爬“大山”“越障碍”等游戏。

在宝宝开始学走路时，不要给他穿袜子，或者给他穿防滑袜，因为他的身体还很难保持平衡，容易滑倒。每次训练前选择一个摔倒了也不会受伤的地方，特别要将四周的物品清理一下，有棱角的东西要拿开。每天练习时间不宜过长，30分钟左右就可以了。

另外，宝宝在十个月时，拇指、食指对“捏”这个动作的发育已经比较好，能很顺利地捏起桌面上的小丸、绳子等；十一个月能打开用纸张包裹的玩具；一周岁时，精细动作发展更加成熟，已经能够盖瓶盖、往瓶子里放东西了。

值得注意的是，冲刺周岁的宝宝，常常会主动离开妈妈的怀抱，带着旺盛的好奇心到处活动；但是一遇到挫折，他还是会回到妈妈的身边。妈妈就像是宝宝的避风港，发生任何使他害怕和不安的事，只要回到妈妈身边就能让他安心。妈妈对寻求慰藉的宝宝置之不理，或不耐烦，反而会使宝宝因为缺乏安全感而紧紧缠住妈妈不放。如果宝宝充满好奇和自信地四处探索，妈妈却左一句“危险”，右一句“不可以”，过度的保护又会使宝宝失去探索的欲望。

宝宝跳跳跳

能力培养

通过抱着宝宝做跳跃动作，锻炼宝宝腿部肌肉和膝关节的屈伸，为以后行走做准备。

游戏步骤

1. 让宝宝站立，背对席地而坐的大人。
2. 大人从背后托住宝宝的腋下，伴随着儿歌让宝宝蹦跳：“一只青蛙一张嘴，两只眼睛四条腿；两只青蛙两张嘴，四只眼睛八条腿，扑通一声跳下水。”
3. 唱“扑通一声”时，托起宝宝腋下，将他举起，让他腿部自然地做弹跳动作，反复两次。

爱的互动

当宝宝随着大人的托动而一上一下的时候，宝宝会感到十分兴奋，以至于他在落地的时候，会用腿往上蹬。大人要利用他蹬的这一下把他举起，宝宝会因此而蹬得更卖力，这对宝宝的腿部肌肉有好处。唱儿歌的时候尽量唱慢一些，有利于宝宝记忆的发展，如果宝宝兴趣高，这种游戏可以多来几次。

妈妈须知

根据宝宝发育的一般规律，在1岁左右，大脑对于神经的支配相对成熟，宝宝可以在这时开始学习走路。因为个体的差异，宝宝开始学走路的时间并非完全相同。专家提醒，最早学走路的时间不应该小于9个月。一般来说，在1岁3个月左右，家长可以领着宝宝迈步；1岁半左右，宝宝可以独立行走。

小小万事通

能力培养

食指和其他指分开跷起，对以后用手指完成写字、拿汤匙等都很重要。

游戏步骤

1. 在和宝宝差不多高的墙面上贴各种各样的图片，让宝宝靠在墙边用小手去摸。
2. 尽量鼓励宝宝将食指跷起来，指墙上的各种图案。
3. 一边指一边告诉宝宝这是什么，那是什么。
4. 当宝宝食指能跷起来指墙上的各种图案时，再让宝宝指其他物品，如家里的洋娃娃、桌子、凳子等。
5. 对行走不稳的宝宝，大人可以牵着宝宝的一只手，让其用另一手去指。

爱的互动

宝宝对于这种用手指指东西的活动还很陌生，大人可以选择一些比较小的图画让宝宝指，然后再慢慢让宝宝去指大的图画。在宝宝眼里，大的图画很可怕，如果要用手指亲近是很吓人的。所以大人要不断地鼓励宝宝，让宝宝习惯用手指来指东西，这样宝宝的食指就可以和其他手指分开了。

妈妈须知

妈妈为什么要顺着宝宝的意愿呢？这可不仅仅关乎母爱的问题，这也影响着宝宝的记忆力呢。宝宝自我控制能力比较差，记忆活动很容易受情绪的影响而出现差异。宝宝心情愉快则记忆效果良好，心情沮丧则有可能什么都记不住。

台阶上上下

能力培养

锻炼膝盖弯曲伸直的能力，增强对身体平衡的控制能力。

游戏步骤

1. 准备几个高15厘米的小凳子。
2. 妈妈牵着宝宝的手，让他抬高脚跨上小凳子；协助他在凳子上站好后，再让他迈下来。
3. 上的动作宝宝一般都会，而下的动作宝宝一般不会。妈妈要拉着宝宝的双手让其一只脚先下来，再下另一只脚。
4. 增加游戏难度，将几个凳子按一定距离排成一行，让宝宝一上一下地都走完。

爱的互动

宝宝将脚迈上小凳子时比较容易，可是他下来时就会很害怕。妈妈第一次可以把宝宝抱下来，第二次就要扶着宝宝让宝宝自己下来。妈妈需要在旁边不断地鼓励宝宝，让宝宝习惯上下。这种游戏对宝宝的腿部锻炼很重要，能够为宝宝以后灵活走路打下基础。但是一定要注意宝宝的安全，避免摔伤、磕伤宝宝。如果宝宝害怕，大人可以先安慰宝宝。

妈妈须知

X形腿的宝宝爱夹着大腿走，一般都不爱走长路，老嚷着让妈妈抱。这种姿势的宝宝有的是缺乏肌肉负重锻炼。妈妈别老宠着，要让他多做些锻炼。O形腿的宝宝走路像骑马，不过慢慢自己就能调整过来。但如果一直这样，就有缺钙、维生素的迹象，需要治疗。O形腿程度严重的宝宝甚至要给他双腿打上石膏来纠正。

豆豆不要跑

能力培养

锻炼手指功能，养成有始有终的习惯。

游戏步骤

1. 准备花生、黄豆、扁豆等。
2. 让宝宝坐下，给宝宝一个空的小碗放在旁边，在面前撒几粒豆子，鼓励宝宝把豆子捡起来放进碗里。
3. 捡豆时妈妈要注意宝宝的动作，能用大拇指和食指捏起每颗豆子是最好的。有的宝宝用中指参与，妈妈也不要去纠正。
4. 豆子比较小，而且会滚动，所以宝宝一颗一颗捡起来需要一个过程，让宝宝慢慢捡，家长不要心急；宝宝每捡起一颗，家长都要赞扬。

温馨提示

一定不能让宝宝把豆子放进嘴里吞下去，大人要看护好宝宝。

爱的互动

宝宝刚开始捡豆豆可能会比较不乐意，这个时候大人可以和宝宝一起捡。宝宝捡豆子时，大人要惊喜地说：“宝宝好棒，会帮妈妈干活了！”这样宝宝才会自动自发地认真捡豆豆。当宝宝捡不起来时，大人可以安慰宝宝“慢慢来”，也可以抓着宝宝的手捡起来，让宝宝学习这种动作。

妈妈须知

在所有的运动技能中，抓获物体的动作在宝宝认知发展中起着最重要的作用，因为它开拓了宝宝探索环境的全新途径。通过抓握物体、翻转物体以及在松开物体后观察会发生什么情形等方式，宝宝学习了大量的有关物体的情景、声音以及感觉的知识。

小小拉力王

能力培养

锻炼手臂力量。

游戏步骤

1. 准备一根直径2厘米、长15厘米的塑料管和一条纱巾或布条。
2. 妈妈将纱巾或布条塞进塑料管内，露出一点小头，让宝宝用手将纱巾拉出来，反复几次。

爱的互动

宝宝从塑料管里拉出纱巾时，看到纱巾慢慢变长，会惊奇万分。大人在这个时候一定要夸奖宝宝。然后可以让宝宝学习如何自己把纱巾塞到塑料管里，宝宝塞的时候要小心，不要因为着急而把手给碰伤了。妈妈要耐心鼓励宝宝，这样宝宝才会用心去做这个游戏。

妈妈须知

科学家研究发现，通过活动手指来刺激大脑，远比死记硬背更能增强大脑的活力，并可延缓脑细胞的衰老。这对人类智力的开发，尤其对宝宝的智力开发十分重要。

葡萄干好难捏

能力培养

训练手眼协调能力，提高手部做精细动作的能力。

游戏步骤

1. 让宝宝用小手去抓、捏放在碗里的葡萄干。
2. 开始宝宝可能一把抓，大人可以将葡萄干一粒一粒放入碗中，然后示范给宝宝看，鼓励宝宝用拇指和食指去捏。注意宝宝拿起葡萄干时不能放入嘴里。
3. 当宝宝能捏葡萄干时，要给予鼓励。

爱的互动

当宝宝第一次捏起葡萄干时，他会感到这个东西有可压性，会用手指揉捏。大人要制止宝宝，让宝宝把捏起的葡萄干放到自己的手里，然后让宝宝再次去捏葡萄干。由于葡萄干太小，捏起来并不容易，所以大人要及时给宝宝帮助和鼓励。

妈妈须知

虽然人手表面积仅占身体表面积的1%，但手在大脑皮层上所占有的运动和感觉区域却是最大的，它几乎能达到1/3至1/4。如果想进一步增强儿童大脑的思维能力，可以进一步创造条件让宝宝玩一些适合精细动手的游戏。

听口令的好宝宝

能力培养

增强腿部力量，训练对身体的控制能力，培养勇敢、坚强的品格。

游戏步骤

1. 让宝宝双手扶床沿或沙发站稳。
2. 妈妈一边喊口令，一边做双脚轻轻跳动的示范动作。宝宝借助双手的支撑力量，模仿着用两脚踮动，妈妈要不停地鼓励。反复几次后，妈妈一喊口令，宝宝就会随声踮动双脚。
3. 换一种方式再做：将宝宝放在床边或者其他有扶手的地方，然后和宝宝保持一定的距离，在前面用玩具引逗他，宝宝能扶着东西走过去抓取玩具为游戏通过。

温馨提示

在游戏场地附近不要出现有棱角的家具，以防宝宝摔倒，受到伤害。

爱的互动

当宝宝可以扶着东西站立的时候，他会有着做更多动作的渴望。这个时候，大人教宝宝踮动双脚，宝宝一定是十分乐意去学习的。如果要宝宝扶着东西走路，大人要小心，因为宝宝很容易摔倒。

妈妈须知

0~1岁是宝宝在人间走过的第一个年头，这一时期宝宝要学习的内容可不少，动作的学习是其中的一个重要任务。宝宝从刚出生时的躺卧，到用躯干支撑学会坐，到四肢协调去爬行，再到后来的会站立、走路，这些动作的学习小看不得，它不仅是宝宝未来肢体动作发展的基础，还有利于智力的全面提升。

球滚到那边

能力培养

锻炼手腕的力量和方向感，学会等待。

游戏步骤

1. 两个宝宝对坐，中间保持1米的距离，家长坐在宝宝的后面，协助宝宝滚球、接球。
2. 在接球与滚球的过程中要告诉宝宝："我们接到球了，现在我们把球滚到那边去。"让宝宝学会用手腕去推动皮球。
3. 有的宝宝拿着球不愿意滚，家长要耐心启发，让球在两个宝宝中间滚动起来。

爱的互动

宝宝把球推给对方是一种友好的表示，这样能够让宝宝享受到配合的乐趣。大人要在后面小心看护宝宝，不让宝宝被球撞倒。大人可以握着宝宝的手来学习接球，然后帮助宝宝把球推出去，让宝宝学会这两个动作。互相传球的宝宝最好很熟悉、很友好。如果相互很容易起冲突就不适合一起做这个游戏。只有两个宝宝相互喜欢，才能玩得开心。

妈妈须知

虽说宝宝的世界以看、听、摸为中心，但玩具并不是以给宝宝看或是摸来分类的。不能因为玩具是用来锻炼宝宝手的灵巧度的，而断言玩具与培养宝宝的想象力无关；也不能因为某种玩具不能教宝宝认识形状、色彩、声音，而断言它不是益智玩具；看、听促使触摸，触摸又带动了手的动作，手的动作又调动了整个身体运动起来。一个动作调动了宝宝大脑和情绪中所蕴含的所有能量，形成循环。能够促成这种循环的游戏，就是有益于宝宝成长的游戏。

拔河小勇士

能力培养

在拉绳子过程中，锻炼手臂力量，感受身体的前倾后仰。

游戏步骤

1. 准备一根40~50厘米长的粗绳子或一条毛巾。
2. 妈妈和宝宝面对面坐好，让宝宝拉住绳子的一头，妈妈抓住另一头。一紧一松地拉拉绳子，让宝宝感受到绳子拉动的力量。如果宝宝抓不住，爸爸可坐在宝宝后面协助。
3. 妈妈的身体可有意识地随绳子的松紧前倾后仰，就好像拔河一样。

温馨提示

绳子要选择表面光滑柔软的，并且要防止宝宝太用力或太久拉绳子，使绳子划伤宝宝娇嫩的小手。

爱的互动

有时宝宝的身体在拉绳子的过程中，没有办法保持平衡，爸爸就要在后面扶着宝宝。拉动绳子时，妈妈要装着很用力的样子，并且稍微拉紧绳子，让宝宝感觉到力的作用。妈妈夸张的表现和鼓励会让宝宝十分高兴，他会因此学着大人的样子来用力地拉绳子。

妈妈须知

平衡感不仅是身体上的感觉，也是心理上的感觉。只有当人内心感到平衡的时候，才会真正感觉舒适。平衡练习对于锻炼勇气和训练对危险的估计能力很有帮助。有了这样的能力，宝宝今后就可以对自己的能力和目标进行合理的比较和判断。宝宝如果经常获得积极的经验——判断正确，就会使他信任自己的感觉，从而增强自信。

05 习惯养成训练

大家围在一起正要吃饭，朵朵却闹了起来。朵朵爸一拍脑门，立即拿来一大叠餐巾纸给朵朵。在众人莫名其妙时，朵朵妈已经抱着朵朵分发餐巾纸了。朵朵小手拿起一张，递给姑姑，还奶声奶气地叫着：“姑姑。”朵朵姑姑乐呵呵地接过来，结果朵朵揪住姑姑的头发就不放了。朵朵妈赶紧解释道：“你得说谢谢。”姑姑赶紧说“谢谢”，朵朵这才放手，然后笑眯眯地继续发放餐巾纸。

十二个月的宝宝已经养成了各种好习惯，如懂礼貌、分东西等。

随着宝宝的生长发育，活动时间增长，睡眠时间减少。合理安排一日生活，帮助宝宝建立良好的生活习惯，对孩子的智力发育和性格培养都有重要意义。

确保宝宝有充足的睡眠——睡眠对于宝宝的生长发育至关重要。这一阶段你的宝宝晚上大约要睡 11 ~ 12 个小时，白天要小睡 2 次（每次 1.5 ~ 2 小时）。要尽量坚持让宝宝白天在固定的时间小睡，如果不这样，晚上让宝宝睡觉就会出现诸多的困难，而且他在夜里醒来的次数也会增多。不过每个宝宝需要的睡眠时间是不同的，只要宝宝精力旺盛，饮食正常，体检时生长指标符合标准，就不必强求宝宝多睡。如果为了增加宝宝睡眠的时间，总是不断哄宝宝睡觉，反而不利于健康睡眠习惯的建立。

让宝宝睡前有个好心情，可以更快速地入眠，并提高睡眠质量。所以宝宝睡觉的床或房间不能当成处罚或关禁闭的场所，也别放电视或者电脑。宝宝睡觉的房间要布置得既舒适又温馨，不要拒绝宝宝需要心爱的玩具、毯子等陪伴睡觉的要求。

固定的睡前程序有利于宝宝形成规律的睡眠习惯，妈妈可以每天在宝宝准备入睡的前 30 分钟，固定进行洗澡→喝奶→刷牙→讲睡前故事→道晚安→关灯等一系列事情，帮助宝宝建立起入睡“仪式”。一段时间之后，只要妈妈说洗澡，宝宝就知道“睡觉时间到了”！

下面介绍几种有助于宝宝养成好习惯的游戏。

这就是书呀

能力培养

翻书锻炼手指、手腕的灵活性。同时，大人在宝宝翻书时，应适当地用语言培养宝宝对书的兴趣。

游戏步骤

1. 选择画面简单、色彩鲜艳的宝宝读物，最好是立体、有触摸面的。
2. 妈妈和宝宝坐在一起看书，告诉宝宝如何去翻书。一边翻一边给宝宝介绍书的内容，引起宝宝的兴趣。
3. 妈妈发现宝宝有兴趣时，可以把书给宝宝，让他自己去翻。
4. 宝宝刚开始不会一页一页地翻，妈妈需要指导他用双手去翻动，有触摸面的可以让宝宝用手指去触摸，并告诉宝宝这是什么样的感受（毛毛的、光滑的、粗糙的、凉凉的……）。

温馨提示

书是宝宝认识世界的第一道门，大人要注意别让宝宝把书撕烂了。当然，如果宝宝把书撕烂了，大人也不要责骂宝宝。

爱的互动

宝宝喜欢色彩鲜艳的东西，妈妈把书拿给宝宝看，宝宝会紧盯着书中的色彩。妈妈可以告诉宝宝这是什么东西，是什么颜色的，然后帮助宝宝一页页地翻书。宝宝会把妈妈翻过的书页又翻回来，他会看到刚刚看过的东西还在那里，这会引起宝宝的好奇心。然后妈妈可以把一页翻过来再翻过去，让宝宝理解书里的内容是不会因为翻页而改变的。

妈妈须知

为了宝宝认知能力的发展，一定要坚持系统训练。系统训练应依照大脑神经的发育科学进行。事先有目的和目标，就不会偏离大方向。早教本身就是系统、科学的体系，教育要尊重科学。

认识自己的身体

能力培养

认识身体的不同部位，发展自我认知能力，为妈妈和宝宝提供一种独特的交流机会。

游戏步骤

1. 妈妈与宝宝面对面坐在地板上。妈妈触摸宝宝身体的每一部分，并说出其名称，如“这是宝宝的小胳膊”等。
2. 与宝宝做这个游戏时，要不断地赞美他，如“宝宝的小手好漂亮”等。
3. 妈妈可以故意犯些错误，让宝宝来纠正。或者直接提问，让宝宝指出是身体的哪个部分。宝宝答对了要表扬他。

爱的互动

宝宝对身体的认知有赖于大人的触摸和反复的讲述。宝宝喜欢认识自己，大人说

“宝宝的小手好漂亮”时，宝宝会十分高兴，因为他知道自己的手是受欢迎的。大人把宝宝的身体夸奖个遍，然后问宝宝“让妈妈看看宝宝的漂亮小手”，宝宝甚至会有些害羞地把手伸出来。这时妈妈可以亲吻宝宝的手并且夸宝宝聪明。这个游戏在给宝宝洗澡的时候做，会更方便有效。

妈妈须知

自我认识的发展是一个形成独立性、对自我和环境进行控制的发展过程，积极的身体认识是其中很重要的一项发展目标。积极的身体认识，包括认识自己的身体特征、器官名称、身体各部分的作用和相互之间的关系等。

吃硬的东西

能力培养

促进咀嚼能力，为以后饮食和说话打下基础。

游戏步骤

1. 为宝宝提供一些相对较硬但容易咀嚼的食物。
2. 利用易溶解的宝宝饼干让宝宝锻炼咬肌，这样对宝宝以后的饮食和开口说话都有好处。

温馨提示

切勿用大块肉干或鱿鱼丝来练习，以免宝宝发生哽噎。多让宝宝咬东西，但是不可以强迫宝宝咬东西，否则会出现反效果。

爱的互动

宝宝第一次吃到不是流食的东西，会有些好奇。大人可以教宝宝咀嚼，让宝宝的嘴巴动起来。大人可以张开嘴给宝宝示范，让宝宝学习自己吃东西。然后大人要鼓励宝宝，并且再给宝宝一些食物，让宝宝习惯于咀嚼东西吃。

妈妈须知

不能一直给宝宝提供流食。若一直提供流食，宝宝将习惯“吃软不吃硬”。而且，宝宝的口腔触觉探索是宝宝获取信息的重要方法。通过用嘴来吸吮物体，宝宝能够发现这种物体自己是否熟悉，并能分辨出各种不同的物体。在宝宝手的探索活动发展起来之前，宝宝就是以口腔作为探索外部世界的工具的。可以说，口腔触觉探索就是宝宝的一种学习方式。

踩在大脚上行走

能力培养

感觉到前行后退的身体变化，锻炼身体平衡和协调性，促进亲子关系。

游戏步骤

1. 妈妈将宝宝的两只小脚分别放在自己的脚背上，让宝宝背对着自己，扶着宝宝向前走。一边走，一边喊：“一二一，向前走。”
2. 然后妈妈将宝宝的两只小脚放好后，和宝宝面对面，扶着宝宝向后退。一边走，一边喊：“一二一，向后退。”
3. 坚持10分钟左右。

温馨提示

妈妈的步子要小，脚不要离地太高，向前向后多走几步。注意宝宝安全，把所有的障碍物都移走，避免发生意外。

爱的互动

宝宝感到自己抬腿迈步，眼前的景物会发生变化，这一切都让宝宝感到了行走的喜悦。大人这个时候随着口令前进后退，更是让宝宝理解了语言和走路的联系，他会明白什么口令要伴着什么动作。

妈妈须知

婴幼儿期是人的一生中最为关键的时期。一个人的性格、语言能力、协调能力、创造能力等，都是在这一时期形成的。而这些能力的形成与发展恰恰是通过父母与宝宝之间的亲密游戏来实现的。

宝宝会分东西

能力培养

练习递东西给别人，学会与人分享，养成不自私和善于与人合作的习惯。

游戏步骤

1. 在果盘里准备一大盘水果。
2. 让宝宝从盘子内拿一个橘子给爸爸，拿一个给妈妈，自己再拿一个。
3. 如果宝宝舍不得把第一个分给别人，可以修改口令，把次序倒过来，宝宝先自己拿一个，然后再给爸爸拿一个，给妈妈拿一个。
4. 多次练习后，可以增加人数，让宝宝递一个给客人，再递一个给奶奶，最后让宝宝递一个给爷爷。
5. 经常让宝宝给客人递食物，久而久之就会养成与人分享的好习惯。

爱的互动

宝宝把水果递给大人的时候，大人一定要说谢谢，并且表扬宝宝。如果宝宝不肯配合，大人要细心教导，给宝宝做示范。让宝宝养成这种分东西的习惯，对宝宝的成长十分有利。同时，榜样的力量是无穷的，夫妻在为物质争吵的时候，最好不要当着宝宝的面。虽然宝宝当下不一定听得懂，但是这些都会进入宝宝的记忆库。

妈妈须知

这个月龄的宝宝要注意培养其良好的睡眠、饮食、活动和大小便等生活习惯。多为宝宝创造与同龄人接触的机会。教他礼貌文明的动作和语言，如“谢谢”“再见”等。教他摔跤了自己爬起来、分水果自己拿小的等。

小小服务生

能力培养

从小培养宝宝的礼貌习惯，把宝宝培养成绅士或者淑女。

游戏步骤

1. 吃饭时，让宝宝分给妈妈一块餐巾纸。一段时间后，让他给三个或更多的人分餐巾纸。
2. 随着宝宝越来越熟练，妈妈可以撤手让宝宝独立完成。当宝宝给全家人都分餐巾纸的时候，大人们要表扬和称赞宝宝。

爱的互动

让宝宝学着做事，会提升宝宝责任感。他会很认真地学习把餐巾纸一块块地分好。熟悉分餐巾纸后，妈妈也可以让宝宝帮助分筷子。养成这样的习惯，对宝宝而言，无论是从爱心方面还是从识字方面都是很有利的。

妈妈须知

在培养宝宝分东西的习惯之前，可以在外出就餐的时候，妈妈就教育宝宝多留意彬彬有礼的餐厅服务生，这样可以在宝宝的心目中树立一个训练有素的真榜样。

9~12个月宝宝档案

感知理解力发育

- 懂得物体的永恒性。
- 记忆力明显增强。
- 懂得和别人分享。
- 有很强的占有欲。

运动能力发育

- 能够很熟练地爬行，甚至可以站立一会儿，或者走一两步。
- 能稳坐较长时间。
- 拇指和食指能协调地拿起小的东西。
- 会招手、摆手等动作。

语言能力发育

- 可以开口叫爸爸妈妈，可以说一两个简单的字。
- 能听懂的话越来越多。
- 会模仿别人的声音。

情感发育

- 会模仿大人的动作和表情。
- 学会了礼貌动作或语言。
- 对父亲比较依赖。

习惯养成

- 不愿意单独吃饭，开始要上桌和大人一起吃饭。
- 会蹬掉鞋袜，喜欢光脚。
- 形成一日三餐的饮食模式。

第5章

1岁1个月~1岁3个月 深入感知世界

宝宝过完第一个生日之后的三个月里，父母会收获养育大业的两大惊喜——宝宝学会走路和说话了！这无疑是让父母最得意的事情。看着宝宝从蹒跚学步、扶栏而行到行走较稳，甚至奔跑而不摔跤，对于父母而言，成就感是相当大的。另一方面，随着宝宝的脚步越来越稳，宝宝也逐步把精力转到语言学习上了，从“用手指物”的状态中解脱出来，他们开始开口说话，直接表达需求了！虽然这两种标志性能力的获得靠的是宝宝的自我发展，但父母的帮助和激发也是不可缺少的。

01 感知理解力发展训练

朵朵妈拿着玩具电话跟朵朵通话："喂，是朵朵吗？"

朵朵扑闪着大眼睛抱着电话不知所措。

"朵朵，我是妈妈，来跟妈妈说话。"

"妈——妈——"朵朵怯怯地叫。

"真乖！"朵朵妈抱起朵朵，拿起朵朵怀里的玩具电话说，"来，给爸爸打电话。"

"喂，是爸爸吗？我是朵朵呀！"妈妈对朵朵循循善诱，朵朵终于不再害怕了，拿着玩具电话一个劲地"喂、喂、喂"。

"朵朵给谁打电话呀？"

"红红。"

"应该叫姑姑。"

"姑姑——"

"朵朵真乖！"

13~15个月时宝宝可以说简单的话了，他已经会说"爸爸""妈妈"和其他几个大人能听懂的词了。有的宝宝甚至能够说出一两句大人能听懂的句子呢。并且，当大人说一些常见物品时，宝宝能够指认，而且能够按照指令做一些简单的动作，比如双臂能随大人做四个方向的运动。此时一定要耐心去听宝宝"讲"话，积极鼓励宝宝用语言表达自己的需要，催促宝宝说话或开玩笑地故意重复宝宝的语言错误，都会打击宝宝"说"的兴趣。

宝宝的记忆力变得非常好，尤其对恐惧的经历如打针印象深刻。宝宝对自己要什么已经开始有比较明确的主意，他会一直坚持要得到想要的东西，喜欢把自己的某一件玩具或者衣物当作依恋物。有趣的是，宝宝还具有了一定的思维能力，他知道什么时候叫谁最好。比如够不着东西的时候，他最喜欢叫妈妈，因为妈妈总是有求必应。想出去玩时他就会黏着爸爸，一个劲地往爸爸身上凑，小手指着大门，眼神充满期待。肚子饿时会找奶奶，这时候谁都不理，只顾张着大嘴，对着奶奶不停地咂着嘴巴。困了最愿爷爷抱，伴着爷爷的呼噜声，他一会儿就能安然入睡。

这个时候的宝宝，能够听懂成人的日常言语，所以大人们说话可要注意了，有一双小耳朵可是在有意无意地偷听着呢。宝宝对世界越来越好奇，只要看到感兴趣的东西都想触摸一下。而且此时宝宝已经开始走路了，虽然动作还不稳。因为终于可以走路了，所以他非常好动。有的宝宝还会借助小凳子、桌子、沙发等物往高处攀登。但这时宝宝还缺乏对事情后果的判断力，所以，爸爸妈妈一定要特别留心排除周围环境中的不安全隐患，避免宝宝受到意外伤害。比如宝宝这时有一个很明显的新偏好——只要看到有孔的地方，宝宝都会把自己的手指插进去，探一探，所以家里的插线板一定不要随便放，用不上的插座孔要封住。另外，千万不能将宝宝独自留在窗户、阳台处，以免他们发生危险。

在动作能力方面，宝宝开始走路了。但即使会走了，独立行走对宝宝来说依然不是一件轻而易举的事。所以在这个阶段，父母应该鼓励宝宝走路，为他们创造条件，使他们能安全地走来走去。如果宝宝走不好的话，别拿宝宝去和别的孩子比，更不应该批评他。因为每个孩子的发展进度是不同的，比较快慢不但没有意义，反而会打击宝宝的积极性。这时大多数宝宝的精细动作发展表现为能够用手指捏起物品，拇指、食指和中指已实现很好的配合，所以，此时他们会喜欢握笔到处涂鸦。如果不想宝宝乱画墙面，可以为他专门准备一张纸或一块黑板，让他有画的地方。

这就是"大小""多少"啊

能力培养

让宝宝分清"大小"和"多少"，开发宝宝智力。

游戏步骤

1. 选两个大小差异明显的苹果并排放在一起。
2. 告诉宝宝哪个大，哪个小，然后让他拿在手里比一比。

3. 让他把大的拿给妈妈，看他会不会按指令去做。
4. 当宝宝分清楚大小和多少之后，妈妈可以教宝宝唱儿歌“两个苹果红又圆，一个大来一个小，大的送给妈妈吃，小的留给宝宝吃”以增强记忆。

爱的互动

当宝宝无法分辨大和小时，妈妈可以多给宝宝提示，引导宝宝分清两个苹果的大小。宝宝刚刚可以分清大小的时候，他会很好奇地不停玩苹果。大人可以适时教宝宝唱儿歌，让宝宝充满兴趣，并且加深宝宝对大小的印象。

妈妈须知

这个游戏可以逐步增加苹果的数量以及减少大小的悬殊。也可以增加水果的品种，引导宝宝比较不同水果之间的大小差异。

玩具熊藏啊藏

能力培养

视觉追踪练习，训练宝宝的判断能力。

游戏步骤

1. 准备玩具熊1只和3个大小相等的套盒。
2. 妈妈拿出玩具熊，吸引宝宝的注意力。
3. 把玩具熊藏到其中1个盒子里，然后移动另2个盒子，让宝宝找玩具熊在哪个盒子里。
4. 用盒子轮流藏玩具熊，重复几次后，再增加一个套盒，动作也可以逐渐加快，甚至妈妈可以把熊藏在自己身上。

爱的互动

一开始宝宝看到玩具熊藏到了盒子里，可是打开盒子后却没有会很惊奇。这时大人把熊从另一个盒子里拿出来了，宝宝见后会高兴得又叫又跳。然后继续重复游戏。随着游戏的深入，宝宝在找不到时，就会动脑筋去想：在哪里呢？而且，玩具熊一会儿躲在这里，一会儿藏在那里，激发了宝宝思考问题的乐趣。

妈妈须知

重复是宝宝最好的学习方式，他的感觉、思维、智力的最初发展都需要不断重复。因此，重复玩一个游戏是这个阶段宝宝的一个主要特征。

珠珠真好看

能力培养

训练宝宝对不同形状、色彩的辨识能力，建立初步的分类、集合概念。

游戏步骤

1. 选择形状颜色各异的大粒木质串珠，和宝宝一起进行分类游戏。
2. 可先以形状对串珠进行分类，然后以颜色对串珠进行分类。
3. 打乱珠子让宝宝进行分类。

温馨提示

促进宝宝尽快熟悉串珠，产生兴趣，为下一步学习穿珠做准备。如果宝宝对这个游戏不感兴趣，大人要做出非常热情的表现，引起宝宝兴趣。另外，要防止宝宝吃掉串珠。

爱的互动

看到不同颜色不同形状的串珠，宝宝很疑惑，他不知道要做什么。这个时候大人可以用不同的标准将串珠分类，引导宝宝看看不同种类串珠的区别。除了串珠，也可以用瓶盖等物品来跟宝宝玩这个游戏。

大头大帽子

能力培养

让宝宝知道大小的概念。

游戏步骤

1. 准备一顶大帽子和一顶小帽子。
2. 先让宝宝把大帽子放进小帽子里，当宝宝放不进去时，告诉他：“这是一顶大帽子，放不进去。”
3. 让宝宝再把小帽子放进大帽子里，放进去后告诉宝宝：“这是一顶小帽子，所以能装在大帽子里。”
4. 让宝宝把大帽子戴在自己头上，对宝宝说：“帽子太大了，宝宝的眼睛都遮住了，大帽子是大人戴的，宝宝戴小帽子。”
5. 家长和宝宝都戴上适合自己的帽子后，照照镜子。

温馨提示

除了帽子，也可以用袜子、衣服等来让宝宝分辨大与小。

爱的互动

宝宝看着大人将小帽子放到大帽子里去，这对宝宝而言就好像是变魔术一样有趣。等到宝宝可以分清大帽子和小帽子的时候，家长就把帽子戴在头上，让宝宝明白，大帽子大人戴，小帽子宝宝戴。

认认五颜六色

能力培养

颜色的识别有一个过程，反复的刺激会让宝宝认识几种颜色。

游戏步骤

1. 准备3种海洋球，红、绿、蓝。
2. 家长拿3个海洋球分别让宝宝辨认，并唱儿歌给他听：“红红的像苹果，绿绿的像西瓜，蓝蓝的像海洋。”
3. 家长和宝宝一起滚球玩，每滚出一个球就指出球的颜色，让宝宝去捡回来。反复地刺激宝宝，让宝宝对颜色有一个初步的认识。

> **温馨提示**
>
> 认识颜色是有一个科学的发展规律的。宝宝最先认识的颜色是红色，然后依次为黑色、白色、绿色、黄色、蓝色、紫色。红、黄不要同时认，因为音太近似，会让宝宝造成混淆。

爱的互动

如果宝宝不能够辨别出正确的颜色，大人应该先鼓励，然后继续告诉宝宝这种是什么颜色。反复进行，直到宝宝能够清楚地辨别出来。切记，不要让宝宝产生消极的情绪。

红太阳好漂亮

能力培养

加深对红色、圆形物体的认识，促进对时间的认知，让宝宝知道天亮太阳出来、天黑太阳走了。

游戏步骤

1. 将“红太阳”的图片贴在墙上，让宝宝欣赏，并告诉宝宝：“这是红太阳，颜色是红色的，形状是圆形的。”

2 在让宝宝认识太阳时，可加上儿歌：“太阳红，红太阳，照在身上暖洋洋。”

3 在宝宝每天早晨起床时，可提示宝宝说：“红太阳出来了，天亮了，宝宝起床了。”让宝宝初步形成时间概念。

爱的互动

当晚上有月亮的时候，也可以这样引导宝宝认识月亮，告诉宝宝“天黑了，月亮出来了，宝宝要睡觉了。”

妈妈须知

这个时候的宝宝依然保持着撕纸的习惯，所以妈妈要把“红太阳”的图片稍微贴得高一点儿，让宝宝够不着。宝宝撕纸是想通过自己的努力，改变某些事物，从而满足新奇感。有些家长担心撕纸会养成他们破坏东西的习惯，因而担忧。这些担忧是多余的。

这是宝宝的眼睛

能力培养

训练宝宝对人体五官的识别和认知五官的用途。

游戏步骤

1 准备一些五官图片或大头娃娃图片。

2 先让宝宝看图片，并让宝宝指指图片上娃娃的眼、耳、鼻、嘴、头。

3 妈妈引导宝宝：“娃娃有眼睛，妈妈也有。宝宝找找看，妈妈的眼睛在哪里？宝宝用

小手指一指哦。”再让宝宝摸摸自己的小眼睛。然后让宝宝依次指出其他器官。

4 妈妈一边指一边讲出五官的作用，如“宝宝的眼睛是看书的”，把书放在宝宝眼前；“宝宝的鼻子是闻香香的”，把橘子给宝宝嗅嗅；“宝宝的嘴巴是吃东西的”，给宝宝吃一块饼干；“宝宝的耳朵是听唱歌的”，放一首儿歌给宝宝听。

爱的互动

宝宝用小手指指图片上娃娃的五官，再看到妈妈脸上的五官，他会知道这是一样的。妈妈要告诉宝宝五官的各种用途，并且带着动作演示，以加深宝宝的印象，从而让宝宝牢牢记住五官。

温馨提示

在指认五官的时候，一定要保持手的卫生，尤其不要让宝宝用脏手揉眼。宝宝揉眼睛揉出眼泪的时候，应及时用柔软纸巾帮宝宝擦净眼泪。面部、眼部有汗水或尘污时应及时洗净擦干，保持清爽干净。

汽车开动啦

能力培养

训练宝宝的方向感，认识“上去”“下来”。

游戏步骤

1. 准备一根长1米、宽30厘米的木板；一端架高20厘米，形成一个斜面；一辆玩具小汽车。
2. 让宝宝手拿小汽车，先从高处往下开。汽车很快从斜面开下来，妈妈告诉宝宝："汽车开下来喽！"
3. 让宝宝拿小汽车从下面往上开，开不上去时，妈妈提示宝宝："汽车上坡开不动，要加油，要推，宝宝用手推上去！"

4. 妈妈和宝宝一边推一边发出"嘟嘟嘟"的声音，一直开到上面，再从上面开下来。开下来时让宝宝注意方向。
5. 重复游戏，让宝宝慢慢感觉汽车上去要加力，下来自己跑。

爱的互动

当宝宝走路的时候，提醒宝宝注意上坡和下坡时的不同感受。在宝宝玩这个游戏的时候，提醒宝宝回忆自己上下坡时的感觉。

妈妈须知

常常听到别人说，某人方向感不好，一天到晚迷路，或是去过的地方很快就不认得了。这样的情形，其实就是由于"视觉—空间"智能没有好好训练。所以做类似的方向感训练对宝宝的将来是很有帮助的。

这是宝宝的小脚丫

能力培养

培养对色彩的兴趣，加深对脚的认识，有助于探索新事物。

游戏步骤

1. 事先准备好一张有小鸡脚印的图片，一大张白纸。
2. 先给宝宝唱儿歌以吸引宝宝的注意："宝宝看，妈妈手中有一张好看的图片。妈妈来讲一讲，宝宝好好听。下雨过后，地上湿湿的。小鸡走在地上，向后一看，啊，地上有一串串的脚印，真好玩！"
3. 妈妈开始引导宝宝观察小鸡脚印图片："这是小鸡的脚印，那宝宝的脚印在哪儿呢？咱们一块儿来找一找吧。"妈妈可将白纸铺在地板上，将红色颜料涂在宝宝的脚底，让宝宝在纸上行走。

温馨提示

也可以让宝宝手指涂上颜料作手指画。如果担心宝宝不小心吃到颜料，可以在瓶盖上涂颜料作画。

爱的互动

宝宝必须经过妈妈的提醒才会注意到图片上小鸡的脚印。趁着宝宝好奇心大起的时候，妈妈把白纸铺在地板上，然后让宝宝踩两脚看看。宝宝踩完看到留下的红色脚印，会快速再踩两脚，不用要求宝宝的脚印直或者完整。

妈妈须知

满周岁的宝宝适合：玩各种球类，属于大肌肉运动；爬行隧道，练习爬行、攀登，锻炼身体的协调能力；玩玩具琴，可以锻炼手部精细动作和刺激听觉；玩金属丝串珠玩具，上下移动珠子，可以锻炼宝宝的手眼协调能力；玩形状分类玩具，让宝宝认识形状，理解形状的概念。

02 情感发展训练

朵朵姑姑的到来给朵朵的小窝添了许多欢乐的色彩，姑姑和朵朵玩得很是有滋有味。这不，两人正在拿着颜料画画呢！

姑姑看朵朵在白纸上画得五颜六色的，不禁哈哈大笑："我的宝贝侄女，你画的这是什么呀！"

"画画呀！"

"瞧你把纸给糟蹋的……"

"哇——"朵朵放声大哭，一把打翻了颜料。姑姑躲闪不及，被弄得满身五颜六色。

每个人都有被尊重的需要，宝宝也不例外，因为他们也有独立的人格。这个时期宝宝很敏感，他每时每刻都在体味着家长的态度和情绪，而且明察秋毫的本领简直可以用神奇来形容。大人的声音、表情、心跳、呼吸，乃至姿势和肌肉的紧张程度，都在宝宝搜索分析的范围之内。家长紧张宝宝会不安；家长不满宝宝会感到委屈；家长温柔平静地对待宝宝，宝宝就感到满足和轻松。

首先要了解宝宝，然后尊重宝宝，这一原则应该贯穿家长全部的育儿理念。怎样才能了解宝宝呢？第一，要学会观察。家长应该做一个有心人，在琐碎的日常生活中，有意识地、自觉地观察宝宝的喜恶爱憎。第二，要学会等待。遇到宝宝的各种表现，不要急于下结论，应该静下心来等一等，看看事情会怎样发展，宝宝会怎样反应，把问题真正搞清楚后再处理。比如，到睡觉的时间了宝宝还要跟妈妈玩，不肯睡，妈妈别立即就认为是宝宝不听话，说不定是妈妈今天陪宝宝时间比平时少，宝宝对亲密的渴望没有被满足，在责备宝宝前先站在他的立场上想一想，很有可能你就不会对宝宝不满了。第三，要学会引导和尝试。宝宝每天的生活都是他成长的阶梯，他确实需要家长的陪伴和帮助，但他又是能动的，他能自发习得应付生活的挑战的基本能力。家长越俎代庖，对宝宝放弃引导和鼓励，看起来是最简单的方法，可却是最不利于宝宝成长的。学会从宝宝的角度考察问题，设身处地地体会宝宝的感受和反应，尊重和理解宝宝的感觉和选择，是成功教育的前提。

宝宝今天的成长是为了适应未来的生活，而且他的能力每一天都会有新的进步，家长切忌执迷于固有的经验和观念，不能盲目地认定自己的判断和选择就一定比宝宝高明。其实大人能从宝宝身上学到很多东西，即使是刚刚出生的宝宝。

未来建筑师

能力培养

锻炼动手能力，启发空间思维，发展想象力。

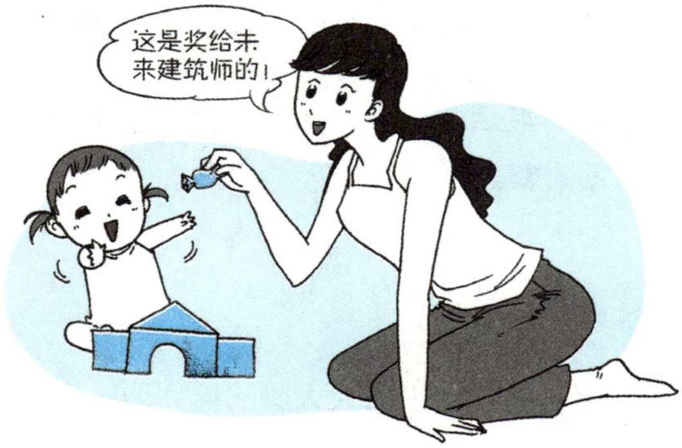

游戏步骤

1. 和宝宝一起堆积木，一边堆积木，一边告诉宝宝积木的形状。
2. 和宝宝搭建简单的房子、门洞、汽车……家长示范后让宝宝自己去搭建，鼓励他搭建出各种形状，引导其在搭建的基础上适当改变，使形状更具特色。
3. 对于完成作品的宝宝要进行赞美。

爱的互动

这个年龄段的宝宝喜欢把什么都往一块堆，所以玩的时候不必强求搭建某个特定形状。宝宝会码高就可以了。

温馨提示

1岁多的孩子空间意识正在形成，开始会码高。由于这时期孩子的身体控制、手眼协调能力还不是很好，最好选择轻便的积木，防止积木倒塌时砸伤孩子。

宝宝在飞翔

能力培养

通过体验不同的视觉流，感受物体的大小恒常；刺激情绪能力发展。

游戏步骤

1. 妈妈在椅子上坐好，扶住宝宝的胳膊，让宝宝骑在自己的脚背上。
2. 一上一下地晃动宝宝，就像荡秋千一样。
3. 可以一边玩一边随着节奏唱儿歌：“谁会爬？虫会爬。虫儿虫儿怎样爬？许多脚儿慢慢爬。”
4. 说到最后一个字，大人用力把宝宝抬到最高点，然后问宝宝说：“爬得高不高？”不断重复。

温馨提示

玩的时候要扶着宝宝胳膊而不能只抓着他的小手，以防发生肘关节脱臼。

爱的互动

宝宝的身体根据大人脚的摇摆而一上一下，由于跟大人紧贴，所以宝宝不会感到害怕。随着上下摇摆，宝宝眼中的物体也会大小变化。由此，宝宝会体验到物体的大小是恒常的。

人生的第一支舞蹈

能力培养

锻炼宝宝的肢体动作，刺激宝宝的情绪能力发展。

游戏步骤

1. 准备一个稍大点儿的地垫。

2 为宝宝播放轻松的音乐让他跳舞，妈妈在一边观看他左右摇摆或者弯曲双腿蹦跳。

3 当宝宝出现懈怠的时候，妈妈要不吝鼓励：“真棒！宝宝跳得真好！”如果宝宝走向妈妈，妈妈也要加入，和宝宝一起跳舞。

爱的互动

给宝宝选择音乐是要符合宝宝的爱好。这个时期的宝宝喜欢旋律明朗、辉煌的，比较愉快的音乐。流传的大多数经典儿童歌曲都有这样的特点。

妈妈须知

宝宝经过了走、跑的阶段后可以学习双脚跳。这时候有的宝宝已经能双脚离地跳了，但大部分宝宝需要在1岁半以后才能双脚离地跳，还有部分需要到2岁才能完成。

水要这么玩

能力培养

培养创造力，刺激宝宝的情绪能力发展。

游戏步骤

1 在浴缸或大的塑料盆里放上海绵玩具、玩具船以及其他可浮起的玩具，让宝宝在浴缸或盆边玩耍。

2 妈妈给宝宝示范，把海绵从水里捞起来，然后用力一抓，水都跑光了。然后让宝宝自己玩。

3 妈妈把船在水面推来推去，给宝宝编一个故事，让宝宝更好地理解故事内容。

爱的互动

宝宝看到大人把水从海绵里挤出来，他会不理解这是怎么回事。但宝宝天生就是实干家，不懂就自己探索，他会模仿大人那样来抓海绵。当大人讲船的故事时，宝宝会对眼前的船产生莫大的兴趣，会探索船为什么会浮起来。他也许会用手把船拍下去。

妈妈须知

宝宝在水中玩游戏好处很多，首先会激发宝宝的快乐情绪，其次水还可以治疗宝宝先天性的紧张。

这就是骨牌效应

能力培养

训练宝宝的手眼协调能力，初步了解因果关系。

游戏步骤

1. 准备各种厚度的书，大概10本。
2. 妈妈把各种书从中间打开，以骨牌形式放在地上。
3. 把10本书放好以后，让宝宝用手推动第一本书，然后看着书一本本地倒下。

温馨提示

也可以用正方体的积木来代替书，让宝宝体验其中的奥秘。

爱的互动

宝宝第一次见到这样的景象一定很惊奇，他会高兴地等着大人把书摆好，然后迫不及待地去推动书，让书一本一本地倒下。这时妈妈要多重复几遍让宝宝看清怎么回事，初步学习因果关系。

看我小手变变变

能力培养

让宝宝对色彩建立初步印象，加深其对手的认识，刺激宝宝的创作欲望。

游戏步骤

1. 妈妈画两张画，一张画的树上只有树干及少量叶子，另一张画的树上长满了叶子。
2. 妈妈对宝宝说：“花儿开了，小草绿了，树上长满了绿色的叶子，多漂亮呀！可是这一棵树上的叶子太少了，宝宝来加上几片，好吗？”

3. 妈妈将绿色颜料涂在宝宝手上，教宝宝印在树上。然后把印有小手印的画贴在墙上，让宝宝欣赏。

温馨提示

注意安全，不要让宝宝吃掉颜料。另外可用红色、黄色颜料让宝宝印手印，从而丰富其对色彩的印象。

爱的互动

可以带着宝宝去户外捡一些树叶涂上颜料来画树叶画，宝宝会感觉更神奇。

03 语言能力发展训练

“白日依山尽，黄河入海流。”朵朵妈拿着宝宝的小册子，耐心地教导朵朵。

“嫂子，那个太难了，你教个简单的。”朵朵姑姑托着下巴想了想说：“‘锄禾日当午’，这个怎么样？”但又马上摇头自我否定，“不好，还是‘离离原上草’吧。也不行，太长。有了！《三字经》啊，教她背《三字经》吧！”

一旁的朵朵奶奶听不下去了，说：“好背，也没见你把《三字经》背下来啊！你给我背个看看。”

“怎么又扯到我身上了。”姑姑一脸的不爽。

朵朵妈赶紧打岔：“《三字经》也就是背着玩儿的，我看就背前几句好了。挺上口的。”

宝宝发出“啊啊”“呜呜”的声音，似乎要告诉妈妈什么事，这表明宝宝要开始讲话了。宝宝开始能讲的往往以食物居多，也有其他各种意思。此时宝宝能听懂许多大人的话，记忆力也发展起来，那些常见面的叔叔阿姨即使有几天不见，只要一见了面，宝宝还会“啊啊”地又叫又笑。

可以预备一只小圆桶，放进积木、塑料球等物品，盖好盖子，让宝宝用手摇圆桶发出声音，问宝宝：“咦，什么响呢？”

让宝宝看图画书，然后找找看房子里有没有和书中相同的东西，比如时钟、猫、台灯、电话、苹果、茶杯等。妈妈指着该东西说：“这个跟书上的是一样的哦！”要不了多久，宝宝也会“啊、啊”地跟着妈妈用手指东西。如果宝宝指出相应的东西，妈妈应该高兴地夸他说：“对，一样的哦！”

需要注意的是：宝宝一般是从6个方面（即认知对象的外貌、名称、特性、类别、其他属性以及与其他事物的关系）来认识事物的，因此，你可以通过视觉（观察颜色、形状、大小)、听觉(听声音)、触觉(摸)、嗅觉(闻)、味觉(尝)来引导宝宝全面认识该事物。

孩子的语言发育是跳跃式的。家长不要急于求成，儿歌、讲故事等游戏，要反复做，不要因为一时不见效，就觉得没有用。

嘀嗒，什么响

能力培养

检查和训练宝宝的听觉，为宝宝开口说完整的句子做准备。

游戏步骤

1. 把手表贴在宝宝耳边，并说："嘀嗒、嘀嗒、嘀嗒。"
2. 接着大人把手表贴在自己的耳边说："嘀嗒、嘀嗒、嘀嗒。"
3. 把表递给宝宝问："嘀嗒、嘀嗒在哪儿呢？"如果宝宝把表送到妈妈的耳边，就说明他懂了，要给予鼓励。

温馨提示

时刻注意宝宝情绪的变化。有的宝宝不喜欢这种游戏，大人可以将手表换成另一种可以发声的东西。

爱的互动

当宝宝表示出要把表放在妈妈耳边后，可以适时告诉宝宝手表的用途是看时间的。然后在日常生活中多在宝宝面前说时间，让宝宝有一个初步的时间概念。

狗狗边叫边跑

能力培养

锻炼身体协调能力，同时提升语言能力。

游戏步骤

1. 妈妈和宝宝先坐在地上，然后妈妈对宝宝说："我们一起来学小狗走路，好不好？"

2. 妈妈学小狗走路，四肢着地爬行并引导宝宝模仿这个动作。
3. 示范小狗的叫声，让宝宝模仿。
4. 妈妈和宝宝一起一边学小狗的动作，一边模仿小狗的叫声从房间的一边爬到另一边，比赛看谁爬得快。

爱的互动

宝宝这个阶段喜欢和大人一起游戏，妈妈学小狗的样子会引起他的兴趣，妈妈一边跑一边叫，宝宝也会跟着妈妈学。妈妈可以等他学会小狗的叫声后，再比赛，让宝宝的能力得到进一步的提升。

温馨提示

由坐姿转换成四肢着地的爬行姿势，对宝宝来说是一种很好的大动作发展练习。如果他无法顺利完成这些动作，妈妈可以协助他完成，并适时给予鼓励。

妈妈须知

尊重孩子内在需求，让孩子适时、适性地成长，短期内不易察觉成果，但却会在某一时间以爆发的力量彰显出孩子内在心智的成长。1907年意大利的女性教育家玛丽亚·蒙台梭利在罗马贫民区建立“儿童之家”。她运用自己独创的方法进行教学，结果出现了惊人的效果，那些“普通的、贫寒的”儿童，几年后，心智发生了巨大的转变，都被培养成了一个个聪明自信、有教养、生机勃勃的少年英才。蒙台梭利的这一套方法被称为“蒙氏教育”。它强调以儿童为中心，反对以成人为本位的教学观点，视儿童为有别于成人的独立个体。主张从日常生活训练着手，配合良好的学习环境、丰富的教具，让儿童自发性地主动学习，自己建构完善的人格。

小鸭鸭这样叫

能力培养

让宝宝学会根据成人的语言提示指认事物，同时练习发音。

游戏步骤

1. 准备小动物图画书和小鸭子玩具。
2. 和宝宝一起看小动物图画书，让他指一指什么动物在哪里，学一学小动物怎样叫。
3. 妈妈手拿小鸭子玩具放在背后，对宝宝说：“看看谁来啦？”然后出示给宝宝看，问宝宝这个动物怎么叫。最后大人可以再次模仿鸭子的叫声，引起宝宝的兴趣。

> **温馨提示**
>
> 宝宝的语言发展一般都是经历单词句(用一个词表达多种意思)、多词句(两个以上词表达意思)、说出完整句子这几个阶段。现阶段，宝宝还处于单词句阶段，经常会发出一些重叠的音，如“抱抱”“饭饭”。

爱的互动

可以在合适的时间带宝宝看一看真实的鸭子，听一听鸭子是怎么叫的。

铃儿叮当响

能力培养

让宝宝体验光线的明、暗，培养宝宝规律作息，同时锻炼宝宝的语言能力。

游戏步骤

1. 在一块大大的彩色花布上面钉上小铃铛。
2. 让宝宝站在中间，几个大人从四周拉起花布，让布扬起像一个大的房顶，然后一起将布盖下，盖住宝宝。
3. 布的起伏发出叮叮当当的声音，同时可以呈现一明一暗的场景。拉起布时告诉宝宝天亮了，门和窗打开了，宝宝要起床了。布盖下来时告诉宝宝天黑了，什么也看不见了，宝宝要睡觉了。
4. 把布放在地上，让宝宝去找铃铛。

温馨提示

有的宝宝这时候还站不稳，可以让宝宝坐着用小手帕替代花布。

爱的互动

要时刻关注宝宝的情绪，有的宝宝会在布盖下来时就会害怕、会哭，这个时候大人要立即把布掀起，然后对宝宝笑，鼓励宝宝要勇敢。

宝宝分辨各种声音

能力培养

学会辨别不同的声音和内容，为说话做准备。

游戏步骤

1. 先把宝宝熟悉的人或物的声音一一录下来，如爸爸、妈妈或其他亲人的讲话声，汽车的喇叭声，狗的叫声等。

2 游戏开始时，按动录音机，逐一播放给宝宝听。

3 让宝宝说出听到的是什么声音。

温馨提示

除了爸爸妈妈的声音，宝宝对大人说话的声音并不是很了解，最好选几种动物的声音。

爱的互动

刚开始时，宝宝听到录音机里发出他熟悉的人的声音，会很好奇。这时要等一会儿，让宝宝明白录音机的功能，然后再继续游戏。不要选择太相像的两种声音，以免宝宝答错后有挫败感。如果宝宝答对了，记得要称赞宝宝。

宝宝的椅子汽车

能力培养

锻炼身体协调能力，激发积极、愉快的情绪，刺激语言发展。

游戏步骤

1 选择平坦的场地，妈妈指导宝宝用双手扶着椅背，推着“椅子汽车”向前走。

2 妈妈同时开一辆“椅子汽车”，与宝宝一起游戏，并引导其边走边发出“嘀嘀嘀……”的声音。

3 待宝宝开“椅子汽车”比较熟练以后，妈妈适当地增加难度，在活动场地上设置一个障碍物，如单人沙发、大凳子、纸盒箱等，让宝宝推着椅子绕过障碍物。

温馨提示

椅子可以用纸箱子、小凳子等物品来替代。

爱的互动

这个游戏需要宝宝能稳稳地独立行走，能很好地控制自己的身体。大部分这个月龄的宝宝会玩得比较吃力。所以要确保安全性，在转弯时给予适当帮助。

从这头到那头

能力培养

用虚拟朋友，激发宝宝的快乐情绪，刺激其诉说欲。

游戏步骤

1. 钥匙、铃铛串在一条长绳子上，把绳子的两端拴在房间的两头，高度80厘米左右。
2. 让宝宝拿着铃铛、钥匙，从绳子的一头滑到另一头，一边走一边告诉宝宝："铃铛要到那一头才可拿出来，宝宝拉着它走到那头，它就和宝宝交朋友。"
3. 练习在一条直线上行走，走不稳的宝宝由家长手牵着走。叮当叮当的响声伴随宝宝练习行走，会带给宝宝快乐。

爱的互动

握住铃铛的感觉让宝宝有种掌控感。宝宝握着铃铛从绳子这头走到另外一头，到了地方可以把铃铛拿下来玩一会儿，然后重复这个游戏。

温馨提示

不要让宝宝独自拿着钥匙这样的尖锐物品玩耍。

妈妈须知

1岁多的宝宝还不太会与其他宝宝共同玩耍，多数喜欢自己一个人玩，有时尽管几个年纪相仿的宝宝在同一个地方玩，但他们往往各玩各的。所以这个阶段也称为"平行游戏"阶段。除非别人手里的玩具吸引他，他会上前去"抢夺"，否则很少会有交流。在抢别的小朋友的玩具时，父母可以鼓励宝宝把自己的玩具和人家交换，这会让他感受到与人相处的乐趣，也培养宝宝的社会适应能力。

04 动作发展训练

姑姑手里挥舞着一条彩色的丝巾召唤朵朵，朵朵站在离姑姑 10 米远的地方，正在克服心中的恐惧。

“朵朵来，你要能过来，姑姑的丝巾就给你了。”

朵朵一口气走了 5 步，停下了，然后再次站在原地克服恐惧。

“朵朵真棒，不愧是我侄女，快过来，没事，姑姑在呢！”

朵朵最终受不了丝巾的诱惑，移着小脚快步走，一步两步，腿软……身体前倾的一刹那，姑姑准确地把她搂在了怀里，然后把丝巾塞进朵朵手里，夸奖道：“给你了，真勇敢！”

朵朵咧咧嘴，最终没有哭出来，拿着丝巾自己摆弄了起来。

1 岁多的宝宝是吸收性思维和各种感知觉发展的敏感期，是身体协调能力高速发展期。这一时期被称为“学步期”或“运动时代”，因为宝宝开始尝试运动自己的身体，喜欢到处探险，用手摸所有的东西，开始学站立、走路。这时的宝宝简单的大动作，精细的小动作，以及手眼配合能力都明显提高。家中的任何物品都是玩具，也都是教材，游戏显得更加重要。

瑞士心理学家皮亚杰指出：“知识源于动作。”他特别强调“动作”在儿童早期智力发展中的重要作用。妈妈们不妨回忆一下宝宝过去一年来的成长历程，一定可以领悟到“动作”对宝宝智力开发的必要性。从俯卧时能够尝试着抬头，到仰卧时学会翻身，从手、膝触地爬行，到由大人搀扶着双手跌跌撞撞地学习走路，宝宝每一种能力的习得，都是通过认认真真运用各种动作来实现的。

一般来说，宝宝 1 岁左右时开始学走路的。初学走路时，为了保持身体的平衡，宝宝通常是采取两脚分开、脚趾向外、手臂举起、两手张开、头部稍往前倾的姿势。

此阶段的宝宝在沙发上即使能站得很稳也会摇晃不定，所以不妨在上面跟宝宝玩弹簧床游戏。父亲抓着宝宝的两腋，让他尽情享受弹跳的乐趣。弹跳中偶尔做些变化，比如让他着落在父亲的膝上。

通常经过 2~3 个月的练习，宝宝就能够平稳地走路了。随着宝宝独自走路本领的获得，他活动的能力和活动的范围都大大增加，探索新事物的兴趣有了很大的提高，而这些变化必然将促使其感觉神经和运动神经得到更快发展。

独立行走使宝宝与外界接触的机会增加，加上对身边各种事物都很有兴趣，他很容易接触到家中危险的物品，家长一定要提高警惕。

帮助玩具回家家

能力培养

培养良好习惯，锻炼手眼协调能力。

游戏步骤

1. 各种玩具任意在房间里散落。
2. 告诉宝宝："今天妈妈没有把玩具宝宝送回家，宝宝和妈妈一起把玩具宝宝送回家。"

3. 用不同的盒子做玩具的家，让宝宝一起努力，把房间打扫得干干净净，把玩具一一放进盒子里。

4. 宝宝在乱分类的时候，妈妈要提醒找到玩具的家，不要放错了，不然玩具宝宝一会儿见不到妈妈要哭了。

爱的互动

宝宝很乐意和妈妈一起把玩具收起来，他会把自己的玩具放到盒子里，这个时候宝宝都会有一种小大人的感觉。妈妈不要过分注意宝宝，让他自己来才能更好地得到锻炼。

分类能力是衡量智力发育的一个重要标志。让宝宝及早挑战、掌握分类对于他们以后学会推理、辩论以及形成数学概念具有非常重要的作用。

小椅子上的宝宝

能力培养

让宝宝更加勇敢，同时锻炼宝宝全身运动能力。

游戏步骤

1. 妈妈为宝宝准备一把木制的小椅子，椅子背距地面高约为50厘米，椅子面距地面高约25厘米，椅子面宽约27厘米、长约24厘米。

2. 妈妈把宝宝抱在上面坐着玩，或者让宝宝趴在上面玩。多试几次，渐渐地他就可以自己坐在小椅子上面了。

温馨提示

也可以用小凳子来替代小椅子。最好选择防滑的。

爱的互动

宝宝一般是先背对着小椅子站着，然后，转过头来看，或在双腿之间对着看，使自己确定目标。妈妈要鼓励宝宝用腿试探出距离椅子有多远，先坐在椅子边上，然后滑过去坐在正位上。

妈妈须知

如果有大宝宝来抢宝宝的玩具，宝宝不做任何反抗，这也不能确认宝宝“欺软怕硬”，父母更不必要宝宝抢回玩具。但是如果你发现宝宝内心并不愿意把玩具给别人玩，这时可以帮助宝宝与那个大宝宝沟通，让两个宝宝一起玩，或互相交换玩具。这个年龄的宝宝自我意识刚刚萌芽，但并不像两三岁以后的宝宝那么强烈，对“你的”“我的”这类概念认识还不太清晰。如果到了3岁以后宝宝还不敢维护自己的利益，就需要父母给予适当的帮助。

妈妈的小助手

能力培养

训练手指精细动作的能力，为将来的学习打下良好的基础。

游戏步骤

1. 先准备一条六米长的绳子，一些夹子、小袜子和鞋子。
2. 把绳子拉好，鞋子袜子用夹子夹住“晒好”。让宝宝说出颜色、上面有什么图案等等。告诉宝宝，鞋袜晒干了，请宝宝帮妈妈收起来。
3. 妈妈教宝宝两手指用力使夹子的嘴巴张开，鼓励宝宝一只只收下来放进箩筐里。
4. 妈妈再拿出事先准备好的另一部分鞋袜，请宝宝晾晒。

爱的互动

妈妈让宝宝给自己帮忙有助于宝宝的心理发展。而且在游戏中宝宝会很高兴把玩夹子和袜子，他理解以后就会自己来晒袜子，还会干得兴致勃勃。大人要和宝宝说话，称赞他，让他更有成就感。

妈妈须知

这个阶段，宝宝会跟照料人，通常是妈妈，建立起安全依恋。如果宝宝觉得自己所依恋的对象在附近，接受他，关注他，他就会感觉到被爱、安全、自信，否则就会焦虑。如果孩子长时间都处于这样无助的情景中，孩子会体验到失望和抑郁。

宝宝找妈妈

能力培养

使宝宝学习独走。

游戏步骤

1. 准备小椅子1把、玩具小汽车1辆。
2. 让宝宝站在离椅子1米左右的地方，妈妈蹲在小椅子后，一边拍手一边说：“宝宝，快来找妈妈。”
3. 说完将小椅子挪到旁边，张开双臂迎着宝宝走来。
4. 宝宝走了1米左右后，家长蹲着将他搂在怀里亲一亲，并让宝宝坐在小椅子上休息一会儿，玩一玩小汽车。

爱的互动

当宝宝到达终点并得到妈妈的肯定后，宝宝会非常开心。而玩具则可以让宝宝体会到成功的喜悦。宝宝会要求多次重复玩这个游戏，家长积极配合。

温馨提示

可以用其他物品替代小汽车，只要是宝宝喜欢的物品就可以，甚至可以只是妈妈的一个拥抱、一个吻。

小马小马真能干

能力培养

培养身体协调能力，锻炼宝宝的耐力。

游戏步骤

1. 妈妈向宝宝出示小马的图片，并让宝宝扮演小马。
2. 妈妈引导宝宝进入游戏情境："小马要把粮食送到山那边去，宝宝扮演小马去送粮食。"
3. 让宝宝趴在地上，妈妈在宝宝身上放一本书或其他的物品，当成粮食。
4. 妈妈把身体弓起来，当成小山洞，请宝宝扮演小马爬过"山洞"。
5. 请爸爸趴在地上或躺在地上当山坡，请宝宝扮演小马爬过"山坡"。
6. 等宝宝扮演的小马通过这些障碍物后，可以给宝宝一定的奖励。

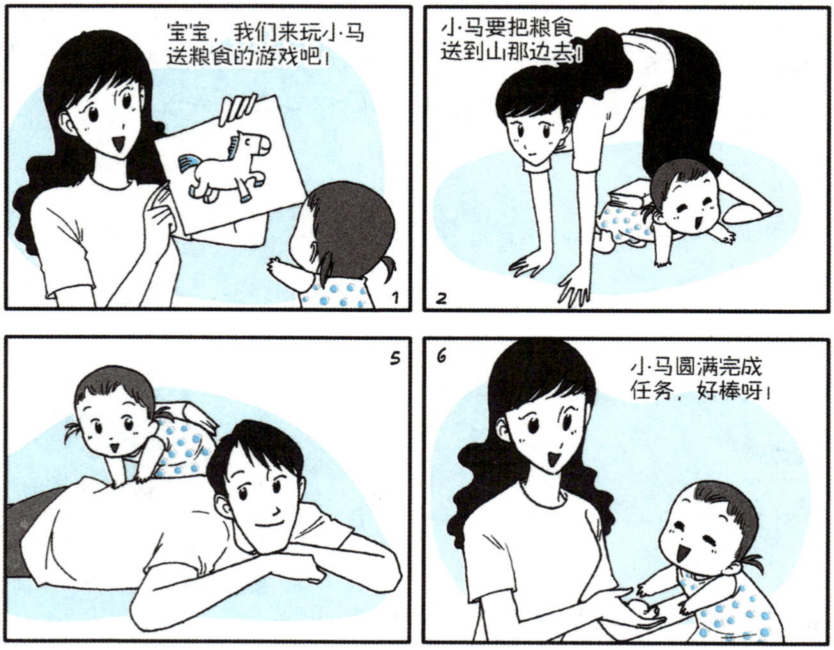

爱的互动

宝宝身体协调能力还在发展中，可能没有办法在背部放物品。可以用粘贴画等不易掉落的物品来代替书本，以免挫伤宝宝的游戏热情。

温馨提示

如果宝宝对故事不感兴趣，可以选择他熟悉的动物代替小马当主角。

吸管插洞洞

能力培养

培养手指的精细动作，学会认识大小，训练手眼协调、专注力和观察力。

游戏步骤

1. 用鞋盒、纸盒做成蜂窝盒。要有大小不同的洞。
2. 蜂窝盒做好了，妈妈给宝宝一些粗细不同的吸管。
3. 让宝宝把粗细不同的吸管插进洞里。告诉宝宝洞有大小，管子有粗细，让他用粗的管子去插大洞，细的管子插小洞。

温馨提示

吸管要尽量长些的，不要那种前面有尖尖的，以免宝宝在插洞洞不顺利的时候，会因为检查吸管而戳伤自己。如果吸管有尖头，要事先把尖头剪掉。

爱的互动

当宝宝用粗管子去插小洞时，要引导宝宝观察洞的大小。如果宝宝顺利插进管子，给宝宝赞美。慢慢地，宝宝就会知道哪个是大、哪个是小，也就越插越顺利。

05 习惯养成训练

朵朵妈在厨房喊:“开饭啦。”在客厅玩着的朵朵，赶紧跑去准备自己的小饭碗和小水杯。朵朵爸端来了电饭锅，朵朵很认真地拿着小碗要等着盛饭，朵朵爸敷衍地给她盛好，就去厨房端菜了。刚上完两个菜，就看朵朵自己拿着小勺子慢慢吃上了。

“小祖宗，你慢点吃。”朵朵爸忍不住跑过去给她擦了擦脸上的饭粒。

吃饭被打扰了，朵朵很生气，把小勺里的饭全洒到爸爸身上。爸爸一瞪眼，朵朵立即扯开嗓子哭起来……

朵朵爸郁闷得不行。

1 岁后宝宝的活动能力与日俱增，走路逐步熟练起来，小手也越来越灵活，手指能相互配合着转动门把、按电话按钮、丢扔手中的玩具。这个时期的宝宝可以自己抱着奶瓶喝奶，捧着杯子喝水，吃饭的时候也喜欢亲自动手，平时游戏时更是有自己的规则和想法。这个阶段宝宝最需要家长的鼓励和认可，他的自我意识正在萌芽，喜欢学习，尽管还不能顺利地独立完成什么工作，但非常乐于参与活动。他要享受通过自己的努力改变世界的乐趣了。

伴随着自我意识的产生，父母的关照，甚至温情和爱抚可能都会变成对他的限制，会引起他的不耐烦。因此，在安全的范围内，家长要适当地放手让宝宝自由活动。但另一方面，宝宝又特别缠人，希望爸爸妈妈一直在身边。此时妈妈最主要的是及时回应宝宝的需要，让他感觉到只要需要你都会在，那他就会放心大胆地去探索，从而发展出他的独立性。

这个时期，家长适时合理地给宝宝教育和训练，让他从小养成一些好习惯非常重要。不过，1 岁左右的宝宝理解能力有限，所以培养孩子良好的行为习惯时不能急于求成，可以先设立需要宝宝优先遵守的规矩，之后再根据宝宝能力的发展逐渐增加。而利用游戏来帮助宝宝明白和认识这些良好的习惯是一个很有效的方法。

分水果给家人

能力培养

认识不同的水果，感受分享的乐趣。

游戏步骤

1. 晚饭后开个水果晚会。妈妈端上一盘水果，让宝宝说说盘里装些什么呀？大苹果是什么颜色？橘子是什么颜色？香蕉是什么颜色？

2. 让宝宝把梨送给爸爸，把苹果送给妈妈，把橘子送给奶奶，把香蕉送给爷爷。
3. 宝宝做对了，要给予表扬。如果宝宝做错了，大人要告诉正确的做法，然后给予鼓励。

爱的互动

宝宝看到水果后，会非常想吃。妈妈需要耐心而坚定地引导，让宝宝说出水果的名称，并且分给大人后再吃。这样可以培养宝宝的延迟满足感，同时还让宝宝体会到分享的快乐。

温馨提示

区分形状、颜色、大小，是宝宝比较容易进行的分类。选用不同的水果要兼顾这三种分类方式。

妈妈须知

延迟满足就是我们平常所说的“忍耐力”，是一种为了获得长远利益而克服眼前困难的能力。如果宝宝从小就能为了未来的某种收获，而适当地控制调节自己的行为，那他长大后更愿意为目标而长时间地付出努力。

自己的小生活

能力培养

培养良好的饮食习惯和独立性。

游戏步骤

1. 父母要给宝宝独立做事的机会，即教他学着做事。吃饭是开始，教宝宝自己拿着勺子从碗中取饭往嘴里送。

2. 开始，宝宝可能会洒落很多饭菜，但仍要给他机会尝试。可以单独给宝宝一个碗和一个勺，里面放少量的食物供宝宝练习。

3. 教宝宝自己用杯子喝水。开始杯可少放些水，教他自己端着往嘴里送，父母可适当给予帮助，以后逐渐由宝宝自己来完成。

温馨提示

不要因为怕宝宝把食物洒满地而浪费粮食或弄脏了衣服等原因，就不允许宝宝学习自己吃饭喝水。可以给他系好围嘴，在他的餐椅下铺上塑料布，方便饭后收拾。

爱的互动

宝宝第一次拥有自己的小碗和小勺，他会很认真地练习吃饭。而喝水，则需要父母的引导，父母可以有意在宝宝面前用水杯喝水，这个时候的宝宝模仿能力很强，他也会模仿大人自己拿杯子喝水。

宝宝营养小菜单

能力培养

训练把食物和符号联系在一起的能力，提高对食物的兴趣，培养良好饮食习惯。

游戏步骤

1. 让宝宝从旧画报或图片中选出自己喜欢的食物。妈妈可以引导宝宝选择有营养的东西。
2. 妈妈帮宝宝剪下图片并贴在一张纸上（也可画上），制成一份宝宝食谱。
3. 妈妈做饭之前，可以让宝宝根据自己的愿望点想吃的食物。

温馨提示

宝宝一般都喜欢鲜艳的颜色，妈妈可以从这方面选择有营养的食物图片。

爱的互动

每次做饭前让宝宝看着小菜单点菜，他会对这个菜单充满兴趣，也会像个小大人一样认真地选择食物。等做好以后，宝宝也会因为是自己选的食物而高兴地吃下去。

用什么浇水最合适

能力培养

培养观察事物的能力和触觉感知力，养成爱护树木的习惯。

游戏步骤

1. 用小桶装水，带上一个小杯子和一把洒水壶。
2. 带宝宝到大树下面，让宝宝为大树浇水。

3 先用杯子浇，再用洒水壶浇，让宝宝观察从不同的容器里倒出的水有什么不同。

温馨提示

小杯子选用带手柄的，方便宝宝拿握。在给大树浇水的过程中，大人要小心宝宝跌进水坑中。

爱的互动

宝宝第一次给大树浇水很高兴，告诉宝宝树木长大了可以给人乘凉。让宝宝养成爱护树木、节约用水的好习惯。

可以把宝宝的手放到洒水壶下面，让他感受水的流动。告诉宝宝小孔越大，水流得越快；洒水壶有许多小孔，水从小孔里流出来的。

乖乖睡觉

能力培养

培养良好睡眠习惯，训练语言发展能力。

游戏步骤

1 让宝宝抱着动物玩具，妈妈一边摇一边唱儿歌："小猫不要叫，宝宝要睡觉；小狗不要叫，宝宝要睡觉；不要妈妈陪，不要爸爸陪，不要奶奶陪，宝宝自己睡觉了。"

2 反复几次后，让宝宝轻轻地放好动物玩具，并用小毛巾盖好它。

3 大人把手指放在嘴上，做安静的表示，带宝宝一起轻轻地走开，让动物玩具安静睡觉。

温馨提示

宝宝不睡整觉是最让妈妈烦恼的事情。其实很多时候，宝宝哼哼唧唧或者扭动并没有真的醒来，而是在做梦，或处于浅睡眠状态。这个时候如果妈妈马上抱起宝宝又是拍，又是哄，反而会把宝宝弄醒了。所以，如果宝宝没有哭，就不要打扰宝宝。

爱的互动

宝宝哄动物玩具睡觉时，妈妈要刻意制造一种安静的气氛，宝宝也会感受到睡觉前需要安静。妈妈要记得把动物玩具的被子盖好，让宝宝从中学习睡觉应有的习惯。

小小艺术家

能力培养

让宝宝学会握笔，激发他的想象力。

游戏步骤

1. 准备一张白纸和一盒彩色画笔。
2. 妈妈先教宝宝学会握笔，笔尖向下。
3. 找一些简单的图画或者汉字，鼓励宝宝模仿着画在纸上。

温馨提示

如果宝宝拿起笔来吃，大人要及时制止。

爱的互动

宝宝用手握住笔的时候，他会把手上的笔仔仔细细地观察一遍。此时，大人要积极地鼓励、指引宝宝在纸上画画，宝宝看到笔下面划出的彩色痕迹，就会更加惊奇地划来划去。大人可以根据宝宝画出的痕迹，告诉他这像什么、那像什么，激发他的想象力。

妈妈须知

模仿成人做事是这个阶段的宝宝非常热衷的一项活动。父母的言谈举止时时刻刻被模仿，这种模仿对宝宝的品格影响是潜移默化的，是在漫长的时间里不知不觉完成的。事实上，如果一个孩子生活在一个充满仁慈、爱心和责任感的家庭，日后将会成为一个健康、正直、乐观向上、有所作为的人。如果一个孩子生活在一个充满愚昧野蛮、自私自利的家庭，日后则可能会成为一个粗鲁的、毫无教养的、甚至危害社会的人。

1岁1个月~1岁3个月宝宝档案

感知理解力发育

- 能记住自己喜欢和讨厌的东西。
- 能从镜子中认出自己，不会再伸出手去试着摸摸镜子里的“另一个”宝宝了。
- 开始把自己当作一个独立的个体。

运动能力发育

- 能独自站稳并且可以弯腰捡拾东西，然后再站直。
- 吃饭时喜欢自己动手。
- 当妈妈给穿衣服时，能够配合妈妈伸出小胳膊和小腿。
- 大多数宝宝自己能抓住一块积木，并把它放到盒子里。

语言能力发育

- 有些宝宝可能会说出一两句三个字组成的话，但口齿不清。
- 有意识地喊爸爸妈妈。
- 喜欢用一个单字的词表达多种意思，到底是什么意思，要结合当时的情景和具体情况来分析。

情感发育

- 有强烈的好奇心，什么事都想尝试一下。
- 开始有独立的思想，如果父母的要求不符合自己的意愿就会反抗。

习惯养成

- 逐渐表现出对饮食的偏好。
- 可以开始练习自己用勺吃饭，拿杯子喝水。
- 虽然还不能完全自己控制尿便，但可以开始练习将尿便排在便盆里。

第6章

1岁4个月~1岁6个月 初步构建自主意识

经过前一阶段的努力，宝宝可以自己稳当地走路，而且喜欢爬上爬下；他们开始说许多成人能听懂的单字或词，并能够说出自己的名字；并且他们还学会了“不听话”。这个阶段和宝宝一起做些有趣、好玩的游戏，能大大促进宝宝智力的发育、技能的提升和良好习惯的养成。

01 感知理解力发展训练

星期天，朵朵全家一起到河边沙滩玩耍。一到河边朵朵就很兴奋，不住口地“哇哇”直叫。

“朵朵，看爸爸给你盖城堡。”朵朵爸童心未泯，叫朵朵一起盖。但朵朵头也不抬，自顾自堆沙玩。

等朵朵爸终于把城堡盖好，朵朵却晃晃悠悠地走了过来并一脚踩了上去。朵朵爸辛辛苦苦建好的城堡瞬间土崩瓦解。

“小丫头，你气死老爸了……”看着朵朵爸一脸心痛的样子，朵朵顽皮地笑了。

这个时期的宝宝走得很稳，能蹲下捡东西并接着站起来再走，很少摔跤；可抬脚踢球；可以扶栏杆上楼梯；会说许多成人能听懂的单音或词，并能够说出自己的名字；能清楚地认识五官；能够真正认识自己的存在；开始对黑暗和动物产生恐惧感。由于只有符合宝宝认知发育的学习，才能真正起到促进作用，而宝宝也只会对这类问题感兴趣，因此父母应尽量为宝宝提供一系列丰富的活动，让他自己去挑选不超过他能力范围，又有挑战性的学习内容。

在这个年龄，模仿也是学习过程的重要部分，尤其是1岁多的宝宝。当父母在做家务时，他们喜欢跟着一起干这干那。这是教育宝宝发挥其模仿能力的大好时机，父母应多给宝宝一些机会，让他在一旁看着，然后也让他试试。这对宝宝的身心发展都有促进作用。

这个阶段，父母要给宝宝创造学习新的生活本领的机会：学会用勺子吃饭，用杯子喝水。不要对宝宝过度保护，小朋友之间发生小冲突，这是正常现象，家长不必多加干预，让宝宝自己学会处理冲突。

随着宝宝地逐渐长大，家长应当采取各种办法培养宝宝的独立意识，不过不能操之过急。当宝宝缠着妈妈时，妈妈故意和宝宝保持距离反而会扼杀他的独立性，这不仅不能让宝宝勇敢地面对陌生事物，反而使他受到惊吓，以至于一说到这个东西就会脸色大变，甚至一看到陌生的东西就感到恐怖。因此，在培养宝宝的独立时，要充分保护好宝宝，不要让他受到惊吓，尤其是那些比较敏感的宝宝更要注意，要给宝宝适应新环境或陌生人的时间，让他按自己的心理节奏来行动。

下面介绍几种帮助家长开发宝宝智力的游戏。

小小化妆师

能力培养

认识纱巾、帽子等物品的不同用途，提升宝宝的观察力和记忆力，开发宝宝的智力。

游戏步骤

1. 准备一条纱巾、一个塑料圈和纸圈、一顶纸折帽子。
2. 妈妈先将这几件物品一一展示给宝宝看，然后分别将纱巾围在脖子上，塑料圈戴在手腕上，纸帽戴在头上，纸圈戴在手指上。
3. 妈妈用夸张的动作和表情展示给宝宝看，同时说："宝宝看妈妈多好看、多漂亮。"
4. 然后将四样东西一一取下，放在宝宝面前，说："现在宝宝来打扮妈妈，帮妈妈戴上吧。"
5. 引导宝宝一样一样地戴在妈妈的不同部位。看宝宝是否能正确分辨四样物品的用途。

温馨提示

制作的纸圈和纸帽不应太柔软，最好选用硬质的纸，防止宝宝撕破。也可以用塑料材质的。

爱的互动

宝宝看到妈妈把那些装饰物戴在了身上，会感到很新奇。这时妈妈取下身上的东西让宝宝帮忙戴上。宝宝虽然跃跃欲试，但是他也许会给你戴错，这时大人要在宝宝戴的时候指导宝宝每个东西应该戴在什么地方，并给予鼓励。

妈妈须知

这个阶段的宝宝对父母经常使用的物品会有更深的认识。比如，当宝宝看到另一个打着领带的人时，就会不自主地叫爸爸。如果大人不理解宝宝的意思，会以为是宝宝认错了。其实，是因为他在别人身上看到了爸爸经常打的领带，想起了爸爸。宝宝或许还想告诉妈妈，爸爸也有这样的东西。这是宝宝记忆和联想能力的体现。

放大镜照照照

能力培养

提高宝宝对各种事物的好奇心，开发宝宝智力，并且学会要爱护别人的东西。

游戏步骤

1. 让宝宝坐在床上，放一本书，把爷爷平时看书或看报时用的放大镜拿过来。
2. 家长拿着放大镜，变换着角度，演示给宝宝看书中的文字。“看，爷爷的放大镜好神奇啊，字变大了，变小了，变歪了。”宝宝会特别好奇。
3. 让宝宝自己拿着放大镜看自己的手指，手指变粗了；看妈妈的脸，妈妈的脸变大了。就这样，让宝宝拿着放大镜去观察四周的一切。

温馨提示

宝宝游戏的过程中，大人在旁边要时刻照看着他，防止他不小心掉下床而受伤。或者将宝宝放在地上进行游戏，减少意外的发生。

爱的互动

游戏中，宝宝拿着放大镜看东看西，大人需要在旁边照看，但是不要阻止宝宝。等到宝宝玩得差不多的时候，大人可以故意说：“爷爷的放大镜不见了，爷爷看不了书了。”让宝宝知道放大镜是爷爷的重要工具，看完后一定要放回原处，要爱护别人的东西。

看宝宝排队玩

能力培养

提升分辨大小和形状的能力，训练观察力。

游戏步骤

1. 准备方形积木数块，或各种小动物玩具五六个。
2. 家长告诉宝宝：“今天积木宝宝和小动物要坐公共汽车去看电影，宝宝帮他们排好队，排好队才能上车。”
3. 边摆弄积木或玩具，边告诉宝宝：“排队是一个跟着一个的。小个的在前面，大个的在后面。队伍要排得整齐，不能太挤，也不能太松，可以排成竖排，也可以排成横排。”
4. 家长示范一次，然后打乱，让宝宝自己动手重新排，家长在旁边进行指导。

爱的互动

家长在示范时，要耐心地给宝宝讲“排队”是什么，要有哪些规则，帮宝宝分辨积木的大小、形状和不同的小动物。如果宝宝自己动手排得不好，家长要及时地指导，千万不要不管或者嘲笑，那会打击他的积极性。

温馨提示

选择形状、大小不一的积木，或者不同的小动物玩具进行游戏，方便宝宝更好地区分。

妈妈须知

如果你有意识地训练过宝宝，他现在也许已经能从一堆熟悉的物品中找出不同形状、颜色和用途的物品，具有了初步的分类概念。比如，能够分出哪个是自己的毛巾，哪个是妈妈的毛巾；能分出哪些是红积木，哪些是绿积木。

沙子真好玩

能力培养

训练动手能力，发挥想象力，感知不同物体对身体的刺激。

游戏步骤

1. 准备小铲子、小桶和小瓢等玩具，带领宝宝来到沙滩上。
2. 启发宝宝用小瓢、小桶、小铲在沙滩上挖坑、挖山洞、堆小山、造房子、堆长城……

爱的互动

在天气比较热时，可以让宝宝赤脚踏在沙堆里玩耍，处于一种完全放松的状态。游戏中，不要对宝宝有太多的限制，可以让他在沙滩上自由地发挥创造。这种游戏会让他觉得自己已经长大了，并且很能干。

温馨提示

玩沙子时，注意保护好宝宝的五官，最好先用洒水壶把沙子喷湿，避免沙子到处飞扬。另外，不要怕宝宝会弄脏衣服，为了避免弄脏的衣服不好清洗，可以让宝宝游戏时穿耐脏或易清洗的衣服。

妈妈须知

宝宝喜欢玩的东西很多，其中恐怕就包括沙土，尤其是到户外郊游的时候。但是沙土玩得时间长了，一种叫沙土性皮炎的皮肤病就容易发生。得病的宝宝手背、前臂和膝盖上会出现针尖大小的小丘疹，随着病情的变化会越来越多，长得密而且很痒。不仅是玩沙土，玩水甚至玩肥皂时间长了都可能出现这种摩擦造成的皮肤病，所以家长一定要控制宝宝玩一种东西的时间。如果宝宝痒的话可以给他涂一些止痒药膏，防止抓痒引起感染。

02 情感发展训练

李阿姨带着她女儿拉拉来串门，朵朵看到拉拉后，主动地和她一起玩。李阿姨直夸："你家朵朵真乖。"

朵朵妈却说："乖什么啊，刚才还摔烂一个花瓶，皮着呢，我都烦得够呛。"

说者无意，听者有心。听了妈妈的话，朵朵很生气地把手里的玩具都丢在地上，跑进了房里。

李阿姨告诉朵朵妈："朵朵生气了吧，快去哄哄。"

朵朵妈笑着说："她知道啥啊。"不料房里的朵朵"哇"的一声就哭了起来。朵朵妈赶紧进来哄朵朵。可无论怎么哄，朵朵就是不理睬。拉拉把捡起的玩具拿给朵朵，朵朵也扔到了地上。

事后朵朵妈非常后悔，感慨朵朵也是小大人了，已经开始会生气了。

很多父母认为宝宝这个阶段还不懂事，当着宝宝的面什么话都说。殊不知，宝宝比你想象的要懂事得多，此时他已经能够按照自己的方法去理解你讲话的内容了。所以，父母在宝宝面前说话一定要注意，千万不要在宝宝面前议论大人之间的是非纠葛，不要当着宝宝的面与别人吵架，不要当着客人的面议论宝宝的缺点，更不要对宝宝撒谎。

这个阶段的宝宝，很愿意和小朋友亲近，但还不能很融洽地在一起游戏，基本上是各玩各的。而最初的交往能力却是从此刻开始培养的，父母要鼓励宝宝结交玩伴，比如经常请一些小朋友到家里来玩，让他们一起做游戏。如果两个宝宝抢玩具，父母也不要以成人的礼貌心理，强迫自己的宝宝放弃自己心爱的玩具，那样会让宝宝迷惑不解且非常伤心，也不利于宝宝今后的性格发展。

1～2岁宝宝的社会性发展水平还很有限，如果宝宝一时不能和小朋友交往，父母也别太担心。因为母子关系是良好人际关系的基础，此时重要的是让宝宝充分感受到妈妈的爱，与妈妈形成良好的依恋关系，慢慢宝宝就能具有与人交往的能力。有些父母对于宝宝的社交抱有恐惧心理，怕宝宝在外面做游戏时受伤，怕宝宝在外面与小朋友闹纠纷时吃亏，怕宝宝在外面学坏……总是把宝宝关在家里，长此以往，会使宝宝变得越来越内向，逐渐失去天真活泼的性格。

滚来又滚去

能力培养

培养与他人合作的良好性格，并且了解高低的概念。

游戏步骤

1. 准备一条长毛巾，一个皮球。
2. 家长和宝宝面对面坐好，左右手分别抓住毛巾两端的左右角，皮球放在毛巾上。
3. 先让宝宝双手抬高，球会滚向家长一端；然后家长抬高双手，让球再滚向宝宝那一端。整个过程大人尽量不要让球掉下来。

爱的互动

宝宝看到皮球在自己和大人之间滚来滚去，他会感到很开心，也可以体会到与人合作的快乐。大人可以在玩的时候告诉宝宝哪边高了，皮球就会滚到哪里去。慢慢训练宝宝，让他知道皮球滚动的原因。

温馨提示

大人要控制好长毛巾，防止宝宝后仰。为了增加宝宝的兴趣，还可以用其他能滚动的物品与宝宝游戏。

空中飞翔快乐

能力培养

培养勇敢的精神，刺激本体感觉和平衡知觉。

游戏步骤

1. 让宝宝和爸爸面对面，爸爸托住宝宝腋下向上举，让宝宝体会“高高低低”的感觉。
2. 让爸爸用手臂稳稳地托住宝宝腹部和胸部，慢慢地向后摆动，让宝宝有在“空中飞翔”的感觉。
3. 待宝宝初步适应不再害怕的时候，让宝宝跨坐在爸爸的脖子上，随着爸爸的走动轻轻晃动。

温馨提示

玩空中游戏最重要的就是宝宝的安全。大人千万不能在喝酒或者不清醒的状态下玩这个游戏，否则很容易发生危险。

爱的互动

这个时候的宝宝比以前更能体会在空中的刺激感，所以他会很喜欢让大人陪他玩空中游戏。当大人把宝宝升到空中的时候，宝宝一开始会有点害怕。这时大人的动作要舒缓一点，等宝宝克服害怕心理之后逐渐加大摇摆幅度。

打针，不怕

能力培养

培养勇敢、不逃避的精神，了解“打针”是为了有健康的身体。

游戏步骤

1. 准备好毛绒玩具熊、玩具针筒和针。

2. 大人最好穿上医生的制服，戴上帽子口罩，扮演“医生”。告诉宝宝打针是“医生”给宝宝治病，让宝宝健康成长。

3. 让宝宝抱着玩具熊坐好，大人模仿医生的打针动作，同时说：“打针会有点痛，但是熊宝宝是很勇敢的，所以不哭。”

爱的互动

这个时候宝宝已经知道医生打针是很痛的，但是和大人一起玩这个游戏的时候，宝宝会以成人的心理去看待打针。当大人在给玩具熊打针的时候，其实宝宝也会联想到自己打针的情形，所以大人及时引导宝宝要勇敢，不要哭，可以使宝宝更坚强。

美丽的自然界

能力培养

在贴纸画中认识自然界的花草树木和小动物，启发宝宝的想象力。

游戏步骤

1. 在一张大白纸上勾画出大树、小草等自然界的景象，用纸剪出花、狗等各种形态的纸片，贴之前涂糨糊。

2. 让宝宝自己贴，家长在旁边提示宝宝，花在什么地方，蝴蝶要飞到哪里，小狗在草地上睡懒觉等。让宝宝和你一起完成这幅贴纸画。

温馨提示

由于剪纸背后涂了糨糊，在宝宝贴的过程中会弄到手上，所以要防止宝宝用手去揉眼睛。

爱的互动

宝宝拿着剪好的纸片会很好奇，根据大人的提示，他会联想到动物们在干什么，然后小心翼翼地贴上去。贴好以后，他会仔细观察贴的是什么、贴得怎么样。这个游戏有助于宝宝想象力和观察力的发展。如果宝宝贴错了位置，大人要及时纠正，不可以骂宝宝。

小手拧拧变糖果

能力培养

训练手指的肌肉力量和灵活性，培养对美的感受力以及做事的耐心，有助于宝宝情绪的稳定发展。

游戏步骤

1. 准备一个透明的瓶子，一些小方块和五颜六色的皱纹纸。
2. 妈妈给宝宝示范糖果是怎样做的。先将小方块用一张纸裹起来，用手指把两端捏紧，拧成一个糖果的样子，放进瓶内。

3. 让宝宝跟着学做糖果，启发宝宝将小方块放在皱纹纸里，然后用手裹紧。
4. 把做好的糖果一个个放进瓶里。

爱的互动

宝宝看到瓶子里装满了五颜六色的糖果，不仅可以体会到辛苦后的快乐，还会培养宝宝做事的耐心，刺激宝宝对美的感受。当宝宝成功做好一颗糖果后，大人要给予鼓励，在一边要用夸张的动作和表情称赞宝宝，让宝宝有成就感，获得快乐。

温馨提示

皱纹纸需要比小方块大几圈，这样可以降低难度，防止宝宝因为捏不紧而让小方块掉出来。因为总是失败会让宝宝心情沮丧，对游戏失去兴致。

03 语言能力发展训练

朵朵很甜地叫着："奶奶。"奶奶高兴地抱起孙女狠狠地亲了一口。朵朵小手向外一伸："外外。"奶奶问："去外面干吗？""糖糖。""要去买糖？"朵朵点点头。"等奶奶拿钱。"于是朵朵乖乖地呆在奶奶怀里，一点儿也不闹。

但很快，朵朵发现就奶奶没有拿钱，她明白了奶奶是不想让她出去买糖。于是拿出吃奶的劲儿开始往外钻，奶奶就用力地抱着她。但朵朵拿出了必杀技——哭，奶奶坚持不到两分钟，就败下阵来，无奈地妥协了。

到现在为止宝宝应该已经会称呼除爸爸妈妈之外的3~5个亲人，如奶奶、爷爷、叔叔等。当周围的人说话时，宝宝会抬起头，盯着说话人，因为有半数的宝宝已经能理解100 ~ 150个代表性词语的含义，还有半数宝宝能理解20个以上短语的含义。

这时的宝宝会说的话其实已经很多了，虽然还不会说完整的句子，但也足以表达一般需求。有的宝宝还可以成功地将两个词结合起来，比如"吃饭饭""找妈妈"。如果你一直坚持给宝宝唱歌谣的话，他不仅对常听的歌谣很熟悉，有的还可以正确地接上每一句的最后一个词或字。比如，你说"小白兔……"，宝宝就会接上"白又白"。慢慢地，宝宝就会整首歌谣或古诗了。孩子的个体差异较大，也有的宝宝说话较迟。父母不必着急，只需付出更多的努力去理解和照料宝宝就可以了。

在这一阶段父母更要加强宝宝语言能力发展的训练，通过图片、实物等耐心、反复地教宝宝认识事物，增加他的词汇量，使他的知识面加宽，增加语言的内容。但宝宝记忆力有限，所以一次不能教得太多。

语言作为人类交流情感的工具，如果希望宝宝语言能力发展好，家人就要坚持并积极地、有感情地与宝宝进行语言交流。在宝宝表达自己的心情和意思时，家人要耐心积极地用语言回应，如果宝宝是用非语言的方式表达的，妈妈就用语言重复一次，让宝宝学习语言的表达。比如看到宝宝手指水杯，妈妈可以说："宝宝要水杯，是不是？"而有些妈妈把电视当作"语言"保姆，但其实宝宝看电视只是被动接受声音，没有感情和语言交流，所以对宝宝语言能力发展作用甚微。

飞机到站了

能力培养

培养合作精神，提高勇气，锻炼语言能力。

游戏步骤

1. 让宝宝骑到大人的肩上，抓住宝宝的双手说："请乘客坐好，飞机马上就要起飞了。"宝宝会跟着说："飞了。"
2. 大人在地上走几步再转两圈说："首都机场到了，请下飞机。"让宝宝说："到了，下来。"再把宝宝放下来。

爱的互动

家长在和宝宝嬉戏的过程中，不要忘记一边带着宝宝玩耍，一边和宝宝对话。当宝宝骑在大人的肩上，听到大人说"起飞了"，宝宝会很兴奋地重复大人最后的几个音节。而且在这个游戏中，大人和宝宝的配合，会对宝宝产生很好的影响。宝宝不仅可以锻炼自己的勇气，还可以学习说话。

温馨提示

大人要注意宝宝的安全，不要奔跑，快走时也不要太猛，否则宝宝很容易掉下来。对宝宝说话，要尽量多说，增加宝宝锻炼的机会。

商品小买卖

能力培养

提高认知和语言能力，培养简单的买卖关系。

游戏步骤

1. 将水果卡片和蔬菜卡片分别贴在墙上，给宝宝一些和纸币差不多大的纸片做“钱”。

2. 让宝宝来买水果、蔬菜，指引宝宝说出水果或蔬菜的名称。当宝宝念出物品的名称后，取下相应卡片给宝宝，并收取宝宝的“钱”。

爱的互动

宝宝对这种买卖游戏很感兴趣，大人可以抓住这一点让宝宝开口说要买什么。宝宝只要发出正确的音就可以得到东西，这会让他有小小的满足感。然后大人鼓励宝宝继续买不同的东西，提高宝宝的语言能力。

动物们的食物

能力培养

了解动物和食物之间简单的对应关系，训练宝宝学说简单的句子。

游戏步骤

1. 将小白兔、小狗、小猫、小鸡四种动物卡片选出来，再选出萝卜、骨头、鱼、小虫四张卡片。分别用儿歌的形式，唱出动物喜欢吃的食物：‘小白兔白又白，两只耳朵竖起来，爱吃萝卜和青菜，蹦蹦跳跳真可爱。一只小花狗，蹲在大门口，两眼泪汪汪，想吃肉骨头。小猫小猫咪咪咪，看见小鱼笑嘻嘻。小鸡小鸡叽叽叽，啄到害虫笑嘻嘻。”

2 让宝宝学唱儿歌，根据儿歌故事，给小动物找出相应的食物。

爱的互动

宝宝听到大人唱儿歌，会自己搜索对应的图片。如果宝宝还不能找到对应的图片，大人可以提示宝宝。比如，宝宝不知道小白兔喜欢吃什么，大人可以再念一遍儿歌，然后对宝宝说：“爱吃萝卜呀，萝卜在哪里？”如此帮助宝宝，他很快就会自己找到的。除此之外，大人可以教宝宝学唱儿歌，锻炼宝宝的语言能力。

洗澡真有趣

能力培养

学习洗澡时用到的词汇，助宝宝爱上洗澡。

游戏步骤

1 用小毛巾把水淋到宝宝的身上，教他说“小毛巾”“淋水”两个词。

2 用肥皂或者浴液搓出泡泡来，教宝宝学说“肥皂”“泡泡”两个词。

3 把橡皮鸭子放在浴缸里，小鸭子会“漂”在水面，用手压，它会“沉”到水底。让宝宝理解“沉”的意思。

爱的互动

大多数宝宝不喜欢洗澡，大人可以利用这个游戏来转移宝宝的注意力，增加与宝宝的互动，使宝宝爱上洗澡。根据实物来教宝宝说话，可以增加他的理解度，对他的语言发展很有好处。

温馨提示

洗澡时，注意不要把洗发液、沐浴液等弄到宝宝的眼睛里，也不要让水流到宝宝的耳朵里。另外，要注意安全，不要让宝宝自己跑出浴缸。

送动物宝宝回家

能力培养

提升记忆物体、形象等的能力，训练语言技能的发展，学会礼貌用语。

游戏步骤

1. 在两个大纸箱上分别贴好各种动物的图片，纸箱口敞开，告诉宝宝："这是两个动物园。"
2. 桌子上放各种动物玩具或动物卡片，让宝宝把动物们送回动物园，每次只能拿一个动物。
3. 在宝宝将动物放进纸箱时，引导宝宝先在纸箱上找出动物宝宝的照片。找到照片后，家长和宝宝一起说出动物的名称，再把它放进纸箱。

爱的互动

宝宝把动物宝宝送回家，这时大人可以学着动物的声音，对宝宝说："谢谢你送我回家。"然后，家长再教宝宝说"不用谢"，以此来训练宝宝的礼貌用语。

温馨提示

当宝宝把动物送错地方了，大人也不要责备宝宝，要让他对游戏保持高的兴致。

大家一起照镜子

能力培养

拓展宝宝的词汇量，使宝宝听、看、动作能协调一致。

游戏步骤

1. 爸爸、妈妈和宝宝一起站在镜子前。
2. 先由爸爸发出号令，"鼻子"，大家立刻把手放在鼻子上；再说"耳朵"，大家立刻把手放在耳朵上。

3. 接下来，妈妈发出号令，“手”，大家立刻伸出手；“脚”，大家都伸出脚来。
4. 轮到宝宝时，宝宝想到一个部位可能说不出名称，如宝宝把手放在肩膀上，大人可以帮他说“肩膀”，使宝宝记住。

爱的互动

游戏中如果宝宝摸错了地方，大人可以稍微等一等，等宝宝从镜子里自己发现并更正。大人有时也可以故意摸错，让宝宝来发现，提升宝宝对这个游戏的兴趣。随着游戏的发展，宝宝可以不断地学习更多的词汇，并且能够准确地知道自己身体各部位的名称。

记住朋友的名字

能力培养

记住同伴的名字，提高记忆能力，锻炼语言能力。

游戏步骤

1. 大人可以用提问的方式问宝宝：“小伙伴是谁？”“他叫什么名字？”鼓励他说出小伙伴的名字。
2. 在这样反复训练之后，当见到他的小伙伴，大人就鼓励宝宝喊出小朋友的名字，并打招呼。
3. 当别的小朋友叫他的名字时，让他用“到”来回应别人。

温馨提示

大人不要一下教给宝宝太多，否则宝宝会把名字弄混。要循序渐进地教学。

爱的互动

这时，宝宝能够在知道自己和爸爸妈妈名字的基础上，继续扩大范围。宝宝只知道和他一起玩的小朋友，但是并不会记住他的名字，这就需要大人来提醒他，要记住朋友的名字。这样，宝宝才会意识到自己应该记住对方的名字。然后大人告诉宝宝那个小朋友叫什么名字，鼓励宝宝开口招呼同伴。

04 动作发展训练

吃过晚饭，妈妈对朵朵说："要不要出去散散步？"朵朵还不理解散步的意思，很好奇地看着妈妈。朵朵妈继续说："外外玩？"朵朵立即高兴起来，小跑着从屋里拿出她的专用小水瓶，就要往外走。这个水瓶是每天带朵朵出去玩时的必备物品，没想到宝宝记住了。

此时的宝宝已明显表现出不同的气质类型。活泼好动的宝宝会更加喜欢到户外玩耍，做一些户外的游戏。温和安静的宝宝则更愿意自己鼓捣、钻研心爱的玩具。宝宝的自我意识进一步增强，很喜欢在小朋友多的地方玩，但一般还是各自玩耍。

宝宝经过前一阶段的努力，已经能独自走得很稳当了，不但在平地上走得很好，而且很喜欢爬上爬下。这时家长不要阻止他，应该在安全的前提下，逐步扩大宝宝的活动范围，鼓励他做自己喜欢做的事情。

宝宝最大的进步就是可以自己蹲下。可别小看蹲这个动作，它不但需要小脑的平衡能力发展到一定水平，还需要肌肉、神经和脊椎运动能力的协调，以及肢体运动能力的协调。如果宝宝的腿部力量不够，他试图蹲下来时就会摔倒。尤其是蹲下再站起来，更是需要全身动作的协调。学走路早的宝宝，现在已经不再满足于走路了，可能会试图跑起来，但是他身体控制得还不是很好，两条腿配合得也不是很协调。

为了促进宝宝手部精细动作发展和手眼协调，可以给宝宝准备一些积木类的玩具，玩积木不但有助于增加手部的灵活性，还帮助他理解空间的概念，比如：上面、下面、里面、周围等等。

随着宝宝体力的增强，他的破坏力也增大了。父母应注意经常检查宝宝玩的玩具，防止破裂的地方割破手指或者伤到眼睛。上发条的玩具大多都是铁皮做的，更需要特别注意。

这个时期为了锻炼宝宝的身体，父母可以让宝宝做各种体操。星期天爸爸可以带着宝宝去宽敞的地方玩，妈妈应该每天在固定的时间带宝宝散步，散步对整天憋在家里的宝宝来说，是非常有益的。

宝宝走直线

能力培养

锻炼行走的方向感，控制身体的平衡能力。

游戏步骤

1. 用粉笔在地上划两条平行的直线，相隔约30厘米，形成一条小通道。
2. 先让宝宝跟在大人身后走，再让宝宝自己走。
3. 走的时候，告诉宝宝："眼睛看前面，不能踩在线上。"

爱的互动

宝宝在两条线中间走的时候，会不时地走到线外。大人先不要管，让宝宝自己尝试走回来。宝宝不耐烦想放弃的时候，大人就要鼓励宝宝，拉着他的手一起走一遍，然后再让宝宝自己走。慢慢地多次练习，宝宝就能自己走直线了。

妈妈须知

身体运动智能是指人体运用肢体、支配身体的技能。比如大小肌肉运动、触觉运动以及跑、跳、走、操作工具等动作都需要运用到身体运动智能。具有身体运动智能优势的宝宝通常学爬行和走路的时间都比同年龄宝宝早。

宝宝会投篮

能力培养

锻炼上肢肌肉，提高做一些精细动作的能力。

游戏步骤

1. 根据家里的条件，安装一个篮筐让宝宝投，筐的高低，一般在宝宝举起手能碰到的高度为佳。

2. 投篮前，家长指导宝宝双手握球，双臂举起；然后让宝宝用力往篮框里投。

温馨提示

大人给宝宝的球不要太大太重，否则宝宝会无法掌控。没有筐的情况下，家长可把双臂环抱起来，做一个圆形替代篮筐让宝宝投。

爱的互动

一开始，大人可以协助宝宝把球投进去。但无论球进与否，宝宝都会想自己投，从而拒绝大人的帮助。所以，如果大人让宝宝自己投，他会投得更卖力，这样也就起到了锻炼的作用。

跨过障碍走

能力培养

训练在跨越行走中保持身体平衡的能力，增强腿部肌肉力量。

游戏步骤

1. 用浴巾、小枕头、小筐、纸箱等设置一些障碍，障碍物之间保持一定间距。

2. 让宝宝在布满障碍物的地方行走。在碰到障碍物时，大人要指导宝宝抬腿迈过去。

3. 当遇到迈不过去的障碍物时，让宝宝绕道行走。

4 大人可以先做示范，再让宝宝学着做。行走不稳的宝宝，大人可以牵着他的一只手进行。

温馨提示

所选的障碍物要尽量避免有棱角、尖角等的硬物，用一些柔软的物品代替，防止孩子由于摔倒而受伤。

爱的互动

面对障碍物时，宝宝会本能地想绕过去，这时大人要制止宝宝，让宝宝迈过去。宝宝刚开始会有些担心，但是当他迈过一个障碍时，就会有挑战下一个障碍的勇气。大人要在旁边守护宝宝，这不仅会让宝宝感到安心，而且可以在宝宝要摔倒的时候及时扶住，避免宝宝摔倒后有挫败感，再不愿玩这个游戏。

叮当小猪跑

能力培养

对于已经能自由行走的宝宝来说，既可锻炼其平衡行走的能力，也可以训练其手臂的力量。

游戏步骤

1 准备好一个贴着小猪头的易拉罐，罐内装一些小豆，封好口。

2 把准备好的易拉罐放到地上，另外给宝宝一根塑料棒，告诉宝宝："这只小猪，一拨它就跑。"

3 准备好一个开口的纸箱，箱子表面贴上小猪头像，箱口对着易拉罐，告诉宝宝："这是小猪宝宝的家，小猪要回家吃饭了，宝宝帮助小猪回家去。"引导宝宝用棒子去拨动罐子，让罐子滚到纸箱里。

温馨提示

注意罐子的封口一定要牢固，防止豆子突然洒出来，宝宝踩上去而摔倒。

爱的互动

宝宝用塑料棒碰到罐子时，罐子会发出声响。宝宝会很好奇地捡起罐子查看，大人只需要告诉宝宝这是小猪即可，不要过多干涉宝宝的行为。宝宝观察清楚之后，会继续拨动罐子，挥舞着小棒把“小猪”赶回家。

交通工具大变身

能力培养

能够熟练地运用手、脚、头等部位，流畅而准确地做出反应，提高反应力。

游戏步骤

1. 大人演示，让宝宝模仿，完成以下动作：让宝宝双手分开伸向前方，就像握住汽车方向盘一样，转动起来；一边转一边走，口中发出声音：“嘀嘀嘀……汽车来了！”
2. 行驶一段时间后，让宝宝把手臂屈起，靠近身旁，双臂前后拉动，口中发出声音：

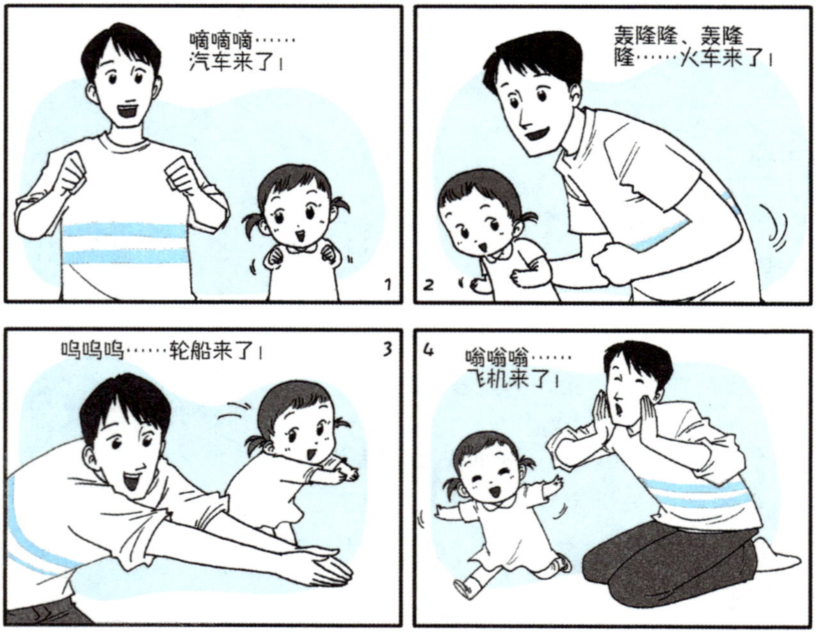

“轰隆隆、轰隆隆……火车来了！”

3. 行驶一段时间后，再让宝宝两手伸向前方，双手手掌握在一起，好像尖尖的船头向前行驶，口中发出船的汽笛声：“呜呜呜……轮船来了！”

4. 行驶一段时间后，再让宝宝展开双臂，就像飞机双翼一样，行走的过程，时而左转，时而右转，保持平衡，口中发出声音：“嗡嗡嗡……飞机来了！”

爱的互动

和宝宝一起形象生动地模仿汽车、火车、轮船、飞机，并在行驶中变换姿势，会让宝宝认识并熟悉各种交通工具。宝宝会很喜欢这种游戏，尤其是发出各种声音，会让宝宝很兴奋。但宝宝行走过快，变化姿势时容易控制不住。大人可以在宝宝变化姿势之前，事先提醒宝宝该变什么姿势了，给他一个缓冲时间。

宝宝学小兔

能力培养

锻炼腿部力量，训练宝宝腿部屈伸动作和全身运动。

游戏步骤

1. 制作小白兔头饰给宝宝戴上。

2. 用双手扶住宝宝的腋下帮助其向上跳；也可以面对面拉住宝宝的双手，让他自己试着跳。

3. 一边跳一边唱：“小白兔白又白，两只耳朵竖起来，爱吃萝卜和青菜，蹦蹦跳跳真可爱。”

4. 多次训练后，用适当的力量带动宝宝一下，他就会靠自己的力量跳起来。

温馨提示

在拉手跳时，大人抓宝宝的力度要适度，不要太用力。大人要时刻关注宝宝的情况，如果他太累就要停下休息，不要勉强。

爱的互动

跳的时候，可以将原地跳和行走跳相结合。宝宝和大人手拉手一起跳会很开心，而且听到大人唱好听的儿歌，宝宝会很兴奋。

看能叠多高

能力培养

训练手脑协调能力，让宝宝认识高矮、上下的概念，培养其创造性。

游戏步骤

1. 找大小不同的纸盒或积木，让宝宝一个一个往上叠加。
2. 每堆高一层，要及时鼓励宝宝："宝宝真棒！"
3. 大人在旁边要提醒宝宝，堆高时要放稳。如果不稳，要让宝宝把上面一个拿下来重放。当堆到一定高度时，可以让宝宝用力从下面把它推倒，并告诉他："我们再来堆，要越堆越高。"

温馨提示

在宝宝做游戏的过程中，要避免掉落的纸盒或者积木将宝宝砸到。

爱的互动

宝宝亲手把一个一个纸盒给堆成了高高的大楼似的，他会很有成就感。但大人不要在宝宝欣赏自己杰作的时候推倒宝宝的纸盒，要让宝宝自己推。这时候的宝宝有了自我意识，不喜欢别人碰他的东西。而当大人让宝宝把它推倒，正称了他破坏东西的心。当看到纸盒散落下来时，宝宝会高兴地大叫。

05 习惯养成训练

朵朵爸和朵朵妈商量着：“是不是该让朵朵独立了？”奶奶听了很不高兴，说：“朵朵现在就已经很独立了，还怎么独立！”朵朵妈说：“该让她自己穿衣吃饭了。”“朵朵还这么小，着什么急？你们嫌烦，我来看着她！”朵朵爸不想让自己的独立大计“胎死腹中”，于是对朵朵妈使个眼色，意为“暗渡陈仓”；朵朵妈也给他个眼色，意为“阳奉阴违”。

父母作为宝宝的启蒙老师，对宝宝的成长起着非常重要的作用。父母在日常生活中应积极地为宝宝创造丰富的游戏环境，培养宝宝积极快乐的心境，强化宝宝好奇、好动、爱探究的天性，并逐步养成独立自主的生活习惯。

培养宝宝独立性的前提是宝宝和妈妈之间存在良好的母子依恋关系，宝宝从妈妈的爱中获得了足够的安全感，愿意主动离开自己去练习。所以独立性的培养不能操之过急，可从多拥抱宝宝开始，及时回应宝宝，让宝宝感受到只要他需要，妈妈随时随地都会提供支持和鼓励。在帮助宝宝建立安全感的同时，父母可以从生活中的小事出发来培养宝宝的独立。

比如，过了 1 岁半就可以逐渐教宝宝学着自己穿衣。在学习的过程中，他的小手会得到非常好的锻炼。如果父母不断地对他的能力进行肯定和鼓励，他会觉得很有成就感。但学穿衣也不是一天两天就可以学会的，爸爸妈妈要有足够的耐心和宝宝一起来完成这件事。宝宝刚开始学穿衣时，爸妈可以帮宝宝拿着衣服，调整位置让宝宝的手能顺利地伸进袖子里。一边穿一边对宝宝说：“伸左手，换右手。”让宝宝依照描述来做，这样会让宝宝觉得在整个穿衣过程中，都是他自己在做，从而增强他的自信心。当然，宝宝的衣服最好是选简单易穿的那种。

等到宝宝逐渐长大，父母就可以在旁边仅仅动嘴来指导宝宝穿衣服；再往后就直接让宝宝一个人独立完成。穿完衣服后妈妈最好能把宝宝抱在怀里亲一亲，再夸奖一下宝宝做得真好，让宝宝觉得穿衣也是件很愉快的事，从而养成自己穿衣的习惯。

不过这一阶段宝宝破坏欲很强。千万不要让宝宝染上撕书本的坏习气，看到宝宝有撕的倾向要立即制止。买书时，也要注意选择纸质结实的。

两个人的力气大

能力培养

锻炼划船时动作的协调性，理解“前后”的概念，培养与同伴合作做事的习惯。

游戏步骤

1. 两个宝宝并排坐，双手同时握住塑料棒，一起做划船动作。
2. 大人可协助宝宝屈伸前臂，配合儿歌：“小船小船划呀划，划到外婆桥，外婆叫我好宝宝……”
3. 再让宝宝一前一后坐好，同侧的手握住同一根塑料棒，一起做划船动作。大人在后面，左右手分别握住棒的两端，协助宝宝一起向前向后摆动。

温馨提示

对两个宝宝，大人不要夸赞一个批评一个，因为宝宝这个时候的嫉妒心很强，如果遭到不公平待遇，宝宝会讨厌和小朋友在一起。

爱的互动

宝宝和小朋友一起在大人的看护下划船，他会感到一种和朋友配合时的安心。大人可以鼓励两个宝宝加快速度，让宝宝们体会到两个人一起努力的美好感觉。这样的游戏不仅可以锻炼宝宝手臂的力量，还可以帮宝宝养成和朋友合作的好习惯。

舀葡萄干

能力培养

锻炼手指灵活度，提高生活自理能力，以及做事要坚持不懈的习惯。

游戏步骤

1. 准备一个装了葡萄干的小碗、一个空碗和一个小勺。
2. 指导宝宝拿勺的姿势，让他用小勺将葡萄干舀进空碗里。

爱的互动

宝宝拿起勺子舀葡萄干，第一次也许会把葡萄干洒出来，这时大人不要训斥宝宝，要帮他把葡萄干放进碗里，然后让他继续舀。当宝宝舀不起葡萄干时，会觉得拿勺子很不习惯，想改用手抓，大人在一旁要引导他继续用勺。这时宝宝会很着急，大人可以先握着宝宝的手帮他舀，并不断地鼓励他，让他多多练习。只有不断地练习，宝宝才能准确地握住勺子。

温馨提示

小勺的勺柄最好粗一点，比较好握；勺子的材质最好选用塑料的，比较安全。

蝴蝶飞飞

能力培养

提高四肢的力量，培养爱护动物的习惯。

游戏步骤

1. 在墙上贴各种各样、颜色各异的纸蝴蝶。一面墙上贴得高些，需要宝宝伸手才能抓到；另一面墙上贴得低些，需要宝宝蹲下才能拿到。
2. 让宝宝去捉蝴蝶，并且告诉他：“手伸起来，轻轻地捉着蝴蝶，不要让蝴蝶受伤，宝宝要爱护它们。”
3. 高处捉完后，再让宝宝去捉另一面墙上低处的蝴蝶。

温馨提示

大人不要让宝宝太累，毕竟直立和下蹲对宝宝来说还是有一定的难度的。如果宝宝累了，大人要告诉宝宝先休息一下再接着拿。

爱的互动

宝宝看到五颜六色的蝴蝶立刻会有捉过来的冲动，但是他不知道要用多大力气，因此常常会把纸蝴蝶弄碎。大人要告诉宝宝轻轻地拿，他就会慢慢控制自己的力道。由此，帮助宝宝养成爱护动物的好习惯。

宝宝也会穿、脱衣

能力培养

学会独立自主地穿衣和脱衣，提高自理能力。

游戏步骤

1. 洗澡前或者睡觉前，让宝宝练习自己脱衣。妈妈先替宝宝解开一粒扣子，脱去一只袖子，再让宝宝自己脱去上衣；妈妈先替宝宝解去裤子的扣子或者背带，让宝宝自己脱下裤子。
2. 起床时或洗澡后，让宝宝练习自己穿衣。先让宝宝从穿宽大的衣服开始练习，让他自己把胳膊伸入袖子，逐步让宝宝独立穿套头衫和松紧裤之类容易穿的衣服。

温馨提示

在宝宝练习的过程中，妈妈要全程看护，防止宝宝在衣服领口等地方勒住自己。

爱的互动

可以让宝宝先从穿妈妈的上衣开始练习，妈妈的上衣如同长袍，把宝宝的腿也盖了起来，他会感到很高兴。而且妈妈的上衣比较宽松，很容易就能穿上，宝宝会很有成就感。宝宝自己脱衣服时，妈妈可以先帮他脱去一只袖子，然后他自己再把衣服脱下来。妈妈要注意“由易到难”逐渐增加宝宝穿、脱衣服的难度。

妈妈须知

当妈妈把睡衣拿出来，就意味着该洗澡，准备上床睡觉了；而睡觉前，爸爸或妈妈给宝宝讲故事，这是宝宝感到最幸福的时刻。吃完午饭，当妈妈把窗帘拉上，就意味着该午睡了。给宝宝建立有章可循的生活规律，让宝宝感觉到很多事物都在他的掌握之中，他对这个世界就不再有陌生的感觉，宝宝的身心发展就会处于最佳状态。当宝宝被恐惧笼罩时，神经系统处于高度紧张状态，免疫系统将会遭到重创。

1岁4个月~1岁6个月宝宝档案

感知理解力发育

- 记得东西摆放的地方，喜欢为大人服务。
- 学会分辨颜色。
- 手眼协调能力越来越好，可以用两个半圆拼出一个圆形。

运动能力发育

- 平地上走得很好，而且喜欢爬上爬下。
- 可抬脚踢球，扶栏杆上楼梯，开始学着跑。

语言能力发育

- 会背诵简单的儿歌、诗词。
- 能听懂的话越来越多。
- 会模仿别人的声音。

情感发育

- 学会进入群体，与小朋友一起玩耍。
- 有自己的独特个性，开始任性。

习惯养成

- 形成固定的睡眠习惯。
- 会坐便盆。
- 自己吃饭。

第7章

1岁7个月~1岁9个月 找寻更多快乐体验

按著名心理学家马斯洛的理论，人类的需要是分层次的，各种需要之间，有先后顺序与高低层次之分，由高到低共分为五个层次；每一层次的需要与满足，将决定个体人格发展的境界或程度。对于宝宝来说，在其成长的过程中，始终有两个最基本的需要：一是生存的需要，二是快乐的需要。宝宝对于生活方式和活动的具体选择，都会在自觉和不自觉中寻求到快乐。快乐体验对宝宝成长的意义怎样强调都不为过。而这个阶段，父母与宝宝一起做互动游戏，除了能让宝宝认识更多事物、发展更多技能、促进其智能的全面发展，还能带给宝宝积极的快乐体验，为其将来的人生成就和幸福体验打下良好基础。

01 感知理解力发展训练

朵朵妈忙着洗衣服，朵朵爸则和朵朵一起玩。

朵朵妈想到朵朵的布娃娃已经很脏了，于是叫道：“朵朵，把布娃娃拿过来。”

朵朵丢下朵朵爸从房间里拿来了布娃娃，可朵朵爸想逗逗她，拿起身边的塑料娃娃递给朵朵说：“妈妈要这个。”

朵朵困惑地看看手里的布娃娃，又看看爸爸手中的塑料娃娃，然后一把打掉爸爸手里的塑料娃娃，很认真地说：“布娃娃，这个。”说完，拿着布娃娃，跑到妈妈身边去了。

这个时候的宝宝已经能记住他感兴趣的事物，也能够区分物品的大小，还能比较出不同物品的差别。例如，妈妈说“把大皮球拿来”，宝宝就不会拿小皮球；妈妈说“把布娃娃拿来”，宝宝就不会拿塑料娃娃。这是很大的进步，因为宝宝不但能认识物体的外观，还能区别物体的材质，并且开始对物品的具体用途感兴趣了。

好奇心是智力发展的原动力，不断地亲身体验，会让宝宝逐渐认识周围的世界，增加自己的感知理解力。所以妈妈应保护好宝宝的好奇心，并借此及时让宝宝认识生活中的各种用品和功能，一定要避免过度保护宝宝或因为自己疲倦乏力而限制宝宝活动的做法。当然照顾精力旺盛的宝宝对于妈妈并不是一件轻松的事，所以妈妈感觉自己疲倦时不妨请求他人帮助，如丈夫、公婆或自己的爸妈，另外还可以考虑请家政人员分担家务。

这时宝宝注意力集中的时间延长了，探究事物秘密的兴趣增强了。当宝宝目不转睛地盯着看或做一件事的时候，父母或看护人不要打搅宝宝，宝宝连贯的观察和思维过程有助于他专注力的发展，如果宝宝正玩得兴高采烈，父母非要让他去做其他事，容易导致他的注意力不集中。

宝宝现在已经知道做什么事会让爸爸妈妈生气，有了一定的是非观念；而且能识别六种颜色了——红色、黄色、蓝色、绿色、粉色和紫色；有的宝宝能区分四五种形状；大部分宝宝已会数数，从 1 到 10，能轻松地数出来；还有些宝宝能指出电话机上号码盘的数字“1”，能找到闹钟上的数字“1”。总之，宝宝的理解力正在提高，能分清好坏了。

宝宝喜欢反复听同一个故事，因为这个阶段的宝宝对熟悉的事物非常感兴趣，这正是《天线宝宝》等幼儿节目深受宝宝喜欢的原因所在。而此时父母要尽量满足宝宝的愿望，耐心地、反复地给他讲述一些故事，或者在父母的鼓励、提示下让他自己讲述故事，这样使他有机会练习听、说，有利于他语言的发展。

不过，这个阶段的宝宝揉书、撕书的偏好更明显了，因为对于他来说书也是一种玩具。但父母要注意的是千万不能打他或从此拒绝让他拿书，这样会打击他探索、学习的积极性，甚至使他对书产生厌恶情绪。

鞋子袜子配配对

能力培养

了解“双”代表两只，训练数字的概念；识别自己的物品，提高记忆力。

游戏步骤

1. 将宝宝的小鞋和小袜脱下，把它们放在一堆散落在地板上的鞋袜中。

2. 让宝宝去找出自己的鞋子和袜子，告诉他：“宝宝的鞋是一双，一双是两只；宝宝的袜子也是一双，也是两只。”

3 当宝宝全部找到后，让宝宝自己穿起来。

爱的互动

由于鞋子和袜子的颜色、款式等都不一样，在宝宝自己找鞋子和袜子时，大人可以在旁边指导宝宝。比如，可以问“宝宝的鞋子是什么颜色的？”“宝宝的鞋子大还是小啊？”……当宝宝可以找到自己的鞋袜时，大人应鼓励他自己穿上。

温馨提示

宝宝要亲自动手找出鞋子和袜子，所以鞋袜要选择干净整洁的，保证卫生。游戏尽量在天热的时候进行，这样宝宝光着小脚丫也不会受凉，而且脱穿起来也方便。注意，不要让宝宝过分着急。

自己造大桥

能力培养

锻炼动手能力，发展想象空间，培养独立思考的习惯。

游戏步骤

1 准备数块木板，大约30厘米长、20厘米宽。

2 妈妈在地板上画两条线，让宝宝用木板进行填充，一块接着一块。

3 妈妈问宝宝：“我们造一座大桥吧。大桥是什么样子还记得吗？”然后给宝宝描述大桥的轮廓，最好能勾起宝宝对曾经去过的或者在电视上看到过的大桥的回忆。

4 木板全部放好后，让宝宝从一端走到另一端，体验在桥上行走的感觉。

温馨提示

硬木板上易磕伤，游戏中要注意不要让宝宝摔倒。此外，拼木板的时候，容易夹住宝宝的小手，妈妈要随时盯着。

爱的互动

这个时候的宝宝喜欢自己动手操作。他们会根据大人的提示，把木板放在线内，然后想象这是一座大桥，兴奋地在木板上走来走去。妈妈要尽量让宝宝亲自动手，只在宝宝不知道怎么做的时候提示，这样才有助于宝宝养成独立思考的习惯。

大人和宝宝的区别

能力培养

认识各种餐具，比较餐具大小，加深对“大”“小”概念的理解。

游戏步骤

1 准备大碗小碗各一个，大盘小盘各一个，大杯小杯各一个，大勺小勺各一把，然后把这些餐具摆在桌子上。

2 妈妈告诉宝宝：“妈妈是大人，吃饭用大碗，吃菜装大盘，喝水用大杯，舀饭用大匙。宝宝是小孩，用小碗、小盘、小杯子和小勺子。”

3 让宝宝把大碗、大盘、大杯子、大勺子给妈妈用，放在对面，把小的餐具给自己用，放在自己面前。

温馨提示

餐具选择塑料或者木头材质的，轻盈且不易碎；如果没有，大人要守护在宝宝身边，防止餐具掉落、摔碎而划伤宝宝。

爱的互动

宝宝可以根据这样的游戏区分出“大”和“小”，并且知道自己和大人的差距。他看到大人用大碗，自己用小碗，就知道自己小，用不了大碗。如果宝宝要求用大碗，大人可以给宝宝用，然后告诉他：“小孩子用大碗不方便，宝宝用小碗方便。”让宝宝自己体会大和小的区别。

宝宝快速记忆法

能力培养

增强观察力和记忆力，培养思考力，有助于宝宝智力的发育。

游戏步骤

1. 在宝宝面前放两件物品，让宝宝清楚地记住，并说出物品的名称。然后让宝宝闭上眼睛，家长取走其中一件。
2. 让宝宝睁开眼睛，问宝宝什么东西不见了。宝宝给出正确答案后，再放不同的物品让宝宝说。
3. 训练几次后，在两件物品的基础上，让宝宝闭上眼睛，再增加一样物品。当宝宝睁开眼睛时，问宝宝多了什么。
4. 游戏继续，直到变换了五种物品。

温馨提示

游戏中出现的东西都应该是宝宝熟悉的能说出名称的，否则宝宝就算知道什么东西不见了或者增加了，也没办法说出来，这样会打击宝宝的自信心。

爱的互动

这个时候的宝宝喜欢挑战自己，玩这个游戏可以挑战宝宝的记忆能力。所以，游戏中，宝宝每次闭起眼睛时就会思考刚才都有什么东西，睁开眼睛后观察少了什么或者多了什么。如此重复几次后，宝宝就可以记住更多的东西了。如果宝宝一时回答不出来，家长可提醒他或者把拿走的东西拿出来让他再看看。

谁的多谁的少

能力培养

训练观察力，学习“多”和“少”的概念，为以后学习数数做准备。

游戏步骤

1. 准备两个盘子，然后准备一堆豆子。
2. 家长和宝宝面对面坐好，分别在盘子里装不同数量的豆子，一个盘子装得多，一个盘子装得少，多少要明显。
3. 将多的放在大人面前，少的放在宝宝面前，让宝宝指出哪个多。

温馨提示

豆子可以换成扣子、花生、红枣等物品，但大人要在旁边随时防止宝宝将这些小物品塞入口中。

爱的互动

为了增强记忆，大人也可以把盘子和宝宝的对换，再让宝宝指出哪个盘子里的东西多，哪个盘子里的东西少。因为有时候宝宝指出多少时并不是看盘子里的东西多少说的，只是凭记忆。有的宝宝还有一定的“贪心”，喜欢霸占多的。这时候妈妈要趁机引导宝宝理解“分享”的概念。

02 情感发展训练

“哇——”邻居家的丹丹又哭了。

奶奶很头疼，因为朵朵和丹丹才玩了5分钟。丹丹哭的原因很简单，朵朵不许她碰自己的玩具。

“朵朵乖，让丹丹玩玩你的喜羊羊啦！”奶奶说。

“不。”朵朵死死抱着喜羊羊，宣示着自己的主权，“这是我的。”

奶奶为这件事已经不知道教训了朵朵多少次，可是朵朵就是这么“自私”，坚决不许别人碰自己的东西。奶奶决定了，今天等媳妇回来后一定要和她商量商量，怎么对付这个“小恶魔”。

这个阶段的宝宝开始意识到“我”，并且对物品的归属性有了一定的认知，认识到生活环境中的物品，有一些是属于自己的，而另外一些是不属于自己的，他们会常常强调什么东西“是我的”。如果他的东西被别人动了，他就会非常不开心。而且，他们不愿意与别人分享自己的东西。这个时期从表面上看，宝宝好像变得自私了，但实际上是宝宝开始将自己与别人分开，将自己与物体分开，是自我意识逐渐形成的必然阶段。

宝宝不愿意和别人“分享”是他们情绪发展过程中的正常现象，如果此时家长把这当成宝宝自私的表现，甚至为了专门培养宝宝大公无私的精神，故意将属于宝宝的物品强行分给别人，不但不利于宝宝独立的自我意识的建立，还会使宝宝对物质世界缺乏安全感。

因此当宝宝不想别人碰他的玩具时，我们应尊重他的想法，不要强迫他，但可以试着告诉宝宝“这是你的玩具，他不能拿走，他也只是看看，之后会还你的”。久而久之，当宝宝建立起足够的对物质世界的安全感，他就会渐渐地不再对其他东西有很多的占有欲。

妈妈宝宝左右走

能力培养

虽然宝宝还分不清左右，但不同方向的行走对培养宝宝的方向感、侧身行走的能力、空间知觉等都有好处，并且群体游戏有利于宝宝社交能力的发展。

游戏步骤

1. 准备一根粗的长绳，打结成一个圆圈。
2. 让宝宝用双手拉住圆圈，大人站在宝宝旁边也拉住圆圈。一个大人一个宝宝，一起把圆圈拉开。
3. 让宝宝听着儿歌和大人一起走："向左走向左走，走到东边看太阳。向左走向左走，走到东方太阳升。向右走向右走，走到西边看月亮。向右走向右走，走到西方月亮升。左右行走，一步一步要走稳。"

4. 沿一个方向走上一段之后，妈妈和宝宝同时转身换方向，再继续刚才的游戏。

爱的互动

如果宝宝和小朋友们一起玩这个游戏，他们会很兴奋地跟着大人走来走去。大人唱儿歌时可以着重左和右，让宝宝体会不同方位的行走。但不要让宝宝走得太快太急。在换方向的时候，也要停顿一下，让宝宝站稳后再开始，注意他的安全。这种群体游戏对宝宝以后的社交发展有利。

温馨提示

绳子要选择表面光滑、易握的，防止宝宝的手擦伤。

小鱼一条条

能力培养

培养专注力和耐心，促进情感发展。

游戏步骤

1. 准备一些鱼形塑料小夹子和一条两头都有点硬的绳子或鞋带。
2. 大人先给宝宝示范，将小鱼夹子一个一个穿起来；然后让宝宝自己穿，一边穿一边教宝宝数数，看他能穿多少条。
3. 穿好后让宝宝拿住绳子的两端，和小鱼一起跳舞。

温馨提示

小夹子最好选用大一些、好穿一点的，颜色也要尽可能丰富些，这些细节能激发宝宝的兴趣。

爱的互动

穿小鱼的时候，尽量让宝宝自己完成，争取穿上10条小鱼，这样才能收到锻炼宝宝的耐心和专注力的效果。如果穿小鱼的时候，宝宝很不耐烦地把小鱼丢掉，大人要将小鱼捡回来，并且鼓励宝宝，继续游戏。

走独木桥

能力培养

发展情感能力，培养勇敢精神，同时训练身体平衡能力。

游戏步骤

1. 准备长2米、宽35厘米的木板，两端各垫高20厘米。
2. 让宝宝在垫高的木板上行走，大人注意保护、鼓励他自行向前。

3. 宝宝行走时，用一面小红旗引导他眼睛向前看，并且在宝宝上下木板时给予帮助。

4. 宝宝在木板上走得很顺利之后，可以让他负重行走，比如双手或头顶放物体等。

爱的互动

宝宝第一次走上高高的木板会很害怕，大人这个时候可以单手扶一下宝宝。随着游戏难度的增加，宝宝会越来越兴奋。但是要注意宝宝的安全，不要让宝宝摔下来。用温情打动孩子，尊重、放手是培养其勇敢幼苗的雨露。孩子经历越多越胆大，慢慢地，在玩耍中增长智慧和勇气。

温馨提示

木板的选择可以按实际情况调整，但要尽量宽一些，方便宝宝在上面行走。

宝宝造飞机

能力培养

训练手脑的灵活性和做事的专注力。

游戏步骤

1. 准备一些白纸。

2. 耐心地教宝宝每一个折飞机的步骤。

3. 飞机折好后，大人可带宝宝一起飞飞机。

4. 一边飞一边告诉宝宝一些他去过的地方，比如“北京”“上海”“动物园”等。

爱的互动

当宝宝折好飞机之后，为了增加其成就感，妈妈除了表扬，还可以用笔在宝宝做的小飞机上签上他的名字，告诉宝宝这是他的私人专属飞机。如果妈妈在教宝宝“环游世界”的时候，宝宝兴趣索然，妈妈可以和宝宝互相抛掷飞机，激发他的兴趣。折纸的过程锻炼了宝宝手脑的灵活性和完成一件事的专注力。为了防止宝宝觉得自己折的飞机不好看而产生情绪，妈妈可以给宝宝一些颜色鲜艳的或者有花的纸。如果宝宝还觉得不理想，就转移话题："宝宝的飞机是彩色的，比妈妈的好看。"

和宝宝一起后退

能力培养

建立"前进""后退"的概念，学习前进、后退时保持身体的平衡，形成简单的自我意识。

游戏步骤

1. 在大镜子的两旁和宝宝高度相近的地方贴上宝宝喜欢的小兔子图片（也可以换上其他动物图片）。
2. 妈妈和宝宝站在大镜子前，首先妈妈牵着宝宝的一只手和宝宝一起往后退。妈妈示范后退时把脚提起来，让宝宝模仿。一边退一边告诉宝宝："和小兔子再见，我们走了。"
3. 然后妈妈牵着宝宝快步向前走，一边走一边说："小兔子，你好！我们又回来了。"多次重复，让宝宝初步建立起前进、后退的意识。

爱的互动

游戏时，大人要提示宝宝看着镜子里的自己，并且鼓励宝宝自己做几次，让宝宝更加深刻地体会前进和后退的区别。除此之外，还可以教宝宝说"你好""再见"等词汇，锻炼他的语言能力。

温馨提示

因为是对着镜子练习，所以最好把宝宝打扮得漂亮一些，这样宝宝在看到镜子里的自己时，会信心倍增。

03 语言能力发展训练

晚上大家都在睡觉，朵朵妈觉得有人推她，睁开眼一看是朵朵。

朵朵说："妈妈，尿尿。"

朵朵妈实在不想动，于是说："乖，找你爸去。"然后朵朵推了推爸爸。

朵朵爸迷迷糊糊地说："宝贝，干吗呀？"

朵朵可怜兮兮地说："爸爸，尿尿。"

于是朵朵爸便起床带朵朵去了厕所。朵朵上完厕所，开心地对爸爸说："谢谢，爸爸。"

一岁之后，妈妈们就开始为孩子的说话问题担忧了，但孩子的语言学习具有跳跃性。差不多从一岁九个月开始，一直暗自着急的妈妈会惊奇地发现，宝宝的说话能力一下子就取得了重大突破，他所掌握的词汇不但在数量上增加迅速，还有了质的突破。细心的妈妈会发现，以往宝宝所掌握的新词多是他熟悉的人和物品的名称，现在宝宝开始掌握这些名词以外的词了，如热、冷、脏等形容词和走、拿、玩、打等动词。有至少50% 的宝宝能说出 120 ~ 180 个词。

到了此时，每天为宝宝到底会不会说话而担心的妈妈终于结束了煎熬的岁月。到了这个月龄，宝宝开始不再蹦"词"了，而是真正会说"话"了。研究发现，有 30% 以上的宝宝，会把不相似的字词组合成一句话，把相互间没有相似和连带关系的几个字组合在一起成为一句话来表达一个完整的意思。这说明，宝宝已经懂得词语的内涵，能够驾驭词语成句了。当宝宝能够这样运用语言时，表明他对母语的理解已经相当到位，妈妈可以放心了。

说出完整的一句话，对宝宝而言，不是件简单的事。他们这种充满歧义、断断续续的语言，给妈妈们的平淡生活增添了很多乐趣。宝宝对语言的理解能力不断进步，说话早的宝宝可以用语言表达很多日常需要，他们会告诉妈妈要吃饭、要喝水、要小便、要睡觉。宝宝不是从字面上理解，而是根据他自己的理解来使用字词的。如果妈妈说该睡觉了，宝宝就会想到和睡觉有关的一些事情，如床、枕头、脱衣服等。妈妈可能有这样的发现，如果每次带宝宝到户外玩都带上小帽子，当妈妈说“妈妈带宝宝出去玩”时，宝宝可能会马上说“戴帽帽”，他把“出去玩”与“戴帽子”联系起来了。如果宝宝要求妈妈带他出去玩，他可能会对着妈妈说“戴帽帽”。其实宝宝的联想能力很强，说的话有时连妈妈也理解不了。

当然，语言发育也存在着个体差异。有的宝宝早在1岁就开口说话了，有的宝宝直到2岁才开口说话；有的宝宝已经基本上能够使用母语表达自己的意愿和要求了，并能和父母进行简单对话，可有的宝宝还仅处于名词使用阶段。对此父母与其焦虑担心，不如耐心等待，并与宝宝多进行情感交流，因为每个宝宝的发展速度是不一样的，而且所有发育过程包括语言发育在内，都与宝宝情绪状态密切相关，都需要妈妈和宝宝形成依恋，宝宝情绪稳定后才能水到渠成。

看看还能拿出什么

能力培养

增加词汇量，激发探索的兴趣。

游戏步骤

1. 在准备好一个深30厘米、直径20厘米的大布口袋，袋口用绳子系牢。

2. 袋里装入各种各样的物品，如玩具积木、毛巾、小书、牙刷等。妈妈和宝宝面对面坐好。

3. 妈妈拉开袋口，不用拉开太大，让宝宝把手伸进去，鼓励宝宝把袋里的物品一样一样拿出来。

4 一边拿一边让宝宝说出拿出来的东西。遇到不认识的，妈妈要教会宝宝之后再继续游戏。

5 全部拿出来后，再和宝宝一起一件件放回口袋里。根据宝宝兴趣反复拿取。

温馨提示

百宝袋里切忌不要放铅笔、剪刀、叉子等尖锐的物品，以免宝宝拿的时候被扎到。除此之外，至少放一件宝宝以前没有见过的东西，如果全部都是他知道且能够说出的东西，他对游戏的热情就会减弱。

爱的互动

宝宝每次从袋子里拿出一件东西后，他都会期待下次可以拿出什么。可是宝宝知道，如果不能说出这个玩具的名称，就不能继续拿东西。所以大人这个时候教给宝宝的名称，他都会很努力地记下来。如果玩具拿完了，宝宝兴趣依然很高的话，大人可以更换另一些物品让宝宝继续游戏。

家庭模仿秀

能力培养

让宝宝将某种声音和某种事物联系在一起，帮助宝宝更好地利用声音去表达。

游戏步骤

1 妈妈学猫叫“喵喵”、狗叫“汪汪”、牛叫“哞哞”、羊叫“咩咩”，让宝宝也跟着一起学。

2 等宝宝学完小动物的叫声，妈妈开始教宝宝模仿生活中听到的声音，如模仿水哗哗地流、小汽车嘀嘀地叫、火车轰隆隆地开、小雨淅沥沥地下等声音。

3 妈妈教完之后，可以鼓励宝宝即兴发挥，用声音去模仿或形容事物。

爱的互动

在宝宝模仿各种声音的时候，如果宝宝模仿得像，大人一定要记得夸奖，这样才能让宝宝很有兴趣地继续模仿。一旦宝宝无意中发出一种声音，妈妈就可以问："是什么声音呀？"让宝宝对这种声音产生联想，回答对了就表扬；如果不对，就帮忙纠正。当宝宝发出"咚咚咚"的声音，妈妈问是什么声音，他说"敲门声"，或者说是"打鼓声"都可以；如果回答说"吃饭呀"，那妈妈就要给宝宝示范吃饭的声音。

妈妈须知

模仿是一种很好的表扬和认可宝宝的方式。除了要鼓励和表扬宝宝的模仿能力之外，妈妈还可以时不时模仿一下宝宝的行为。当你模仿你的孩子的时候，孩子会感到自己得到了大人的尊重和认可。

宝宝喜欢模仿爸爸妈妈的样子做家务，如用扫帚扫床扫地板，用墩布擦地，帮妈妈洗菜等。爸爸妈妈做的，宝宝都想试一试，要鼓励宝宝去做。如果父母不让宝宝"添乱"，等宝宝长大了，就没了帮妈妈做家务的兴趣了。那时你再着急、再唠叨可都晚了。宝宝每做一件事，每完成你布置的一项任务，都不要忘记表扬宝宝。多赞赏不会让宝宝骄傲自大，反而带给宝宝的是兴趣和自信。

手指偶问问好

能力培养

训练与人交往的礼节，同时增加词汇量，培养推理和判断能力。

游戏步骤

1. 妈妈将两个不同的手指偶戴在两个指头上。

2. 妈妈活动手指偶进行情景对话："见

面问声好，点头弯腰，握握手。”进行一些简单而有礼貌的对话后，让宝宝也戴上指偶玩耍。

3 妈妈引导宝宝问话答话。如果宝宝不熟练，妈妈可以和宝宝各自戴手指偶，进行互动式礼貌问候。

爱的互动

宝宝看着大人玩手指偶会很想自己拿来玩，这个时候大人用两个手指偶做一些礼貌问候，然后把手指偶给宝宝，让宝宝也学着做问候动作。大人可以选用不同的词来让宝宝反复练习。重复几次，宝宝就会知道如何进行礼貌问候了。如果宝宝自己玩得高兴，大人不必非让宝宝按照排好的剧情走。宝宝可以自己练习不同的话语，如果大人干涉过多，反而会让宝宝感到厌烦。

不得不说话

能力培养

学习表达简单的句子，即名词加动词或加上形容词。了解只有开口表达自己的意思，要求才能被满足。

游戏步骤

1 让宝宝自己提出并讲出要求。比如要喝水的时候，宝宝必须说出“喝水”，或者引导宝宝说出“喝水”，才给他水喝。如果宝宝用手一指水杯就能喝到水，也就没有开口的必要了。

2 1岁9个月的宝宝大多能将几个字连起来说，如“吃饼干”“上街”等。鼓励他说小朋友的名字，经常同宝宝们一起玩，语言会更丰富。

3 宝宝开口讲话后，会对着娃娃讲话，边搭积木或者边玩玩具边讲话，突然会变得话多起来。

爱的互动

当宝宝面临着不得不开口的情况时，他会想尽方法地开口表达自己的意思。而宝宝一旦可以说出来的时候，他就会不停地说，颠三倒四地来回说。大人不要阻止宝宝，应该尽量满足宝宝开口的欲望。

妈妈须知

这个时候是宝宝学习说话的关键时期。这时的宝宝话特别多，记忆也很好。大人可以抓住时机多教给他一些词汇。

国外有调查显示，常被家长打的宝宝智商发育会受影响。两岁以下的宝宝被打时基本除了痛感外没有别的感受。即使是两岁以上的宝宝，在情绪激动的情况下，也很可能无法理解父母的苦心，从而产生仇恨或胆怯的情绪。这些不良情绪将对宝宝的身心造成很大的伤害。而且，家长一旦开始打宝宝就很难“收手”了。很多宝宝，尤其是小男孩，渐渐习惯了家长的打，也就是我们常说的“打皮实了”，就会故意招惹家长，家长越打等于越配合他，反正打不疼。他会因为家长的生气和动手而兴奋。

红红过生日

能力培养

认识不同的水果蔬菜，发展语言能力，培养关心爱护他人的品质。

游戏步骤

1. 准备一个布娃娃，各种水果和蔬菜模型。因为是一项集体活动，可以邀请同龄小朋友一起参加。

2. 大人给布娃娃取名“红红”，简单设置一下“红红的家”。告诉宝宝们：“今天是红红的生日，很多小朋友都会来参加聚会，红红最爱吃水果蔬菜。”

3. 集体活动中让每个小朋友都为红红准备礼物，到红红家和红红一起过生日。

4. 当宝宝们拿着水果蔬菜到红红家时，说：“生日快乐！”并告诉红红自己拿的是什么礼物。

爱的互动

宝宝们给布娃娃过生日会有一种大人心态，而且他们会给布娃娃准备一些蔬菜水果作礼物。游戏中宝宝们对布娃娃说“生日快乐”，大人还可以教他们一起唱生日歌，并且帮他们认识各种各样的水果蔬菜。大人注意不能厚此薄彼。宝宝们都希望自己是最受欢迎的嘉宾，希望自己的礼物布娃娃能够喜欢，大人如果不能公平地对待每一个宝宝，宝宝们会生气的。

宝宝学会背儿歌

能力培养

背诵几首简单押韵的儿歌，增加词汇积累，锻炼记忆能力。

游戏步骤

1. 找几首简单易学的儿歌教宝宝。比如：“小小眼睛亮晶晶，看到东西样样清。我有两只小耳朵，听你讲话真清楚。我有一个小嘴巴，会吃饭来会说话。我有一双小小手，做事吃饭都用它。”“小鸭小鸭呷呷呷，小鸡小鸡叽叽叽。小猫小猫咪咪咪，会捉老鼠会吃鱼。”“大汽车，嘀嘀嘀，接送妈妈上班去。小皮球，真淘气，拍一拍，跳一跳。”

2. 宝宝学习几遍之后，试着让他背诵。如果宝宝可以背一首，大人就积极地鼓励，提高宝宝的兴趣，继续加油。

爱的互动

如果宝宝背诵儿歌琅琅上口，他会觉得像唱歌一样有趣。背儿歌可以增加宝宝的词汇量，对语言发展有好处。但是不要急于背诵唐诗，待宝宝真正理解后，背诵唐诗才能记得住。当然，如果是简单明了而且韵律优美的诗词，也可以教给宝宝。同样，教给宝宝背的儿歌也一定要押韵，这样才方便宝宝记忆。

宝宝知道好与坏

能力培养

锻炼语言能力，学习简单的是非观。

游戏步骤

1. 大人给宝宝讲“小白兔送萝卜”的故事：“小白兔找到一个萝卜，它想天很冷，猴子一定没有东西吃，所以马上给小猴子送去。”讲到这里马上问宝宝：“小白兔好不好？”宝宝会点头、拍手，或者说：“好。”

2. 大人带宝宝在外边玩，发现有人随地乱扔果皮，就问宝宝：“这样做的人是好还是坏？”还不会说话的宝宝会摇手摇头表示不好，会讲话的就会说：“坏！”

3. 宝宝能从故事、图像、画面中将好坏分开。若一时还分不开，可以重复几遍直到分清为止。

爱的互动

宝宝很单纯，要让宝宝知道什么是对的，什么是错的。宝宝喜欢听大人讲故事，大人可以利用故事教给宝宝简单的是非观，让他从小就开始知道什么是好，什么是坏。但是给宝宝讲故事，一定要讲他能听懂的。讲故事的时候，大人可以配合一些表情，让宝宝知道坏人总是让人讨厌的。

妈妈须知

1岁8个月的宝宝，有时表现得异常乖巧，能自己一个人和一大堆玩具玩很久，嘴里不断说着话，一会儿扮演爸爸的角色，一会儿扮演妈妈的角色，一会儿可能又扮演医生的角色，玩得热火朝天。可情况不总是这样，也许某一天，宝宝突然不喜欢周围的一切，甚至会扔掉平日最喜欢的玩具，还可能会哭闹。遇到这种情形，父母和看护人一定要让宝宝自己静下心来，不要急躁，不要训斥宝宝，也不要离开宝宝，要陪伴在宝宝身边。最好蹲下来，和宝宝保持同一个高度，与他的视线在一个水平线上，用和蔼的表情看着他，对他说："宝宝现在心情不好，妈妈理解你，妈妈就在你身边，随时会帮助宝宝的。"让宝宝因为你的安慰而情绪好转。

04 动作发展训练

朵朵爸发现朵朵会跳了，还边跳边背儿歌。朵朵爸非常自豪，立即抱起朵朵亲了一口，高兴地说："我的宝宝将来肯定是个艺术家。"

朵朵不领情，边挣扎边叫着:"爸爸胡子扎朵朵，朵朵不要。"于是朵朵爸把朵朵放下，朵朵又继续跳起来。

朵朵妈看到朵朵跳得起劲，赶紧准备了一杯凉白开，说："一会朵朵肯定会渴。"

而朵朵爸赶紧拿出各种彩笔说："朵朵喝完水，肯定要画画的。"

一会儿，朵朵累了，喝了大半杯水，然后跑去捏橡皮泥了。朵朵爸只好悻悻地收起彩笔。

这时候的宝宝，除了可以很平稳地走路，已经不用扶着栏杆，甚至不用牵着妈妈的手就可以上楼梯了，还初步学会了双脚原地跳的动作。宝宝的小手也越来越灵活，能双手配合，把不同形状的积木插到不同的孔内；能用拇指和其他四指握笔，不再像从前一样用整个手大把抓笔了，甚至能够凭借自己的想象画一些自己喜欢的图案，也许这些图案在大人看来可能是乱七八糟毫无美感，但对宝宝来说，这些图案非常有意义。

现在，宝宝可以用一只手拿着小杯子很熟练地喝水；用勺的稳定性有很大的提高；会把珠子串起来；宝宝喜欢捏橡皮泥，可以持续地捏半分钟以上；可以把硬币放进存钱罐；喜欢折纸，会用纸折出各种形状的东西；喜欢玩拼图游戏；不但能在平地上跳，还能从台阶上往下跳；可以保持下蹲姿势 10 秒钟。 宝宝可能还会自己穿衣服、洗手、擦手或在别人的帮助下刷牙；如果有什么东西掉在地上，宝宝会很自如地蹲下去把它捡起来；对于高处的东西，宝宝知道先爬上椅子，然后从椅子上桌子，再从桌子上柜子。

因为宝宝现在能自由活动手臂和腿，还能使用手腕和手指，能玩的游戏越来越多。所以，父母应多为宝宝提供能够使用手部的游戏，如堆积木、搬积木、推倒积木等，这类游戏不但促进宝宝手的灵活性发育，还能培养他解决问题的能力和空间感。另外让宝宝用铅笔、彩笔任意涂鸦，也是比较好的手部练习游戏，还能提高宝宝的探索能力。

下面介绍几种提高宝宝运动能力的游戏。

跨圆圈真好玩

能力培养

学习跨步行走，学会保持身体平衡，为以后正常行走做准备。

游戏步骤

1. 用粉笔在地上画出多个排成直排的直径为30厘米左右的圆圈。
2. 让宝宝一步一个圆圈，跨圆圈行走，告诉宝宝不要踩在圆圈线上。
3. 反复练习。

爱的互动

宝宝看到地上那么多的圆圈会很高兴，大人趁机告诉他游戏规则:不要踩到圆圈的边线，要跨进圆圈里。宝宝会对这个游戏乐此不疲，在他熟练之后，大人可以让宝宝走得更快一些，训练宝宝的行走能力。宝宝如果总是踩线，大人可以重新画圆圈，以便宝宝顺利地完成游戏。如果宝宝兴致不高，大人可以在旁边鼓励宝宝，以提升宝宝对游戏的兴趣，从而不断地重复游戏。

> **温馨提示**
>
> 圈与圈之间隔10厘米，圆圈的大小需根据宝宝的身高和实际运动能力来确定，以保证宝宝做游戏的积极性。

宝宝学画画

能力培养

训练手部肌肉的灵活性，同时加深对常见图形的认识。

游戏步骤

1. 准备纸、蜡笔或彩色笔。
2. 大人先在纸上画四种图形，一边画一边告诉宝宝：“三角形有三个角，四边形有四个角，圆形没有角，长方形两条线长、两条线短。”
3. 在纸的另一面，让宝宝临摹大人画出的四种图形。多次练习之后，尝试着让他自己画，并给予鼓励。

温馨提示

当宝宝在白纸上开始画画后，可能会拿着画笔到其他地方乱画，比如墙上、地面、桌子等，大人制止时要耐心，不可因此而打骂宝宝。

爱的互动

大人告诉宝宝各种形状的时候，语气不要太死板，要抑扬顿挫充满趣味，这样宝宝才能有耐心画下去，并且记住各种形状。看到宝宝自己握住彩笔画画时，大人不要打扰。除非宝宝不耐烦，否则应尽量让他自己一个人玩。

看谁扔得准

能力培养

训练手指协调能力，锻炼手腕、手臂的力量。

游戏步骤

1. 准备一些废的纸张，教宝宝揉纸团，在揉的过程中尽量让宝宝揉紧一些。

2. 在距离宝宝50~80厘米的地方，放置一个筐（也可以是盆或者大开口的箱子）。
3. 让宝宝将揉好的纸团一个个扔进筐里。
4. 扔的时候告诉宝宝，手臂举起来，瞄准筐子，用力扔。宝宝左右手的练习可交替进行。

爱的互动

宝宝揉纸团的时候，会学着大人很卖力地揉。扔的时候，宝宝也许并不能顺利地扔进去。这时，大人可以根据宝宝力量的大小，适度调整筐子的距离，让宝宝顺利扔进去。宝宝看到自己能准确地将纸团投进筐里，会信心大增，玩得更起劲。宝宝不断地扔球，从而锻炼宝宝手臂的力量。

翻山越岭捡皮球

能力培养

捡球过程中的钻、爬、蹲、跨等各种大动作训练，可以提高控制大肌肉活动的能力。

游戏步骤

1. 准备几只小皮球，在平地滚动。
2. 然后设置障碍，让宝宝穿越障碍去捡球。
3. 让宝宝在捡球中进行钻、爬、蹲、跨等各种大动作训练，比如桌子、椅子下面，只要安全的地方，都可以让宝宝去找小球、去捡小球。

温馨提示

设置的障碍物不能出现有尖角的东西，要做好安全检查，否则宝宝不小心碰到会受伤。

爱的互动

宝宝看到小球滚动，会努力去追。如果发现宝宝遇到障碍后，出现迟疑或者后退，大人要积极地鼓励，帮助他努力翻越，增加他的成就感。除此之外，不同的障碍，可以给宝宝不同的训练，让宝宝在捡小球的过程中完成各种运动需求。

跳起来真刺激

能力培养

通过弹跳练习，提高下肢力量和身体协调性。

游戏步骤

1. 准备装米的口袋，上面穿一根绳子，从两边拉出。
2. 让宝宝站在袋内，大人拉住两旁的绳子。
3. 袋的高度正好在宝宝的腋下，宝宝小手拉着袋的两侧。大人拉着绳子，让宝宝向前做跳跃动作，一步一步跳。

爱的互动

宝宝站在袋子里会有一种全新的感受，但是因为双腿不能迈开，所以会有些害怕。这时，大人帮着宝宝跳，宝宝就会相对放松，感到自己像袋鼠一样，会逐渐喜欢上这个游戏，不断地跳来跳去。

温馨提示

提前检查袋子和绳子的牢固程度，防止宝宝摔倒，因为摔倒会使宝宝有莫名的恐惧感。

投球和踢球

能力培养

提高四肢力量，增强体能，使动作更协调。

游戏步骤

1. 准备一个小球。和宝宝面对面席地而坐，保持一定距离，互相投球。
2. 球不要直接投给宝宝，要先落在地上，弹起来到宝宝身边后，再让宝宝去接。投球时，大人要告诉宝宝，双手将球举起超过头顶，然后用力抽出。

4 当宝宝兴趣高涨时，再站起来和宝宝拉开距离投球。

5 如果可以和宝宝跑动起来，用脚踢球，让宝宝模仿用单脚去碰去踢。

爱的互动

宝宝看到大人把球往地上一投，然后又弹回自己怀里，会感到很新奇，所以会模仿大人把球也扔到地上。等到大人用脚踢球时，宝宝也会模仿大人，和大人一起边跑边踢。大人可以和宝宝多次重复这个游戏，对宝宝的运动发展会大有好处。

温馨提示

大人投球时，一方面要注意球弹起后撞到宝宝的头，另一方面要避免弹起的力量过大把宝宝撞倒。

跨池塘真困难

能力培养

锻炼行走能力和跨越障碍时身体的平衡能力。

游戏步骤

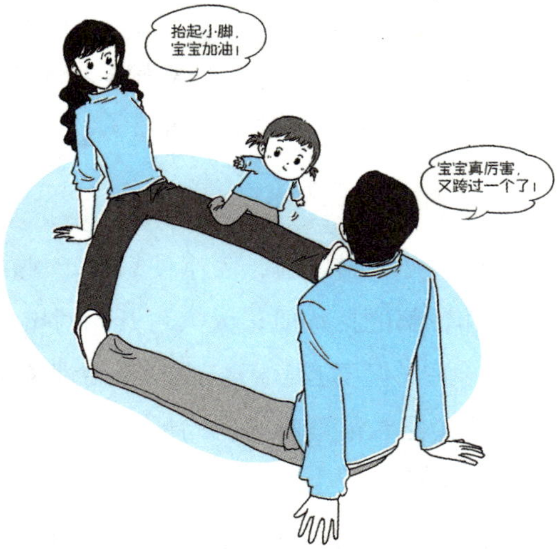

1 爸爸妈妈面对面坐在地垫上，双脚最大限度分开，脚掌对脚掌形成一个方的“池塘”。

2 鼓励宝宝抬起小脚跨过“池塘”。尽量不扶宝宝，让他自己完成跨越。

爱的互动

宝宝在跨越的时候，肯定会担心踩到大人，或者担心自己被绊倒，这时就需要大人给予鼓励，告诉宝宝，可以的。让宝宝勇敢地完成游戏。

05 习惯养成训练

早上，朵朵爸看着朵朵自己拿小牙刷在刷牙，成就感油然而生，对正在厨房忙碌的朵朵妈说：“看我教的好女儿，天天自己刷牙。”

朵朵妈一边做早饭一边说：“那是朵朵自己养成的好习惯，有你什么事？！”

“没有我手把手地教她，她怎么会养成这个好习惯？”

“得了吧你，自己都管不好，还教别人！吃饭啦，朵朵。”

朵朵爸还没答话，只听见朵朵大叫起来：“吃饭！”等朵朵妈和朵朵爸端着饭来到饭厅时，朵朵已乖乖地等在饭桌边了。

宝宝1岁半以前，大小便只是单纯的反射行为，但现在宝宝的大脑逐渐能够控制膀胱和臀部的括约肌，大人可开始对宝宝进行排便训练。但由于每个宝宝的发育程度不同，妈妈们不必急于求成。开始训练宝宝排便前，宝宝应该具备几个条件，首先宝宝要会走路，能理解妈妈的话，知道“嘘嘘”“便便”的意思；其次宝宝的排便间隔需非常有规律。

培养宝宝的排便习惯时，妈妈一定要耐心，当宝宝做对了一定要积极地称赞，失误时也千万别指责，以免宝宝因此而有心理负担，影响排便习惯的建立。此外，妈妈不要拿宝宝和别人比，不要过度关注大小便问题，妈妈放松，宝宝才能轻松养成自己排便的习惯。

当宝宝养成了各种好习惯，家长应该鼓励宝宝把各种习惯坚持下去，并且继续培养宝宝的各种好习惯。如拿出碗筷时，让宝宝知道该吃饭了；脱衣服时，让宝宝知道该睡觉了。但是许多家长都为宝宝的睡眠情况不好而烦恼，这就更应该帮助宝宝养成良好的睡眠习惯。

培养宝宝良好的入睡习惯，首先要把室内的灯光调暗一些，电视、收音机的声音放低。其次，睡觉前应为宝宝洗手、洗脸、洗屁股，使宝宝知道洗干净了才能上床，床是睡觉的地方，应保持干净，并逐步养成洗干净就上床，上了床就睡觉的条件反射。上床前要让宝宝解空大小便，以免尿床或起夜。睡眠时应给宝宝脱去外衣，最好换上宽松的衣服，使宝宝肌肉放松，睡得舒服。上床后就不能允许宝宝再玩耍嬉戏，要让他知道上了床就应该安静地睡觉。这样宝宝就容易进入梦乡了。

下面介绍几种宝宝习惯养成的游戏。

宝宝喂小猪

能力培养

训练手部灵活性，培养生活自理能力，为宝宝自己吃饭打下基础。

游戏步骤

1. 准备一个15厘米长的宽纸盒，在盒的一面画上猪头，挖出一个像嘴一样的洞，涂上颜色。
2. 给宝宝一个小碗、一个小勺。小碗里装上葡萄干，让宝宝坐着用小勺把葡萄干喂到小猪嘴里。
3. 大人指导宝宝正确拿勺。勺子进入小猪嘴里时，手腕翻动，把葡萄干倒进小盒里。

爱的互动

宝宝给小猪喂葡萄干的时候，会很认真，因为宝宝会有一种小大人的心态。当宝宝可以把葡萄干喂进小猪的嘴里时，宝宝就完全可以自己用小勺子吃饭了。多玩几次这个游戏可以锻炼宝宝握小勺吃饭的能力，帮助宝宝养成自己吃饭的习惯。

妈妈须知

宝宝开始凭借经验做事了。宝宝会背诵多少首儿歌，能认识多少生字，能认识多少英文单词，这并不重要；重要的是宝宝有多少见识，有多少生活本领，是否养成了良好的睡眠习惯和饮食习惯。让宝宝尽可能多地接触自然，认识自然，学会分享，学会与人交流，健康、快乐地成长。

团结力量大

能力培养

培养合作精神和团队意识，养成和小朋友一起玩耍的好习惯。

游戏步骤

1. 邀请宝宝的小伙伴来家里。准备一根粗的长绳，绳子的一头系在大人身上，一头让宝宝们双手拉住。
2. 告诉宝宝们："妈妈扮大萝卜（带萝卜头饰）。萝卜长得很大很大，一个宝宝拔不起来，要大家一起拔，才能拔起来。"
3. 大人席地而坐，宝宝们一个接一个双手拉住绳子，双脚分开，一前一后。
4. 另一个大人舞动小红旗，指挥宝宝们一起用力。在宝宝们拉绳时，大人鼓励宝宝们："加油，加油，用力，用力。"
5. 在宝宝们一起用力后，大人站起来，告诉宝宝们："萝卜拔出来了。"

温馨提示

绳子选择表面光滑、柔软的，防止宝宝们的小手被勒到。

爱的互动

宝宝和小朋友们一起努力拔萝卜，然后看到萝卜一点一点地被拔起来，宝宝在充满兴奋的同时，还会了解和朋友一起努力的力量，从而培养宝宝和小朋友们一起合作、一起玩耍的好习惯。

妈妈须知

宝宝主要是通过听、尝、闻、看、触摸等直接活动和感觉来认识事物和学习知识的。现在宝宝开始通过某种经历举一反三了。比如妈妈曾经告诉过宝宝：点燃的燃气灶会烫手，让他不要把手伸到火上，并把宝宝的小手放到燃气灶旁边感受火的热浪。这时，宝宝会把这样的经历输送到大脑中进行编码。当宝宝再次看到燃气灶时，即使燃气灶没被点燃，宝宝也会说烫，不敢把手伸到燃气灶上。

真的上厕所

能力培养

从坐便盆进步到上厕所，会使宝宝产生“长大了”的自豪感，提高自理能力。

游戏步骤

1. 在便桶上加小圈，让宝宝可以自己坐在上面大小便。
2. 让宝宝学会自己冲水，保持厕所清洁。
3. 要经常提醒宝宝上厕所，以免贪玩尿湿裤子。

温馨提示

宝宝上厕所时，大人要随时观察，防止宝宝掉进马桶。由于冬季衣服太厚，大人在宝宝大小便时，要给予帮助。

爱的互动

宝宝坐在马桶上的时候，他会很自豪。甚至看到那些没有上马桶的小朋友，还会露出得意的笑容。宝宝也许在某一天会不耐烦上马桶，这时大人要鼓励他坚持下去，只有坚持不懈才能让宝宝养成好习惯。

妈妈须知

一岁半过后，宝宝喜欢和父母一起上卫生间，或自己要求到卫生间排便，这是件好事，妈妈应该鼓励。当妈妈坐在马桶上时，可以让宝宝坐在儿童便盆上。鼓励宝宝上卫生间排便，目的就是帮助宝宝养成良好的卫生习惯。当宝宝知道妈妈是怎么让抽水马桶冲水的时候，会一遍遍地玩冲水，妈妈可不要指望宝宝会明白什么叫节约用水。

高楼大厦平地起

能力培养

养成自己收拾玩具的好习惯。

游戏步骤

1. 大人用方积木（也可用长方形火柴盒代替）和宝宝一起砌5~6层，告诉他“这个楼房有5~6层”。
2. 然后告诉宝宝，每砌一块都要用手把四个角对正，如果放歪了楼房就会塌下来。
3. 宝宝学会了整齐地砌高楼后，要让他学会积木玩完之后要放入盒子内排列整齐，并把盒盖盖上。

温馨提示

如果用火柴盒来玩，最好用干净的纸将盒子两边含磷的地方糊上，以免宝宝将小盒子放入口中而误食中毒。

爱的互动

这个游戏要在宝宝已经会砌两块积木的前提下进行。在玩游戏的时候，大人跟宝宝要约法三章，玩完要收拾，培养宝宝自理的好习惯。

干干净净小宝宝

能力培养

通过刷牙、洗脸等日常小事，养成自觉清洁的良好生活习惯。

游戏步骤

1. 每天早晚让宝宝同大人一起洗脸、漱口。等宝宝出齐20颗乳牙就可以学习自己刷牙了。
2. 宝宝最喜欢挤牙膏，让他练习从牙膏最底端轻轻挤，挤一小点儿放到牙刷上。
3. 妈妈可以拿着宝宝的小手帮助他练习，逐渐放手让他自己去做。自己刷牙漱口，如同做游戏一样能使宝宝感到快乐。

温馨提示

宝宝牙刷的选购要点：刷头小，刷毛软，刷面平坦等。宝宝不可以用大人的牙刷和电动牙刷。

爱的互动

在宝宝的视线范围内悬挂小镜子，让宝宝照照镜子，对着镜子笑一笑，看看自己的牙齿，和宝宝讨论："牙齿是什么颜色的？""它有什么用处？"以此引出我们要保护自己牙齿的话题。这个阶段的宝宝喜欢学着大人的样子，去做一些事情，比如洗脸、刷牙等。除此之外，宝宝喜欢学着大人在脸上涂护肤霜，可以让他对着镜子涂。大人提醒他要把护肤霜涂在前额、下巴和脸上，把剩下的涂在手背上。这样一件件的小事，可以培养宝宝良好的生活习惯。

1岁7个月~1岁9个月宝宝档案

感知理解力发育

- 能够识别颜色，并且可以分出各种形状。
- 注意力集中时间延长。
- 学会思考，能听出故事情节。

运动能力发育

- 学会蹦跳、跨越，能够蹲下一定的时间，但奔跑的能力还不强。
- 手部精细动作做得更灵敏。
- 可以独自拿杯子喝水，拿勺子吃饭。

语言能力发育

- 会背儿歌，有什么情况也会主动跟大人讲。
- 词汇量明显增加，说起话来就无法停下，有时会说出意思明确的句子。

情感发育

- 喜欢刺激的感觉，而且变得很勇敢。
- 懂得审美。
- 与人交往能力增强，但是很“自我”，不喜欢别人动自己的东西。

习惯养成

- 会自己吃饭、上厕所、刷牙、穿衣等。
- 懂得和小朋友配合。
- 知道自己的玩具自己收拾，开始自理生活。

第 8 章

1岁10个月~2岁 满足渐增的好奇心

即将满两岁的宝宝，表现出了真正的活跃。他们行动力逐渐变强，开始以更高的技巧行走、跑和攀爬，但跑步还不是很稳；喜欢上下楼梯，却需要大人搀扶。在思想情感上，他们有了更强的独立意识，喜欢和小朋友在一起但却玩不到一起。在语言能力上，特别喜欢模仿；但由于讲话表达不清楚，别人不理解的时候他们就会发脾气。面对这个越来越活泼、越来越不好掌控的宝贝，大人需要的是更多的耐心和引导。"不能跟小孩一般见识"这句话，从这个阶段开始，父母将体会得很深刻。

01 感知理解力发展训练

爷爷牵着朵朵去晒太阳，走到小区花圃的长椅旁，爷爷和朵朵坐下，然后掰着朵朵的小手说："一、二、三、四、五，来，朵朵数一遍。"

朵朵随着爷爷掰着的手指，脆生生地说："一、二、三、四、五。"

"真聪明，来，再来一遍！"爷爷的脸笑成了一朵花。

这个时候的宝宝一般已经能从1数到5，甚至更多，但是他们不理解数字的概念。因此必须联系与数字相关的生活小事，反复练习，才能逐渐使宝宝对数字有所认识。比如妈妈可以和宝宝比身高，告诉他长短、高低的区别；吃饭时要宝宝数数吃饭的人和桌上的餐具；玩玩具时和宝宝一起按形状、颜色分类等等。妈妈做个有心人，将数字和宝宝的日常生活联系起来，宝宝就会更容易理解抽象的数字。

2岁的宝宝已具有一定的想象力，他会把所有圆圆的东西说成像太阳，把弯弯的东西说成像月亮；他的记忆力有很大进步；他已经能够理解一些抽象的概念，如今天和明天、快和慢等等；喜欢问更多的"为什么"；他已经懂得若干的反义词，比如大小、多少、远近、上下、里外等；他能够通过对比来认识事物；有些宝宝在妈妈的教育下还会写几个汉字或数字。

所以，此时妈妈们要避免的就是将"知识教育"等同于智力开发，超过宝宝能力的"知识"灌输，不仅无助于宝宝的智力发展，反而会增加宝宝的负担和痛苦。要知道宝宝的智力水平与父母的关爱是成正比的，因此这时最重要的是尽可能给宝宝自由，让他充分感受到你的关爱，尊重他的好奇心和探索的本能，这比让宝宝认识几个字，数几个数更有助于培养聪明的宝宝。

除此之外，这个时期的宝宝对自己要做的事已经有了非常明确的想法，凡事都有自己的主意。如果宝宝想做一件事，那么他会有一个目标，并坚持自己独立完成，不愿让大人帮忙。但如果做不好，宝宝就会觉得很沮丧，有一种挫折感。这是宝宝独立自主意识的萌芽，家长应予以引导和保护。

那么，下面介绍几种提高智力的小游戏。

购物小专家

能力培养

培养想象力，提高应变能力。

游戏步骤

1. 准备1个大的纸箱固定在宝宝的小车上做成一个会滚动的“购物车”，准备几罐听装饮料、一些小玩具等便于携带又不容易损坏的东西，准备1个购物袋。
2. 妈妈把各类物品摆在房间的不同地方，把房间装扮成一个小超市。
3. 妈妈带着宝宝开始购物，推着“购物车”从一件物品到达另一件物品，并把它们放进车里。
4. 等宝宝把东西都装进购物车之后，告诉宝宝：“东西买完了，我们准备回家吧。”
5. 给宝宝一个购物袋，让他把物品从购物车里一一放进购物袋。
6. 如果宝宝还想再玩一遍，妈妈可以把“商品”摆在不同地方，告诉宝宝是去另一家超市。

温馨提示

纸箱需固定在宝宝的小车上，防止在推的过程中跌落。

爱的互动

当购物完成后，妈妈不妨问宝宝：“要不要去排队结账啊？”这可以培养宝宝的排队礼让意识。如果想同时培养宝宝对金钱的概念，妈妈可以做收银员，对宝宝说：“一共 50 块钱，谢谢。”然后伸出手，试试宝宝会不会把钱放到你手里。宝宝“付钱”后，妈妈可以说：“谢谢光临，再见。”

妈妈须知

跟宝宝在一起应该是“高质量互动”。所谓“高质量互动”就是指爸爸妈妈在与宝宝互动的过程中，充分给予宝宝暗示、引导与鼓励，尽量从不同的角度、用不同的方法引导宝宝、暗示宝宝，一直到他游戏玩得成功为止。

家人住在五指上

能力培养

锻炼手指的灵活性，认识家庭人物的主要特征，体谅家人的辛苦。

游戏步骤

1. 妈妈在五个手指分别画上爷爷、奶奶、爸爸、妈妈、宝宝。爷爷有胡子，奶奶有皱纹，爸爸戴眼镜，妈妈涂口红，宝宝笑哈哈。

2. 妈妈和宝宝面对面坐好，让宝宝根据特征，指出爷爷、奶奶、爸爸、妈妈和自己。然后一个一个手指屈起来，对宝宝说：“天黑了，爷爷睡觉了；奶奶忙了一天，累了睡觉了；爸爸开始关电脑了，也睡觉了；妈妈不看电视，也睡觉了；小宝宝困了，也要睡觉了。”说完，五个手指全部收起，握成一个拳头。

3. 然后让宝宝看好，告诉宝宝：“天亮了，太阳出来了，爷爷最先起床，去公园锻炼身体；奶奶起来了，去买菜和牛奶；爸爸起来了，要去上班了；妈妈起来了，要给宝宝穿衣服；宝宝也起来了。”五个手指头全部伸开，展示全家人头像。

4. 将家人的头像画在宝宝的小手上，让宝宝模仿大人把手指伸开、合起来。

爱的互动

宝宝看着手指上的小头像会很好奇，这个时候大人可以利用手指来给宝宝讲故事，告诉宝宝家人要做的各种事情，让宝宝在觉得新鲜好玩的同时，也学会体谅家人的辛苦。给宝宝讲故事的时候，尽量用轻柔的声音，这样的声音有助于集中宝宝的注意力，可以让他更仔细地观察各个手指。

聪明宝宝巧用力

能力培养

开发智力，训练解决困难的能力。

游戏步骤

1. 用硬纸或海绵泡沫做成一个高80厘米、宽50厘米的门框。
2. 给宝宝一根长80~90厘米的塑料金箍棒，让宝宝在门框中穿越。
3. 观察宝宝如何将棒拿过去。如果宝宝穿越成功，再让宝宝提着放了一点水的小塑料桶穿越。如果宝宝过不去，妈妈要启发宝宝先将棒或桶送过去再侧身钻过去。

爱的互动

当宝宝举着棒子过门框时，他会知道棒子举着过不去。这个时候宝宝就会动脑筋想怎么把棒子拿过去。大人在一旁可以鼓励宝宝用不同的拿法让棒子过去；宝宝自己也会尝试各种

温馨提示

宝宝的力气还较小，棒子的选择要尽量轻；如果宝宝把棒子掉落，要防止宝宝被绊倒，所以整个游戏需要大人在旁边看护。

方法，从而让棒子顺利地从门框穿过。如果不想用硬纸或海绵泡沫做门框，可以直接用房间的门框做实验，让宝宝拿更长的棍子进屋，但要小心不要让宝宝拿棍子搞破坏。这样真实的实验，将更有助于提升宝宝解决实际问题的能力。

宝宝小涂鸦

能力培养

练习手眼协调能力以及对颜色的感知能力，激发想象力。

游戏步骤

1. 给宝宝一张纸和一些蜡笔。
2. 让宝宝随意涂抹，大人可在旁边问他画的是什么。
3. 妈妈对宝宝涂鸦的每一幅画都可以稍事加工，构成一些图形，启发宝宝看这些图形。

爱的互动

妈妈要创造环境，引起宝宝涂鸦的兴趣。妈妈可以事先拿出其他同龄宝宝的涂鸦作品，夸奖他做得好，这样会刺激到宝宝。这个时期的宝宝已经有了不服输的心理，为了不落后于其他人，他会拿起笔画起来。或者妈妈可以假装自己在一本正经地画画，这时候宝宝会过来捣乱，妈妈就可以趁机引导宝宝涂鸦。

温馨提示

这个时候的宝宝越来越喜欢涂鸦，他会拿彩色画笔到处乱画，大人要防止宝宝把画画到墙上，可以给宝宝许多白纸供宝宝画画。此外，用棍子和旧刷子蘸水在户外画，比用纸和笔在室内画更自由、更好玩，可以提高宝宝画画的兴趣。

宝宝会看书啦

能力培养

产生对书和故事的兴趣，开发智力，培养与大人之间的信任。

游戏步骤

1. 准备两岁宝宝看的各种小书，选择颜色鲜艳、画面简单、故事有趣的书。
2. 妈妈慢慢地读给宝宝听，比如《小蝌蚪找妈妈》《燕子飞回来了》《小狗汪汪》《小鸡和小鸭交朋友》《拔萝卜》等，观察宝宝是否在听。
3. 讲完之后，妈妈问宝宝故事内容，让宝宝跟着重复。

温馨提示

大人在给宝宝讲故事时，要避免一些让宝宝害怕恐惧的故事情节和角色，让宝宝保持一个开心的状态。

爱的互动

和宝宝一起阅读时，要按六步走：看、讲、听、问、重复、叙述。在最后叙述的时候，宝宝会很有成就感，从而提高对这个游戏的兴趣。有时候大人读故事的时候，宝宝会表现得心不在焉，大人可以考虑是不是自己讲故事太乏味，以至于根本不能引起宝宝的兴趣。这时，妈妈可以改变一下自己的语调，增加一些表情，来吸引宝宝的注意力。

妈妈须知

常言道："初生牛犊不怕虎。"而实际上，2岁的宝宝已经有了自己害怕的东西。有的是因为在真实生活中受过惊吓，看到过可怕的人或事；也有的宝宝害怕是因为故事中有可怕的大灰狼和妖怪；还有一类恐惧心理来自宝宝的想象。不要嘲笑宝宝的恐惧，更不要给宝宝制造恐惧心理。这种恐惧心理对宝宝来说是真实的，甚至会对宝宝的心理产生不良影响。当宝宝害怕时，大人应该安慰他，告诉他：爸爸妈妈会保护他，没有什么会伤害他。

02 情感发展训练

朵朵爸发现朵朵越来越调皮，总是爬到椅子上把东西给丢下来，然后说：“爸爸，爸爸，掉了，掉了。”每次朵朵爸帮她捡起来，朵朵就咯咯笑着丢下来，然后再很着急地说：“爸爸，掉了，掉了。”反复几次，朵朵爸气得不行，不理她了，她就大哭起来。

这个时候的宝宝很喜欢从高处丢东西，然后让你帮他捡回来，一再重复这样的事可能让不少父母感到厌倦甚至责备宝宝。但实际上，有很多宝宝正是通过不断扔出东西和你帮他捡回来的这个过程，来了解自己的动作和被扔物体之间的关系，进而认识自己的力量和客观的物体之间的关系的。所以大人别轻易就用“破坏物品，不知道爱惜”等成人的思维来看待这件事。由于宝宝还没有分辨能力，往往拿到什么扔什么，因此像玻璃器皿等容易损坏的东西，不要让宝宝拿到，以免宝宝伤害到自己或他人。

如果宝宝是因为生气，或者为引起你注意而乱扔东西，那么大人应先了解令宝宝生气的原因，帮他疏解情绪，让他感觉到安慰和关怀。之后再教他表达不良情绪的方法，否则宝宝只知道用乱扔东西来发泄情绪，不利于良好性格的养成。

宝宝的自我意识已经萌芽，虽然他喜欢跟其他孩子在一起，但还不太会和人配合一起玩游戏。大人可以邀请性格相近或有共同兴趣的宝宝一起活动，多创造机会让宝宝与其他宝宝在一起游戏、搞活动。只要宝宝获得了一次重要的共同经历，就能为日后的社交技巧打下基础。

这个时候的宝宝开始出现自尊心，大人要对宝宝的每一点进步都进行表扬，不要将其与别的宝宝相比，这样会损伤宝宝的自尊心，从而影响宝宝心理的健康发育。

在宝宝成长的过程中，让他经历一些挫折是有必要的。凡是宝宝能够做到的，大人就应该放手让他自己去做。否则，大人保护过度，宝宝的成长太过一帆风顺，他就会缺乏独立性，就会导致其长大后难以承受各种环境的压力，甚至难以适应环境。

下面介绍几种有利于宝宝情绪发展的游戏。

宝宝是小火车

能力培养

培养情感能力，训练想象力和观察力。

> **温馨提示**
>
> 跑的场地要平坦，大人在后面注意宝宝的安全。

游戏步骤

1. 把长绳结成一个圈，分别套在妈妈和宝宝的腰间。
2. 宝宝在前，妈妈在后，妈妈左右手分别握住绳子，让宝宝跑起来。
3. 绳子在拉动时，妈妈在后面可发出火车的声响并配合跑动："火车开动了，轰隆隆……"

爱的互动

当宝宝知道要模仿火车的时候，他会联想到以前知道的有关火车的一切知识。这个时候，让宝宝在前面跑，妈妈告诉宝宝："宝宝是火车头，妈妈是火车厢。"妈妈模仿火车轰鸣声，宝宝也会模仿。妈妈再进行情境描述："爸爸出差就是坐火车去的，宝宝想爸爸了吗？我们一起开火车找爸爸去。"这会勾起宝宝对爸爸的思念之情。

给亲人寄信

能力培养

锻炼手脑协调能力、双手配合能力；增强想象力和记忆力；培养亲情理念。

游戏步骤

1. 准备一个纸盒，盒上刻出长15厘米、宽2厘米的长方形洞。

2. 给宝宝一些大小不同的旧信封。
3. 让宝宝把这些信封一封一封地投入到盒子里。
4. 一边投一边告诉宝宝这是给某某人的信，信的内容是什么，并启发宝宝自己说这是寄给谁的、宝宝在信里要告诉某某人什么话。

爱的互动

这个游戏对宝宝而言是新奇的，他会玩得很开心。而且在投信的时候宝宝会觉得自己能干很多事情了，觉得自己很了不起。这时大人要鼓励和表扬宝宝，他会更加积极地干其他事情。如果放信封时遇到不平整放不进去的时候，告诉宝宝处理方法，并让宝宝用双手按住信封来完成投信的动作。

宝宝玩水真快乐

能力培养

训练用不同的容器装水倒水的技巧，发展触觉，培养耐心。

游戏步骤

1. 小塑料桶装半桶水，另外准备一个有柄的小杯子、一个小碗、一个小瓶和一个空的小塑料桶。
2. 帮宝宝卷好袖子，然后让他用杯子装水，装好后倒进空的小塑料桶。反复练习。等宝宝会熟练地用杯子装水倒水后，再换成小碗、小瓶。

3. 观察宝宝装水倒水的动作，告诉他尽量不要把水洒出来，让他在水的流动中感受快乐。

爱的互动

宝宝装水的时候，看着水被舀起，又被倒进另一个桶里，会对水产生浓厚的兴趣。于是他会大力地舀起水，然后举高胳膊把水倒出。看着高高的水流，宝宝会产生一种前所未有的情绪。让宝宝重复这个动作，直到厌倦为止。

> **温馨提示**
>
> 保护好宝宝的衣袖，如果衣袖湿了，宝宝会很不舒服，就没办法专心玩水了。而且，宝宝长时间地穿湿衣服，很容易着凉。

宝宝踢踢乐

能力培养

培养积极向上的精神，增强自信心，锻炼腿部力量及身体的平衡性。

游戏步骤

1. 准备一个易拉罐，内装少许豆子，封好口。
2. 将做好的易拉罐放在地上，隔一定距离倒放一个开口的纸箱，让宝宝把易拉罐踢到纸箱里。
3. 可以邀请几个宝宝一起玩，在玩的时候进行比赛，看谁踢得又快又准。

> **温馨提示**
>
> 易拉罐要封好口，不要让里面的豆子洒出来，以免宝宝踩到豆子而摔倒。

爱的互动

装了豆子的易拉罐对宝宝玩游戏很有诱惑力，宝宝不但会喜欢观察，追赶这些滚动的易拉罐，还会很喜欢聆听它们发出的声音。当宝宝能够把易拉罐踢到纸箱里，他会很有成就感。踢进的次数越多，就会变得越有自信。所以大人可以不断地让宝宝重复这个游戏，提高宝宝的自信，锻炼腿部力量。

一起照顾好娃娃

能力培养

培养关心他人的良好品质，提高自理能力。

游戏步骤

1. 准备一个布娃娃，妈妈和宝宝一起照顾布娃娃。
2. 以时间为序设置情境，妈妈和宝宝一起先叫醒娃娃，妈妈唱儿歌：“喔喔喔，公鸡叫，娃娃要起床。”
3. 妈妈和宝宝一起给娃娃穿衣服，边穿边念：“乖娃娃，起床穿好衣，太阳公公把他夸。”
4. 在娃娃吃饭期间，妈妈唱儿歌：“乖娃娃、娃娃乖，不哭也不闹，来把饭儿吃。”然后让宝宝亲自喂娃娃饭。”
5. 依次设置“娃娃洗澡”“娃娃睡觉”等情境。

爱的互动

游戏中，妈妈可极力渲染游戏的气氛，用比较自由的形式调动宝宝的参与热情，激发他想说愿说。比如在给娃娃喂饭时，妈妈可以说：“哎呀！娃娃怎么哭了呢？”启发宝宝想问题，然后说：“噢，原来是娃娃饿了。我们来给娃娃喂饭吧。”

妈妈须知

每个两岁左右的宝宝都想有自己的家，在一个隐蔽的、别人看不见的角落做自己的事，比如照顾小娃娃，所以大人不要过分担心宝宝自闭。可以用大的包装箱为宝宝造个家，如果大人没有特意为宝宝去准备这样的箱子，宝宝也会自己造个家。例如宝宝会躲在垂着桌布的桌子下面，把小板凳和小布娃娃搬进来，在桌子下面造个小家；有些宝宝会在门背后、柜子间的空格，甚至垂着床单的床下面造个家。

03 语言能力发展训练

朵朵自己在房间里，和玩具熊对话："乖，吃饭饭，不哭不哭，亲一个。"

刚刚买菜回来的奶奶，一听朵朵正在自言自语，顿时满脸笑容。她快步走进厨房放下菜，来到朵朵旁边，说："乖乖，会讲这么多话了，比你爸爸小时候聪明多了。"朵朵嘿嘿笑着说："朵朵聪明，爸爸笨。"

总的来说，这个时期的宝宝已经掌握了基本的语法结构，句子中有主语、谓语。熟悉宝宝的爸爸妈妈基本上可以听懂他们在讲什么，他们能应用简单句，使用陈述语气，喜欢学三个字的儿歌。但他们对儿歌的记忆是自然而然的，他们还不会有意识地主动去记忆，而且记住的东西并不能保持很长时间，需要反复教、不断练习，所以他们常常会对着布娃娃和动物玩具讲话。

这个时候的宝宝已经能用 200 ~ 300 个字，组成不同的语句。宝宝词汇增长很快，几乎每天都能说出新词，这让父母很惊讶，不知道宝宝是在什么时候学的，因为父母从来没有教过。其实，宝宝的语言不都是从父母那里学来的，并不是父母说什么，宝宝就说什么。父母没有说过的话，宝宝不一定不会说，因为宝宝会把储存在大脑中的单词、语句进行加工整合，变成自己的语言。

语言能够促进宝宝智力发展，智力发展又帮助宝宝理解语言。所以这个时候宝宝成了一个"勤学好问"的人。他不断地提问、不断地讲述，仿佛想了解大千世界里的一切问题。这时候成人千万不能因为想求耳根清静就随便打断、斥责或搪塞宝宝，而应耐心、认真地回答宝宝的所有问题，对宝宝提的所有问题都应持鼓励、赞赏的态度，从而激发宝宝的求知欲，保护宝宝的好奇心。

这个阶段的宝宝能够很快学会背诵儿歌，也能理解大量事物。不要错过这个时机，不要让宝宝在用词上感到饥饿，要多同他讲话，使宝宝讲话由单词变成简单句。

下面介绍几种有利于宝宝语言发展的游戏。

高高矮矮真有趣

能力培养

训练伸展和弯曲身体以及动作协调性，有利于宝宝将语言和动作结合理解。

游戏步骤

1. 大人喊口令：“变高！”同宝宝一起踮起脚尖，伸直身体，举起双手。
2. 再喊：“变矮！”蹲下，弯腰低头，双手抱住膝盖，身体变成一个球状。
3. 刚开始喊口令要慢一些，大人要帮宝宝纠正姿势，姿势正确后口令逐渐加快。
4. 让宝宝自己喊口令，大人和宝宝一起做。

爱的互动

当宝宝听从指令忽然高忽然矮，而且他看着旁边的大人和他做一样的动作时，他会觉得很有趣。有了动作，宝宝会明白口令的作用，学会说高和矮。这有利于宝宝将语言和动作相结合。大人要时刻观察宝宝，如果觉得宝宝累了就要停下游戏，先休息一会儿。如果等到宝宝自己坚持不了而要求停止游戏，就不利于锻炼宝宝的毅力。

分清你和我

能力培养

练习转换代名词，学会把“你”变成“我”。

游戏步骤

1. 爸爸妈妈问宝宝“你叫什么名字”“你几岁”“你是男孩还是女孩”“你爸爸叫什么名字”诸如此类的问题。

2. 训练宝宝回答“我叫某某某”“我两岁了”“我是男孩”“我爸叫某某”。直到他不再说“你叫某某”，说明他已经能将代名词“你”转换为“我”来回答问题。

爱的互动

此时，宝宝习惯用“你”来指代自己，还不能习惯把“你”变成“我”。比如，爸爸回来了，宝宝本来应该对奶奶报告说：“我爸爸回来了。”可是没有经过训练的宝宝会说：“你爸爸回来了。”让人哭笑不得。所以，大人要重视转换代名词的互动训练，经常跟宝宝玩对答游戏，这样有利于宝宝学会转换代名词。

宝宝的冰箱宝藏

能力培养

增加对食物的认知，培养运用词汇的能力。

游戏步骤

1. 准备长纸盒改装的冰箱（或家里的冰箱）。

2. 在冰箱里装上各种各样的水果、蔬菜、肉、牛奶等，让宝宝打开冰箱去拿里边的物品，一次只拿一件，并说出所拿物品的名字。

3. 让宝宝知道冰箱是储藏食品的，食品是宝宝每天要吃的。

> **温馨提示**
>
> 冰箱的制冷不能设置得太强，否则宝宝吹到冷气后很容易感冒。

爱的互动

宝宝熟悉他经常吃的各种水果蔬菜，这时宝宝从冰箱里拿出一件东西，并且可以准确地说出这个东西的名称，这对宝宝而言会很有成就感。所以大人可以让宝宝重复游戏，并在冰箱里多放进几种食物，锻炼宝宝的词汇运用能力。

我是小小传话员

能力培养

训练开口说话的能力，增加词汇量，锻炼记忆力和听力。

游戏步骤

1. 找一个10~15厘米长的纸筒。
2. 大人分坐在宝宝两侧，由一侧的大人在宝宝的耳边悄悄说一句话，让宝宝告诉另一侧的大人。
3. 如果宝宝传对了，要鼓励表扬；如果宝宝记不起来，就再回到说话的大人旁边，大人再重复一遍。
4. 在宝宝熟悉传话后，可将纸筒放在宝宝耳边讲话，以提高宝宝传话的兴趣。

爱的互动

传话游戏对宝宝而言是非常有趣的，他会不停地奔跑帮大人来回传话。刚开始玩游戏时说给宝宝的话必须简单清楚，不要太复杂，否则宝宝听了会有挫败感。等宝宝熟悉游戏之后再慢慢地增加传话难度，尽量延长游戏时间。所以大人不要轻易放过这个好机会，让宝宝把大人讲的话传给另一个大人，训练宝宝的记忆力和听力，提高语言能力。

妈妈须知

每个人都有耳垢，宝宝的耳垢究竟是掏还是不掏？从儿科医生角度看，如果宝宝安静地让父母掏耳朵，且仅仅是用掏耳勺掏耳朵入口处的耳垢是可以的。但是，如果宝宝不能安静地让父母掏耳朵，就不要继续了。用棉签或棉棍给宝宝掏耳朵容易损伤宝宝的外耳道，或将耳垢不断地推到耳朵里。

门外的你是谁

能力培养

发展社会交往能力，面对敲门声，学会提问和问答。

游戏步骤

1. 大人在门外敲门，宝宝在屋内问："你找谁啊？"大人先说一个宝宝不知道的名字，看宝宝怎样回答。宝宝的回答可以是"你找错了",也可以是"这人不在我们家"。
2. 大人再说爷爷奶奶的名字，看宝宝怎样回答。他可以说："他今天没有过来，星期天才过来。"
3. 然后大人和宝宝互换，宝宝站在门外问，大人在屋内回答，看宝宝能否记得清家里所有人的名字。

温馨提示

大人在开关门时，要让宝宝离门远一点，防止夹到宝宝。无论宝宝在门内还是门外，都需要有大人陪伴。

爱的互动

大人可以在游戏前先告诉宝宝家庭成员的名字，以及如何回答别人的敲门声，以便宝宝可以更好地和大人配合游戏。当宝宝听到敲门声，打开门看到大人站在门外，会很有兴趣地回答大人的问题。因为这个时候，宝宝会把自己当作一家之主，认为自己的能力很大。这个游戏会让宝宝有一种全新的体验，他玩这个游戏会很高兴。

04 动作发展训练

朵朵开心地从左跑到右，从前跑到后，却忽略了她的护花大使一路上为她清扫障碍的辛苦。

于是朵朵爸忍无可忍地一把抱起朵朵说："咱们去画画。"

朵朵挣扎着："我要下来，我要下来。"

朵朵爸掏出一块糖说："吃不吃，吃糖就要画画。"

朵朵思考片刻，还是拿过了糖。

到了两岁的宝宝能够独自走上走下、能自如地跑、能双脚跳、会独脚站立、能越过障碍、还能将50克重的物体投抛约80厘米远，他们的活动强度已让大人吃不消。

因为宝宝是通过感知运动方式学习的，只有通过主动运动的经验，才能促进大脑发育，所以父母要想各种方法尽量创造环境、提供玩具，支持和鼓励宝宝活动。比如玩捡球或吹泡泡游戏，拉着布毛毛虫、小推车走，互相追着跑，站在矮板凳上跳下来，把玩具挂在高于宝宝头顶20~30厘米处让宝宝跳起拍打等，都是很好的游戏方法。这段时期，要尽量少抱宝宝，也不要怕宝宝弄脏衣服，因为过度保护只会使宝宝的运动能力发展延迟，从而不利于大脑的发育。

这时候的宝宝会从站立位蹲下捡玩具，然后站起来拿着玩具继续走，很少摔跤；宝宝还能推拉玩具车横着走或侧着走，边走还能边扔球；开始学跑时，他们会以碎步方式僵直地向前跑，渐渐地他们会跑得很稳，姿势也变得协调了；令父母惊奇的是，他们还会抬脚踢球了。

宝宝在这个阶段，手的能力会进一步发展。他们会模仿画圆和直线，会翻书，会将手中的物品朝某个目标扔去，能扭动门的把手将门打开，会折叠纸等。手的动作能力促进动作思维的发展，他们已经知道了小东西可以放进大盒内，三角形只能放在三角形模具内，不能放进圆形模具内。

宝宝运动和游戏时父母应积极地参与，首先这会使宝宝感受到你对他的爱，这是一切学习成长的基础，感受到的爱越多，宝宝探索世界的把握和信心越大，也就越不怕尝试和面对挑战。其次，父母的参与会让游戏变得更丰富。不过有一点需要注意，参与游戏时父母一定要让宝宝主导游戏，不能越俎代庖，这样宝宝的自信心才会越玩越足。

下面就来介绍几种适合这个时期宝宝的游戏。

真厉害啊大吊车

能力培养

训练手臂力量，在空中感知平衡，锻炼胆量。

游戏步骤

1. 准备一根木棒，让宝宝去抓握中间。
2. 木棒左右各一位大人，适当托着宝宝前臂抬起木棒，让宝宝随着木棒悬空。
3. 对宝宝说：“抓紧，大吊车把宝宝吊起来了，大吊车真棒。”在宝宝抓稳后可适当摇摆一下。
4. 一般让宝宝离地面10厘米左右即可，地面要垫好安全柔软的垫子，不要让宝宝摔下来。

温馨提示

大人提起木棒的时候，千万要小心，不要用力过猛，也不要把宝宝抬起太高。

爱的互动

这个游戏会让宝宝觉得很危险，但是可以锻炼宝宝的胆量。而且，宝宝在游戏中慢慢会发现，只要自己的双手抓牢木棒就没有危险。宝宝完成游戏后，会很有成就感，所以大人可以让宝宝反复玩这个游戏。

宝宝夹夹夹

能力培养

增强手指的灵活性及手部小肌肉的力量。

游戏步骤

1. 准备一些生活图片和小塑料夹子。
2. 让宝宝找出指定的图片，并用小塑料夹子夹住递给大人。
3. 在宝宝能夹纸片的基础上，再夹布条、夹书等稍厚一点的东西。

温馨提示

游戏前，教宝宝使用夹子；游戏的过程中，不要催促宝宝，不然宝宝很容易因为着急而不小心夹到手指。

爱的互动

当宝宝听从大人的指令，用小夹子夹住指定的图片递给大人的时候，记得要表扬宝宝，这样他才会觉得这个游戏很好玩，从而乐意反复玩这个游戏。夹子的使用可以训练宝宝食指和拇指的灵活度和协调性，让宝宝慢慢地找到技巧，自如操作。

宝宝玩转小瓶子

能力培养

训练手指转动技巧及手指和手腕的灵活度，提高做事的耐心。

游戏步骤

1. 准备大小不等、瓶盖不同的瓶子，洗净后晾干备用。
2. 让宝宝去开瓶盖、盖瓶盖、转动瓶盖。对不会转动和转动不好的宝宝，大人要耐心等待，慢慢让宝宝自己转动起来，并体会转动后瓶盖盖紧、拧松的感觉。

爱的互动

宝宝拧动瓶子的时候，会很开心，因为他会觉得自己力气很大，会对游戏产生很强的兴趣。这个时候大人可以再教给宝宝如何盖好盖子，让宝宝知道瓶盖的作用。通过这个游戏可以训练宝宝的手指转动技巧，以及做事的耐心。

> **温馨提示**
>
> 瓶子要选择不易碎的，且瓶盖平整，防止宝宝在转动瓶盖的过程中划伤手。

宝宝走轮胎

能力培养

促进运动机能，训练平衡能力。

游戏步骤

1. 准备一只废弃的汽车轮胎，洗净。
2. 将轮胎放置在平坦的地面，让宝宝在轮胎上行走。开始可抓住宝宝的手，等宝宝熟悉后让他自己慢慢迈步。

爱的互动

当宝宝在轮胎上行走时，他会以既期待又害怕的心理迈步。这时，大人可以扶着宝宝，一旦感觉到宝宝可以自己练习时就要放手，为保持平衡，开始宝宝可能会移步，在稳步平稳后，再慢慢迈步。两岁宝宝平衡感已很不错了，走轮胎不仅促进宝宝的运动机能，也是较好的平衡训练游戏。

> **温馨提示**
>
> 轮胎边缘不要选择太滑和过小的。因为大的轮胎宝宝走在上面不容易掉下去，如果一旦掉下去，宝宝就会产生恐惧心理。

05 习惯养成训练

朵朵妈看着被朵朵糟蹋得一团糟的房间，痛苦地直挠头，抱起朵朵说："从今天开始，你必须要养成爱干净的习惯。"

朵朵嘟着小嘴说："我要找爸爸。"

朵朵妈指着看电视的朵朵爸，然后对朵朵说："不爱干净，就不让找爸爸。"

朵朵看着妈妈脸色严厉，只好点点头说："我爱干净。找爸爸。"

两岁正是宝宝各项身体机能快速发展的时候，大人要在这个时候帮助宝宝养成良好的习惯，纠正不好的习惯。因为坏习惯一旦养成就会给宝宝今后的成长带来各种负面的影响。

首先，帮助宝宝建立良好的饮食习惯，这对宝宝以后的生长发育非常重要。养成良好的饮食习惯，大人要让宝宝在吃饭时集中精神，不能一边吃饭一边看电视或玩玩具，更不要宝宝不吃饭大人就拿着饭追着喂。大人可以给宝宝准备一套专用的椅子，让宝宝安全且舒适地坐着自己吃饭，如果宝宝自己吃得好时要及时鼓励。同时，给宝宝的零食要合理，除了牛奶之外，近两岁的宝宝可在一日三餐间，少量补充一点零食，但是带有甜味的巧克力、饼干等零食最好不要吃，因为甜食容易带来饱腹感，会影响宝宝的食欲。还有家长要避免四处摆放食物和整日无规律地分散喂养，应让宝宝进食次数有规律。

其次，这个年龄的宝宝，应懂得一些卫生习惯，如饭前便后要洗手。同时这个年龄的宝宝主动性有了提高，什么事都喜欢自己动手，家长应了解宝宝的这些特点，让宝宝学习自己洗手。

另外，宝宝独立性越来越强，大人应鼓励宝宝学会自己穿脱衣服，并让他养成自己的事情自己动手处理的习惯。

下面就来介绍几种帮助宝宝养成习惯的游戏。

宝宝自己来脱衣

能力培养

学会自己脱衣，提高生活自理能力，懂得自己的事情自己做。

游戏步骤

1. 给宝宝戴上帽子，围上围巾，穿上好脱的衣服和鞋。
2. 告诉宝宝，自己的事情自己做。宝宝按妈妈说的先脱掉帽子，解下围巾，然后脱下衣服、鞋子。如果有困难，大人可以在旁协助。
3. 尽量让宝宝自己完成，完成后奖励一面小红旗。

爱的互动

当宝宝按大人的要求，开始一件一件地脱掉自己衣服的时候，他会有一种小大人的感觉，因为他觉得自己在模仿平时大人所做的动作。如果宝宝完成得很好，要记得奖励宝宝。另外，可以不断地增加脱衣服的难度，使宝宝的动手能力越来越强。这个游戏可以培养宝宝的生活自理能力，让宝宝学会一些生活技能，懂得自己的事情自己做。

温馨提示

宝宝的衣服要选择宽松舒适的，练习的过程也要放松。

干净整齐小宝宝

能力培养

练习收拾自己的东西，知道衣服应当怎样摆放，要用时应到哪里去找，养成整齐有序的习惯。

游戏步骤

1. 宝宝同妈妈一起收拾柜子，按照衣服薄厚和用途放在不同的格子里。
2. 把宝宝的生活配件放在抽屉，袜子放一层，帽子、手绢等放另一层。
3. 在宝宝收拾东西的过程中，让宝宝一边放一边说出物体的名称。
4. 宝宝随妈妈一起收拾整理过自己的东西后，在准备洗澡时，就可以自己去准备要穿的衣服。

爱的互动

宝宝这个阶段应该学习分类放置物品，大人可以教宝宝简单的衣服分类，然后让宝宝坚持这种整齐有序的习惯，这会让宝宝终身受益。当然，在刚开始的时候，大人可以帮助宝宝检查，如果宝宝做得好，给予奖励；如果不好，则帮他改进。当宝宝发现自己的东西总是那么整整齐齐的时候，他会很有成就感。大人这个时候告诉宝宝要长期坚持这种习惯，宝宝会很听话地坚持下去。

宝宝和筷子

能力培养

强化手部精细协调动作的能力，促进视觉发育，健脑益智，养成用筷子吃饭的习惯。

游戏步骤

1. 如果宝宝在1岁半之后能自己用勺子吃饭，并且把碗内的饭菜都吃干净。这样的宝宝就可以优先练习用筷子吃饭。
2. 宝宝刚开始用筷子，只能将饭拨进嘴

里，筷子分不开，也不会夹菜。

3 通过练习，尤其是看到好吃的东西，手的技巧会进步很快，能把筷子分开，连夹带拿地把好吃的东西送到嘴里。

爱的互动

宝宝看到大人用筷子他会很羡慕，当他自己也用的时候，发现自己掌握不了就会有点不耐烦，大人要安慰宝宝，教给宝宝正确的使用筷子的方法，并且把宝宝爱吃的菜放到他旁边，其他人不动宝宝的菜，让他安心练习，他会因为要吃好东西，从而努力地练习用筷子的办法。

温馨提示

选择宝宝用的筷子，一定要注意材质：塑料筷子的颜色花样多，但在高温下会产生有毒物质；金属筷子质地坚硬不带有残留的细菌，但导热快，遇到太烫的食物会烫到宝宝；天然的木质和竹质筷子是最佳选择，但千万不能上漆。

1岁10个月~2岁宝宝档案

感知理解力发育

- 能从1数到10。
- 宝宝的求知欲望和学习能力越来越强。
- 喜欢简单的故事和歌曲。
- 喜欢学习如何使用常用的习惯用语。

运动能力发育

- 能够跑，会双脚跳、独脚站立。
- 会模仿画圆和直线。
- 会翻书，会将手中的物品朝某个目标扔去。
- 会扭动门的把手将门打开，会折叠纸。

语言能力发育

- 宝宝已经能用200~300个字组成不同的语句。
- 喜欢同周围的人交谈，说话速度很快。
- 掌握了基本的语法结构，句子中有主语、谓语。

情感发育

- 在陌生人面前表现得很害羞。
- 容易受到挫折。
- 会很大方地把玩具给别的宝宝玩，但要他们归还。
- 会经常性地发脾气，通常是因为他有想法却无法表达出来。

习惯养成

- 学会自己用筷子吃饭。
- 养成饭前便后洗手的习惯。
- 养成自己的事情自己做的习惯。

第9章

2岁1个月~2岁3个月 加深语言能力的发展

这个阶段是宝宝成长的“问题阶段”。从这个时候开始，宝宝的语言能力急速提高，他们几乎把所有的精力都放在记事物的名称上，所以不管看到或听到什么，他们总是会问：“这是什么？那是什么？”同时，由于宝宝很喜欢凡事都有规律性，所以这时候是让宝宝养成节制习惯的最好时机。

01 感知理解力发展训练

姑姑换着花样逗朵朵玩，这次是“有奖竞答”。她从书包里掏出一大堆五颜六色的卡片，问朵朵：“看，这个是什么颜色，答对了就送你啦。”朵朵兴奋得两眼放光说：“红色。”姑姑又拿出一张：“这个呢？”“蓝色。”“这个呢？”朵朵一把抓了过来，不理姑姑，自己把玩了起来，好像在说：“这么简单的问题，我都懒得回答。”

这个时期的宝宝，已经能够认出 8 种颜色；而且对大和小的概念非常明确，知道大人和小宝宝的区别；对空间的理解力也明显加强，搭积木时能砌 3 层金字塔；能分清楚内和外、前和后、长和短等概念；并且能认识 16 种图形，但是，许多宝宝对图形划分还不够明确，常用“三角形、圆角形、方角形”等来表达。为此，生活中妈妈可多用准确的说法来描述日常用品，比如，“宝宝看长方形的门”“接住这圆球”“宝宝坐那方形的小板凳”。宝宝听得多了，他就会渐渐理解形状的概念。

现在的宝宝已经对轻重有了初步的概念。当宝宝拿起比较重的物品时，妈妈要夸奖宝宝是个大力士；当有两件物品时，妈妈说，宝宝拿这个轻的，妈妈拿这个重的。慢慢地，宝宝自己就能够判断物品的轻重了。

这时，宝宝对自己的形体越来越感兴趣，他们喜欢照着镜子跳舞，这是对自我形体的一种赏识。这个阶段，妈妈要注意对宝宝的形体多加赞赏，帮助他学会自爱。

下面，我们就来介绍几种有利于宝宝智力发展的游戏。

各种形状找一找

能力培养

培养分辨图形的耐心和观察力，加深对几种形状的认知。

游戏步骤

1. 准备好由三角形、正方形、圆形、五角形等排列组成的图形和几支笔（红、蓝、黄、绿）。
2. 让宝宝先找出三角形，并全部用红笔在上面圈出来。告诉宝宝从左到右，一个一个有顺序地找，以防漏掉。
3. 然后让宝宝找出正方形，用蓝笔圈出来。
4. 依此类推，直到每一种图形都被准确地找出来。

爱的互动

游戏中，大人记得提醒宝宝按顺序找，否则宝宝很容易烦躁，进而出现反抗，不愿意继续游戏。

大人要在旁边指导宝宝正确的用笔方法，并提醒宝宝不要把笔放到嘴里，不要把笔油涂到衣服上。

妈妈须知

两三岁的宝宝一般都要经过一个"反抗期"，叫作"第一反抗期"。本来温顺听话的宝宝，一到这个时期就会变得调皮、不听话，常常固执地坚持自己的主张。这样一来，成人就会生气，特别生气时还可能打宝宝一顿。其实，从宝宝生理和心理发展的角度看，这种"反抗期"的表现是一种正常的现象。这是因为，随着宝宝活动能力的增强，知识的不断丰富，宝宝的心理需求也发生了很大的变化，而成人往往还是用老眼光去看待宝宝、要求宝宝，从而引起了宝宝的种种反抗行为。

哪里缺角了

能力培养

理解整体与局部的关系，开发智力。

游戏步骤

1. 准备两张动物图贴在硬纸板上，各剪去一角。
2. 让宝宝将缺失的角放在正确的位置上，使图变得完整。
3. 当宝宝轻易找到正确的缺角位置后，增加图片数量，让宝宝学习配上缺角。

爱的互动

拼图是宝宝必须学会的一种游戏。一开始，当宝宝看到一张图画缺了一角，他会拿着缺的那一角来回比对。当然，宝宝还不能立即判断出，这个角是否就是这张图画所缺的部分。这个时候，宝宝需要大人的提醒，然后调整图画的角度并把缺角补上。在这个时期的拼图可以简单一些，以让宝宝积累经验为主。这样的游戏对开发宝宝的智力是非常重要的。

宝宝认四季

能力培养

认识四季的变化，了解不同季节做不同的事情，增强认知能力。

游戏步骤

1. 准备一些描绘冬天情景的图片。比如，图片上，飘着雪花，人们穿着毛绒绒的大衣，戴着帽子和手套。家长和宝宝一起看图片，同时耐心地给他描述冬天的情景："冬天很冷会下雪，还会结冰，外出一定要穿上厚的衣服，家中要生火或者开暖气，人们喜欢围着炉子吃涮羊肉。"

2 再拿一些描绘夏天情景的图片。比如，图片上，树木叶子茂盛，人们穿着短裙子或者短袖等薄衣服。家长边跟宝宝一起看图片，边给他描述夏天的情景："夏天很热，人们喜欢吃西瓜和冰棍，还会经常去水中游泳、划船。"

爱的互动

宝宝对盛夏和严冬并没有特殊的印象，这个时候就需要大人来提点宝宝，让他了解不同季节做不同的事情。给宝宝讲的时候，大人最好是让宝宝想起在冬天和夏天他都做过什么事情，这样有利于宝宝分清季节的变化。宝宝只有先分清冬天和夏天，才会渐渐认识春天和秋天。

妈妈须知

一些家长反映，宝宝的注意力总是不集中，坐不住，家长以为宝宝是多动症。其实学龄前宝宝多动是正常表现，因为这时期他大脑发育尚不完善，神经系统兴奋性高，抑制力差，故自制力差，容易被周围事物所吸引。

宝宝赢字卡

能力培养

强化视觉分辨能力，将图片与文字更好地匹配。

游戏步骤

1 大人先选出几张宝宝认识的图形，然后准备几张四五厘米的小纸块，在每张小纸写上与图形匹配的文字。

2. 教宝宝学习用字配图，如拿着“马”字放到马的图片上。

3. 练习几遍后，将图取掉，训练宝宝只看字卡就能念出字来。

4. 宝宝念对一个字就给他一张字卡，让宝宝自己拿着赢到的字卡。游戏结束时，大人同宝宝一起数数，看看宝宝赢到几张字卡，学会几个字。

爱的互动

每次只可学认1~2个新字，学过的每天都要复习1~2次，以免忘记了。每天定时认字，坚持下去一定会有好成绩。宝宝认字卡的时候，大人记得要不断地提醒宝宝。不然，宝宝老认不出字来，就会有挫败感，自信心也会受到打击。这样一来，宝宝就会讨厌这样的游戏了。

宝宝分动物

能力培养

培养观察比较能力，增强记忆力。

游戏步骤

1. 大人通过动物的图片让宝宝识别动物。在看图时，可以顺便说出动物的特点，例如兔子的耳朵长，大象的鼻子长，长颈鹿的脖子长等。

2. 当宝宝能简单地识别特征明显的动物后，逐渐增加难度，区分比较相似的动物。比如，老虎的毛有条形的纹，而豹子的毛有金钱样斑点；鸭子的脚有蹼、会游水，而鸡的爪是互相分开的，不能游水。会飞的鸟和鸡、鸭、鹅都有羽毛、翅膀和两条腿，而会跑的多数动物都有四条腿。

3. 等宝宝对动物的特点有了初步的认识后，带他去动物园参观。

温馨提示

参观动物园时，要让宝宝与动物保持距离，注意安全。

爱的互动

大人带宝宝到动物园的时候，要有意识地向宝宝灌输园区规定，让宝宝遵守规定；要鼓励宝宝自己提问题，如什么动物爱吃什么食物、有什么本领，以扩大宝宝的知识面。

妈妈须知

有的父母只要宝宝高兴，做什么都可以，打大人或毁坏东西的行为也被包容。这样的溺爱会导致宝宝长大后不懂得尊重他人。宝宝如果出现这种行为，应该坚决制止，不能妥协，同时告诉他，父母对此很生气，大家都不会喜欢他这样。

02 情感发展训练

朵朵爸拉着朵朵，在公园里玩。这时，朵朵看到对面滚过来一个皮球，一把抱住皮球，仰起头对爸爸说：“爸爸，皮球！”而追着皮球跑过来的还有一个小男孩。朵朵一见到男孩，赶紧抱着皮球躲到了爸爸身后。朵朵爸好说歹说，朵朵就是不放手。小男孩没辙了，“哇”地哭了起来。

宝宝的社交能力越来越强，也越来越合群了。从两岁开始，宝宝逐渐从惧怕中分化出害羞和不安，从愤怒中分化出失望和羡慕，从愉快中分化出高兴和希望。宝宝的情绪变得丰富起来，也开始有了我们看得见、感受得到的喜、怒、哀、乐。

如果你在适当的场合观察、倾听宝宝的情绪反应，你会发现宝宝已经会用声音表示喜怒等情绪了。他还会表现出高级情感，如同情心、羞愧感等，这成为宝宝社会性行为产生、发展的内部动力和催化剂。但宝宝的高级情感不是随着月龄的增加而自然拥有的，在很大程度上它们来自父母的引导与培养。因此，当宝宝哭闹或发脾气时，妈妈应先了解原因，然后再安慰劝解，切莫直接训斥惩罚宝宝，这会让宝宝以为自己有情绪是件不好的事，就可能压抑自己的情绪，长期以往对宝宝的心理健康不利。妈妈应鼓励宝宝表达情绪，无论是开心、难过，还是伤心、愤怒，要教会宝宝用语言来说明和表达，然后告诉他合适的疏解负面情绪的方法。

这个时候的宝宝注意力能集中 3~5 分钟。但在游戏活动中，宝宝集中注意力的时间有可能长达 30 分钟左右。另外，宝宝大多精力旺盛，如果精力没有被消耗，就会四处乱跑无法集中注意力保持安静。所以，妈妈应给宝宝创造多运动的机会，也可以让宝宝玩玩搭积木、拼图等能提升注意力的游戏。

宝宝开始有了自我意识和权利意识，开始坚持自己的意见，并主动要求做事。但宝宝往往表现得很任性，给父母“难以管教”的印象。父母要学会理解宝宝的举止行为，以及他在成长过程中的“异常”，用平等的态度来对待他。

下面介绍几种有利于宝宝情绪发展的游戏。

小鸡小鸡快出来

能力培养

启发认知，培养想象力。

游戏步骤

1. 把一个大纸箱平放在地上，找一张大的报纸，折四折后在中间剪一个直径20厘米的圆形，注意先不要完全剪断。

2. 让宝宝蹲在纸箱里，把报纸盖在宝宝头上。

3. 大人叫：“小鸡、小鸡快出来，小鸡、小鸡快出来。”大人撕掉中间的圆圈，让宝宝的头伸出来，大人叫：“啊！小鸡的头出来了。”

4. 大人把宝宝的左手拉出来，再把宝宝的右手拉出来，让宝宝站起身走出纸箱，大人边拍手边叫：“小鸡出壳了，小鸡出壳了。”

爱的互动

这个游戏对宝宝很有吸引力，因为宝宝最喜欢扮演角色玩。这时，他把自己当做蛋壳里的小鸡了。旁边还有人不停地鼓掌助威，宝宝更是得意。玩游戏时，大人要告诉宝宝起来的顺序。当然，如果宝宝任意打乱顺序，也不要强行限制宝宝，让他随意来就好了。

妈妈须知

父母要让宝宝从小就有快乐的体验。在每一件小事上，父母都可以询问宝宝的感觉。比如出去玩的时候问宝宝：“你喜欢出来玩吗？高兴吗？”还可以问：“你跟妈妈在一起高兴吗？”父母也要经常把自己的体验告诉宝宝，如“你能自己穿衣服，我很高兴”。这样有助于培养宝宝的快乐情绪。

宝宝学做小客人

能力培养

学会礼貌用语，发展与人交往的能力。

游戏步骤

1. 带宝宝到朋友家做客，进门时，让宝宝向小朋友及其父母问好：“叔叔、阿姨，好；小哥哥，好。”

2. 让宝宝跟小朋友一起玩耍，提醒宝宝只能玩拿出来的玩具，不能自己打开柜子找，也不要随便动大人的东西。如果要拿，要先征得小朋友及其父母的同意。

3. 对于小朋友送来的玩具、阿姨送来的食物，在接受时要让宝宝道谢。

4. 临别时，要让宝宝向小朋友父母和小朋友说：“再见。”

爱的互动

宝宝和大人一起去做客回家后，大人根据宝宝在小朋友家的表现，告诉宝宝哪些是正确的，哪些是错误的，从而让宝宝改掉坏习惯，增强交往能力。但是大人千万不要在小朋友家就大声地斥责宝宝。

上下这样分

能力培养

发展空间方位辨别能力，知道“上”和“下”的意义。

游戏步骤

1. 先告诉宝宝哪里是桌子的上面、哪里是桌子的下面。
2. 然后问宝宝：“桌子上可以有什么，桌子下有什么？”
3. 再和宝宝一起把碗、筷子等放在桌子上，把凳子、鞋子等放在桌子下。

爱的互动

宝宝这个时候对上下的概念还不是很理解，大人可以不断地跟宝宝说：“桌子上，椅子下。”着重强调“上”和“下”两个字；还可要求宝宝将红积木放在黄积木上，看图画时也可随时问“树上有什么”“树下有什么”等问题。宝宝很聪明，当听到大人不断地说有关“上”和“下”的词语后，很快就会联系实物知道“上”和“下”的意义，从而能够和大人配合玩这个游戏。

03 语言能力发展训练

朵朵笑嘻嘻地缠着在厨房里的妈妈："妈妈，买皮球。"朵朵妈不理她，自顾自地忙。朵朵锲而不舍，仍然摇摇妈妈的围裙说："妈妈，买皮球。"朵朵妈看她一眼说："去，找爸爸买。"

朵朵咚咚咚地跑出去，过了一会又跑回来，一脸委屈地说："爸爸不买。""那就别买了。""我要皮球，我要皮球。"朵朵开始又哭又闹，这下朵朵妈没辙了。

这个阶段的宝宝词汇量积累很快，每天可记忆20~30个单词，能学会2~3个完整的句子。宝宝掌握的词汇，基本都是与其生活经验密切相关的，还会有少量的较为抽象的词汇。一般来说，宝宝会先掌握实词中的名词、动词，其次是形容词，最后才能掌握虚词中的连词、介词、助词、语气词。

现在，宝宝已经掌握了近千个词汇，基本能说5个字连在一起的句子，数数能从1数到10，能熟练地背诵简单的唐诗，能认识"大、小、山、水"等笔画少的字，可以跟随录音机哼唱3个音阶以内的歌曲。由于父母与宝宝说话的方式和次数对宝宝的语言发育有非常重要的影响，因此父母应重视与宝宝的语言交流。此外，和宝宝一起看画报、看图说话，让宝宝和小朋友一起玩，都有助于宝宝的语言发育。

宝宝已经能接听电话了。起初宝宝听到电话里有说话声，会显示出疑惑的神情，不知电话里的声音是怎么来的，也看不到说话的人，就会把电话听筒拿到眼前，试图看一看说话的人在哪里。这时，妈妈可以告诉宝宝电话是怎么回事，宝宝从电话里听到的说话声是从哪里来的。

宝宝的变化一日千里，也许有一天你下班回家后，会突然发现他能背出家里的电话号码，能用稚嫩的童声背诵诗词……这时，你一定不要忘了对他大加赞扬一番。

下面就来介绍几种有利于宝宝语言发展的游戏。

宝宝学自我介绍

能力培养

学习自我介绍，学会礼貌用语。

游戏步骤

1. 模拟宝宝上托儿所的场景。妈妈当老师，宝宝从门口进来，先鞠躬说：“老师好。”妈妈问：“小朋友，你叫什么名字。”宝宝回答：“朵朵。”
2. 然后妈妈依次问宝宝：“你爸爸叫什么名字？”“你妈妈叫什么名字？”“你家在哪里？”“你家的电话号码是多少？”如果哪个问题宝宝不清楚，妈妈要及时提醒。
3. 问话完毕，让宝宝说：“老师，再见。”然后鞠躬。

爱的互动

宝宝看到由妈妈扮演的老师，会抵消对陌生人的恐惧感，这样以后宝宝上托儿所也不会过分地害怕。在提问中，宝宝如果不记得其中某几项，可以隔一两天再做这个游戏，使宝宝能讲述清楚。这个游戏同时也是很重要的安全教育，以便宝宝与父母失散时能较快地得到帮助。

妈妈须知

从现在开始，就要有意识地教宝宝掌握家人姓名及电话号码，当发生异常情况时，宝宝可以向帮助者提供信息。一些宝宝的语言能力已经达到要求，可以流利地说出家人的姓名，包括不常见的亲戚朋友，还能说出他们的职业，也能比较明确地表达自己的意图。由于发育的个体差异，有的宝宝才刚刚会说话。父母不必急于把自己宝宝与别的小朋友作比较，要经常与宝宝进行交流。

宝宝知道怎么办

能力培养

学习运用新词汇，提高解决问题的能力，激发创造力。

游戏步骤

1. 找一个宝宝高兴的时候，跟他玩问答游戏。大人提问：“如果宝宝口渴了怎么办？”宝宝回答：“喝水。”“你饿了怎么办？”“吃饭。”“你困了怎么办？”“睡觉。”

2. 等宝宝熟悉游戏后，问宝宝一些复杂的问题，比如“宝宝太热了怎么办”？宝宝回答：“脱衣服。”妈妈继续追问：“还有呢？”宝宝可能会回答：“吹风扇。”让宝宝多讲几种办法，鼓励他出新点子。

爱的互动

宝宝和大人一问一答，如果能够把大人的问题都答出来，他会十分高兴。对于宝宝答不上来的，大人要提醒宝宝，鼓励他找到答案。在这个游戏中宝宝不仅能学会很多新的词汇，而且还可以知道更多解决问题的办法。

宝宝的小鸡

能力培养

多听、多看，强化语言沟通能力；提高对大自然的认识，爱护小动物。

游戏步骤

1. 用纸盒做一个鸡窝，在一侧开一扇小门，在顶上挖一个洞。

2. 把小鸡放到鸡窝里，让宝宝拿着米粒从旁边的侧门放到鸡窝里，引小鸡来啄食。

3. 通过上面的洞，可以让宝宝观察小鸡吃米的情形，大人在旁边顺道给宝宝讲述小鸡的大小、颜色、喜欢的食物，等等。

温馨提示

如果宝宝要抚摸小鸡，一定要注意宝宝的小手被小鸡啄伤。

爱的互动

宝宝如果害怕小鸡，大人要鼓励宝宝慢慢地接触小鸡，并且要跟他讲很多关于小鸡的知识，这有利于宝宝理解亲近小鸡。除此之外，大人可以引导宝宝和小鸡对话，从而加强他与人沟通的欲望和能力。

大自然真美丽

能力培养

认识大自然的各种事物，表达大自然中的所见所闻，激发想象力。

游戏步骤

1. 准备一张印有各种动物和植物的纸。
2. 拿着纸，带着宝宝到户外寻找能和图上的物体相配对的东西，如找到与鸟相配对的羽毛及与树相配对的叶子等。
3. 回到家，跟宝宝一起用胶水把羽毛粘到画有鸟的纸上，把叶子粘到画有树的纸上，并告诉宝宝：羽毛是鸟的一部分，叶子是树的一部分。

爱的互动

游戏中，大人可以领着宝宝到户外观察树叶、小鸟，并且让宝宝多开口，与宝宝多交流有关大自然的见闻。并且让宝宝自己动手，比如，自己去地上捡树叶，自己把羽毛粘到图画上。这些将有助于宝宝把图画和实物结合起来，从而更清晰地认识大自然。

妈妈须知

画画可以发挥宝宝的想象力，是一种表达感情的方式；还可以锻炼宝宝小手的灵活性和协调性，是一种培养宝宝观察事物、了解事物特征的好方法；还可以开发大脑右半球的功能，对开发智力也大有益处。所以，家长应该让宝宝尽情涂鸦。这样，到了3岁，宝宝就能画一些简单的富有童趣的画了。

04 动作发展训练

最近，朵朵一听到脑白金的广告音乐就很兴奋。“老爷爷、老奶奶。”她指着电视上扭屁股的动画小人高兴得直跺脚，自己也像模像样地插着腰，扭来扭去。“啪”，不明就里的姑姑调台了，这可气坏了朵朵:“看老头扭屁股！看扭屁股！”她伸过手来抢遥控器，一阵乱按。等到爷爷帮她调到正确的电视频道时，广告已经结束了。“哇”的一声，朵朵大哭起来，姑姑赶紧把她抱到了怀里。

此时的宝宝可以不扶东西单脚站立 2 秒以上，已经能从最后一级台阶上跳下来，还能双脚同时做立定跳远。当你在地上放一根木棍或小塑料棒，宝宝走近时，他会轻松地抬起脚跨越过去。宝宝已经能够把腰弯得很低而不向前摔倒；弯腰时，如果妈妈叫宝宝，他还会在弯腰状态下把头扭过来看看妈妈。这些大动作的发育都说明宝宝的四肢协调能力已经很好。

这个时期的宝宝喜欢爬到高处，他们已经敢独自登上滑梯并从滑梯上滑下，有的宝宝还会从高处往下跳，以此寻求新的刺激。现在的宝宝不喜欢走路，觉得走路已经没有挑战，他们很喜欢和大人赛跑，其实赛跑是引发宝宝走路兴趣的好方法。

宝宝两周岁后会变得越来越苗条，头部生长的速度会慢下来，四肢和躯干则开始快速生长，身体各部分比例会更像成年人。此时他们的手腕、手掌和手指的协调能力已经发展得很好，他们会用笔画竖线、横线和圆圈；可以一页页翻书；会用积木搭高塔；拧开瓶盖、门把手等。需要提醒的是宝宝的发育存在个体差异，如果宝宝有的动作发展暂时不如别的宝宝，大人不必过于焦虑，应陪着宝宝慢慢练习，重复次数多了，宝宝自然就会了 。

大多数宝宝都变得精力充沛。所以尽量让你的宝宝每天都在户外跑跑，做做身体运动，这有助于他增强力量和提高协调性。不过由于宝宝此时的自控能力和判断力相对落后于动作发育，所以宝宝玩耍时大人要特别留心他的安全。

下面就来介绍几种适合这个月龄宝宝的游戏。

宝宝学习包饺子

能力培养

捏面团锻炼手部力量和手指灵活性，增加一些生活常识。

游戏步骤

1. 包饺子前，给宝宝系上小围裙，准备一块小面团、一个小擀面杖。

2. 大人一步步地进行包饺子的流程，让宝宝在一旁模仿大人的动作。引导宝宝先用小手去捏揉、拍打面团，然后把面团压扁，用擀面杖摊平，在展开的面团上放上红枣，让宝宝把皮的边捏起来，告诉宝宝小手要用力捏紧，不然红枣会露出来。这样，饺子就做成了。

爱的互动

跟妈妈一起干活，宝宝会很高兴。妈妈可以边包饺子边问宝宝：“宝宝包饺子给谁吃啊？”他可能回答：“给爸爸吃。”这时妈妈要说：“爸爸工作辛苦了，吃了宝宝的饺子，就不累了。”宝宝听完会很有成就感，干得也就更起劲了。包饺子可以锻炼宝宝手指的灵活性，可是宝宝还不能顺利地把饺子包好，大人要鼓励宝宝，让宝宝多做几次。

温馨提示

告诉宝宝饺子需要煮熟才能吃，防止宝宝误食生饺子，造成肠胃不舒服。

宝宝追影子

能力培养

让宝宝走得更稳更快，训练宝宝的反应能力。

游戏步骤

1. 选一个阳光明媚的午后，妈妈带宝宝来户外做游戏。
2. 妈妈跳到宝宝在地面的影子上，说："我踩到宝宝的小影子了。"示意宝宝移动，然后再跳过来说："我又踩到了。"让宝宝四处跑，妈妈追着踩宝宝的影子。
3. 接下来，互换角色。妈妈说："宝宝来踩妈妈的大影子吧。"宝宝跑过来，妈妈可以忽快忽慢，直走弯走，使影子不断地变化，让宝宝追赶。

爱的互动

一开始，宝宝不知道影子是怎么回事。妈妈可以指给宝宝看："妈妈的是大影子，宝宝的是小影子。妈妈一动，大影子也动；宝宝一动，小影子也动。"在宝宝熟悉影子之后，可以和宝宝多次进行这个游戏，一方面训练宝宝的反应能力，一方面强化宝宝的腿部肌肉。

温馨提示

尽量选择路面平坦、空间较大的地方玩。游戏中注意宝宝的安全，适当控制宝宝的活动量。

宝宝串珠真厉害

能力培养

提高手眼协调能力，学会控制手部肌肉来做小动作。

游戏步骤

1. 准备一些五颜六色的珠子，妈妈和宝宝一人拿一根较硬的线。
2. 妈妈对宝宝说："我们串3个红色的，串1个白色的，串2个绿色的和1个黑色的。"说完，妈妈和宝宝分别找到正确数量的珠子，从左到右摆好。
3. 妈妈首先把红色的珠子一个一个串进去，然后依次串白色的、绿色的、黑色的，指导宝宝也一个个串进去。
4. 串完之后，妈妈帮宝宝把线的两头系起来，然后带到宝宝手上，作手链。

温馨提示

珠子的孔尽量大一些，便于宝宝串进去。

爱的互动

游戏中，大人可以在旁边指导，但不可以代劳。教过一次之后，要让宝宝自己去找珠子，自己去摆，自己去穿，鼓励宝宝独立操作。如果宝宝因为总是串不上而着急，大人要给宝宝鼓励。

模仿大人秀秀

能力培养

通过屈伸和平衡动作，锻炼肌肉的平衡性，激发想象力。

游戏步骤

1. 大人和宝宝并排站，让宝宝模仿大人走路的姿势。
2. 首先，大人可以走得很慢，告诉宝宝：“轻轻地、慢慢地走，不去打扰别人。”
3. 然后，大人可以大踏步走，告诉宝宝：“下雨了，要快点走，不然要淋湿了。”
4. 还可以走的时候突然弯下腰，告诉宝宝：“地上有宝宝的玩具，我要捡起来。”

爱的互动

这个时候的宝宝很喜欢模仿大人的动作，大人可以利用这点，让宝宝学习各种走路姿势。宝宝跟着大人学，没有丝毫的目的性，只是单纯的游戏。大人可以通过口述告诉宝宝这是什么情况下的动作，从而锻炼宝宝的想象能力和肌肉的平衡性。大人不要做对宝宝而言有难度的动作，比如蹦跳。这个阶段的宝宝还不能灵活地蹦跳，如果宝宝学蹦跳时大人没注意看护宝宝，可能会让他摔倒受伤。

05 习惯养成训练

“下楼去遛弯儿了！”听到奶奶的召唤，朵朵兴冲冲地跑了出来。看到奶奶正在门口换鞋，她也拿着自己的小鞋使劲地往脚上套。奶奶穿好了自己的鞋，说：“来，奶奶给宝宝穿鞋。”“不，宝宝自己穿。”朵朵很坚决地拒绝了奶奶的帮助，继续与鞋子奋战着。旁边的朵朵爸对宝宝的表现很满意，说：“嗯，我家宝宝很独立啊。”

这个阶段的宝宝能自己开关水龙头洗手洗脸，吃饭时乐于为别人夹菜，能自己穿脱简单的开领衣服，能自己穿袜子和松紧裤等。当宝宝学会这些本领以后，家长应该鼓励宝宝每天自己动手，不要因为时间紧张就代替宝宝做这些事，这样会妨碍宝宝自身能力的提高。

要想培养具有独立性格的宝宝，父母一定要克制自己不管什么都想替宝宝做好的心情。当宝宝要自己做事时，妈妈应该在旁边鼓励他，不要吝惜时间，一旦宝宝自己完成就及时地表扬他。比如宝宝刚开始自己吃饭时，多半不能完成得很好，要么弄脏衣服，要么打翻碗碟。这时尤其考验妈妈的耐心，如果妈妈在旁陪伴，不能控制住自己想要帮忙或整理的情绪，可以暂时离开，让宝宝自己去试吃一会儿，等宝宝试得差不多了再最后统一打扫清理。要知道只有父母保持乐观的心态，宝宝才能学会自己的事情自己做，养成自立的习惯。

大多数两三岁的宝宝晚上需要的睡眠时间为9~13个小时。很多宝宝中午还需要睡个小觉；不过，也有些宝宝白天根本就不睡觉。在这个年龄段，睡觉的量没有所谓正确的标准，只要宝宝能保持足够的清醒而且不累就可以了。

阅读习惯和能力的培养，对宝宝今后学习能力的提高也是很重要的。父母应抓住这段时机，以身作则地培养宝宝的阅读习惯。父母吃完饭不要一味地看电视、打麻将或玩游戏机，而是应该抽出一段时间来阅读或写写日记。宝宝一点一滴的变化都代表着他的成长步伐，如果大人每天能抽出几分钟的时间记录下来，那将是一笔无可比拟的财富。

下面就来介绍几种帮助宝宝养成良好习惯的游戏。

清洁小宝宝

能力培养

养成饭后漱口的习惯，保持口腔清洁。

游戏步骤

1. 饭后，爸爸、妈妈和宝宝三个人一起站到洗漱台前。爸爸、妈妈拿起杯子将水含入口内，鼓腮几次使水在齿间流动，发出“咕噜、咕噜”的声音，然后将水吐出。

2. 给宝宝的专用杯子里装上小半杯水，让宝宝也含一口到嘴里，模仿爸爸妈妈的动作。

3. 然后，妈妈说：“哇，好厉害，宝宝的嘴巴干净了，快吐掉水吧。”让宝宝把漱口水吐到水池里。

温馨提示

刚开始，用凉白开作漱口水，因为宝宝很可能不将漱口水吐出，而是吞掉。

爱的互动

宝宝跟着大人一起漱口的时候，他会感到很有成就感，并且漱口的时候，妈妈可以来听宝宝嘴里的声音，这会引起宝宝的兴趣。不管宝宝能不能发出声音，妈妈都要说：“好厉害。”可是宝宝正是贪玩的时候，他不会把这个习惯坚持下去。大人这时就要经常督促宝宝。

宝宝吃得真干净

能力培养

懂得珍惜粮食，培养良好的饮食习惯，从小养成节约的美德。

游戏步骤

1. 宝宝同妈妈比赛吃饭，不要求吃得快，只要求吃得干净。看谁吃完之后，脸上、身上、桌上、手上最干净。

2. 比赛开始，妈妈跟宝宝一起吃，可以只吃两三个饺子。中间，妈妈故意把饺子掉到桌上，让宝宝有信心赢得比赛。

3. 吃完后，妈妈跟宝宝一起站到镜子前照照，看看谁最干净。

爱的互动

比赛时，用勺子、筷子都可以。除饺子外，还可以比赛吃薄饼。大人和宝宝一起吃饭时，可以故意吃得慢一些，然后洒出一些来，让宝宝有信心赢过你。经常做这个游戏就可以让宝宝养成不剩饭的习惯。在吃饭的过程中，妈妈还可以告诉宝宝：“我们吃的食物都是农民伯伯辛辛苦苦种出来的，我们要爱惜粮食。”

宝宝也会穿裤子

能力培养

学会穿裤子，提高自理能力。

游戏步骤

1. 选择一个易穿的松紧带裤子，教宝宝学穿裤子。

2. 一开始，早上起床时，大人帮宝宝将裤子穿到膝部，让宝宝自己拉上。

3 过一段时间后，大人帮宝宝穿上一只裤腿，让宝宝学穿另一只裤腿。慢慢地，可以让宝宝自己独立穿整条裤子。

爱的互动

这个时候的宝宝动作已经很灵活了，大人可以锻炼宝宝自己穿裤子。大人先把裤子穿到宝宝膝部，再让宝宝自己拉上，这会让宝宝认为是自己穿上的，从而热衷于穿衣服。这时大人再训练宝宝自己穿裤腿，慢慢养成自己穿衣服的习惯。教宝宝穿衣服，最好是在夏季，夏天衣服简单，秋天衣服比较复杂和厚重。宝宝只能穿简单的衣服，有些复杂厚重的衣服仍需大人帮忙穿。

妈妈须知

宝宝衣服的袖子、裤腿要宽大，使他四肢有活动余地，并便于穿脱换洗。衣服的胸腹部不要约束过紧，以免影响胸廓的运动及呼吸。背带裤是一种很好的样式。至于什么时候不穿开裆裤，主要依排便的习惯训练而定。

好宝宝洗洗手

能力培养

学会饭前便后自己洗手，养成良好的个人卫生习惯。

游戏步骤

1 妈妈帮助宝宝将衣袖卷上，和宝宝一起站在水龙头旁。

2 妈妈示意宝宝拧开水龙头，一起伸出手，将手淋湿，然后由宝宝关上水龙头。

3 妈妈示范如何抹肥皂：将双手来回搓洗，然后依次洗手指、指间缝和指甲缝。

4 搓好后，妈妈请宝宝打开水龙头，跟宝宝一起将手上的肥皂沫完全冲净。

5 关上龙头，用各自的毛巾将手擦干。

6 妈妈说："让妈妈闻闻宝宝的手香不香。"然后，闻闻宝宝的手，说："真香。"

温馨提示

洗手液中含有的成分较复杂，建议大人用肥皂给宝宝洗手，或者用消毒纸巾。并且装肥皂的盒子要镂空，避免长时间浸泡在水中。

爱的互动

宝宝和大人一起洗手，比自己一个人洗手感觉要好，他甚至会带着一丝炫耀来仔细地洗手。大人看到宝宝洗手洗得很干净要表扬宝宝，让宝宝觉得自己很棒，从而让宝宝养成自己洗手的习惯。大人要把洗手的步骤仔细地教给宝宝，让宝宝记住这些步骤。寒冷的冬季，还要教给宝宝，洗好手后涂上润手的油膏。如果宝宝在洗手的过程中，不认真洗，将水洒得到处都是，大人要耐心地教导他。

妈妈须知

宝宝年龄小，其生理机能的发育和心理发展还不成熟，常会说错话、做错事，这是难免的。只要在大人的帮助下，宝宝能认识错误，改了就好。可是有些宝宝做了错事还不肯认错，倔强、执拗，确实令人生气。对宝宝的这种不良行为，家长应仔细分析原因，在了解宝宝的基础上再给予正确的教育。

2岁1个月~2岁3个月宝宝档案

感知理解力发育

● 能够认出 8 种颜色和 16 种图形。

● 求知欲更加强烈。

● 有了轻重的概念。

● 认知能力增强。

运动能力发育

● 能小跑，可以双脚离地跳。

● 能画圆弧，会串珠子，能摆弄纽扣等。

语言能力发育

● 会 2~3 个完整的句子。

● 能熟练地背诵简单的唐诗，还能认识“大、小、山、水”等笔划少的字；可以跟随录音机哼唱 3 个音阶以内的歌曲。

情感发育

● 社交能力越来越强。

● 可以用声音表示喜怒等情绪。

● 有较强的自我意识，明白自己和他人是有区别的。

习惯养成

● 能自己开关水龙头洗手洗脸，吃饭时乐于为别人夹菜。

● 在自己刷牙、洗手、擦手等方面做得更好。

第10章

2岁4个月~2岁6个月 拥有探索生活的勇气

这个时期的宝宝对所有的事情都充满兴趣，什么事都想干一干，什么东西都要玩一玩；宝宝的运动能力越来越强，见到地上的东西，总是喜欢踢一踢；喜欢涂涂写写，能抓住蜡笔在一张纸上来回涂抹；喜欢说“谢谢、您好、再见”等礼貌用语。这个时候是父母和宝宝一起游戏的好时光，多留一点时间陪宝宝玩儿吧。

01 感知理解力发展训练

朵朵妈发现朵朵最近对每天的天气预报很感兴趣。朵朵总是指着电视上的图案说：“太阳，下雨。”于是朵朵妈给了她一张图画，她居然能够分清阴、晴、风、雨、雪。朵朵真的长大了，朵朵妈第一次觉得朵朵有研究气象的潜质。

这个时候的宝宝越来越喜欢看电视了。虽然看电视作为一种学习方式，可以教宝宝认识很多汉字。但是电视画面和声音转换快，而且看电视时宝宝是被动的，不太会有太多想象的空间，如果整日守着电视看，宝宝就会变得不爱思考，所以父母应限制宝宝看电视的时间，每天不能超过两小时。

在这个时候，“多”与“少”的概念在宝宝的小脑袋里已经非常明确。如果你在他面前摆放两堆 5 个以内的物品，宝宝已经能分清楚哪个多哪个少；宝宝现在还能用蜡笔写出 0 和 1 这两个数字，而且 0 能封口，1 能竖直；宝宝还能按秩序摆放好玩具。但此时抽象的数的概念宝宝还很难理解，因此需要妈妈将生活中的实物和数联系起来帮助宝宝理解，比如 3 个鸡蛋、4 个人、10 颗豆子等等。

宝宝用剪刀剪纸的能力也有了提高。在纸上画一条线，宝宝会沿着线把纸剪开，虽然不平整，但这表明宝宝手的精细动作发展又进了一步。此时有不少宝宝热衷于用剪刀剪东西，如果不希望宝宝剪坏床单、桌布等不该剪的东西，妈妈要提前给宝宝准备一些可以剪的材料，让宝宝充分发挥剪的欲望。如果真剪坏了一些贵重东西，妈妈也别因此惩罚宝宝，因为此时的宝宝不但没有形成贵重、轻贱的概念，更不知道什么可以剪，什么不能剪，他纯粹就为了练习剪的能力。所以，妈妈与其生气，不妨借此机会教给宝宝这些概念，而且换个角度看，世界上又有什么东西能贵重过宝宝呢？

这个时期的宝宝自我意识增强了，他们对玩具有了自己钟爱的类型。比如，男宝宝可能着迷于汽车，为他买套汽车城带回家，他会长时间地在家中操纵他的“城市”运转；对女宝宝来说，她们更喜欢小碗、小盘、小娃娃等玩具。

为了让宝宝们的智力能够更上一层楼，下面就介绍几种提高宝宝智力的小游戏。

球儿抛来又抛去

能力培养

锻炼数数技能和手眼协调能力，有助于智力开发。

游戏步骤

1. 和宝宝面对面站着抛球。
2. 每次抛球时，大声数数，让宝宝也跟着你一起大声数。
3. 数到10，再重新开始。当他熟悉1到10后，试着数到20。

爱的互动

宝宝和大人一起玩抛球的游戏，宝宝会很高兴。尤其是宝宝见到大人一边抛球，一边快乐地数数，宝宝也会被你的快乐所感染，也会跟着数数。大人留心宝宝数数不通顺的地方，可以把这个数多数几次，帮助宝宝数更多的数字。大人抛球时，一定要控制好力量，尽可能抛到他的手边，方便他接到。不能因为自己玩心大起就忘了宝宝的承受能力，注意不要伤到宝宝。也要注意宝宝的体力，不要让他过度劳累。

温馨提示

所选的皮球要尽量轻一点，现在宝宝的力量还小，太重的球可能无法抛起。皮球也可用毛线团等物品代替。

五颜六色保龄球

能力培养

训练手眼协调能力，精细动作能力以及大运动能力。

游戏步骤

1. 找两三个1升的软塑料饮料瓶，将彩纸剪成碎片并投入瓶中，每个瓶子装一种颜色的纸。
2. 让宝宝沿着地面投球将这些瓶子撞倒。每撞倒一个瓶子，从其中拿出一片彩纸，算作对宝宝的奖励。
3. 将宝宝赢得的彩纸收集起来，游戏后数一下，告诉宝宝他收集了多少彩纸。下次可以用写了不同字母或数字的纸来代替彩纸。

爱的互动

宝宝看到瓶子里彩色的碎纸会觉得很新鲜有趣；而这个时候，大人又教给宝宝如何用一个大球把所有的瓶子都撞倒，宝宝自然很兴奋地来玩这个游戏。撞倒瓶子后还可以拿到彩纸，这对宝宝而言，比任何奖励都要宝贵，他自然玩得不亦乐乎。除此之外，大人可以在宝宝旁边帮助他数数，看宝宝每次撞倒几个瓶子，让宝宝也跟着学会数数。用写了字母或数字的纸片来代替彩纸，还能训练宝宝的识字能力。

妈妈须知

一般体质弱的宝宝依赖性特别强，同时会表现出胆小退缩、自卑懦弱、以自我为中心、独立性差、缺乏自信心等毛病，有一些宝宝还会表现得非常焦虑、敏感、内向甚至孤僻。这是因为这些宝宝由于身体问题，长期得到大人的迁就，在学习和性格上或多或少都出现了偏差，从而影响了他们适应社会生活的能力。所以，大人一定要重视孩子的身体锻炼。

豆子变大了

能力培养

训练分类、归类、集中注意力的技能，更好地认识因果关系。

游戏步骤

1. 准备许多不同的豆子，比如黄豆、绿豆、红豆等，混合起来，放在一个小碗中；教宝宝分类：黄色的是黄豆，绿色的是绿豆，红色的是红豆。
2. 和宝宝一起，将豆子浸在水里。一段时间后，带着宝宝来看豆子发生了什么变化，问宝宝哪种豆子变化最大，然后将豆子洗干净。
3. 将洋葱和芹菜放在橄榄油中炒一下，放入豆子，加上水，将之煮沸，炖到豆子变软，当饭吃。

温馨提示

整个游戏中要防止宝宝将生豆子直接塞入口中。

爱的互动

宝宝看到那么多的豆子，他会觉得很好奇，这时大人教给宝宝如何将豆子分类。然后大人将豆子泡进水里，宝宝的性子很急，第二天会迫不及待地看豆子的变化，大人要阻止宝宝因过分着急而破坏泡豆子的过程。最后，大人再把豆子做成一盘美味的菜，宝宝更是觉得新奇有趣，吃起来也会更香。

快来比比脚大小

能力培养

锻炼解决问题的能力，增加对大小概念的理解。

游戏步骤

1. 妈妈和宝宝分别把脚画在纸板上，剪下来。

2. 将脚纸板混在一起，让宝宝指出大小，并看他是否能指出哪个是他的，哪个是妈妈的。宝宝区分不出来的话，妈妈可以将纸板放在脚边来帮他判断。

爱的互动

宝宝喜欢新奇的游戏，更喜欢和大人一起玩游戏。大人可以尽量配合宝宝的乐趣，不一定要强加给宝宝知识。宝宝和大人比脚，宝宝会十分高兴，尤其是后来大人将两个人的脚画在纸板上剪下来，宝宝会兴致勃勃地看着。大人指着一大一小两个纸板问宝宝哪个大哪个小，哪个是大人的，哪个是宝宝的，宝宝自然会顺着大人的思路走，从而顺利地理解大和小的区别。

02 情感发展训练

朵朵爸一进门，就看到朵朵把彩笔从白纸上一直画到了床上。淡紫色的床单被画得红红绿绿的。朵朵爸气得拉起朵朵指着床单大吼："看你画的，以后不许画了！"说着一把抢过了彩笔。朵朵被吓得大哭起来。朵朵妈跑过来抱着哭得满脸泪水的朵朵，心疼得不行，对着朵朵爸吼道："你凶什么，床单我洗，关你什么事！"朵朵爸顿时噎住了。

有时候你会很厌烦宝宝做手工，因为他做手工时常把房间搞得乱七八糟，但不要被这种凌乱和嘈杂吓住，它往往是宝宝创造性思维活动的开端。你可以给宝宝划定一个做手工的区域，并且在宝宝做完后和宝宝一起收拾，家里就不会因为宝宝做手工而一片狼藉了。宝宝辛苦完成的"作品"，不管看上去如何，你都要表扬和认可，赞赏鼓励会给他再次创作的信心，使他越做越好，而批评则会打击宝宝的积极性，甚至可能使他放弃再也不做了。

宝宝希望自己玩，爸爸妈妈一想，那好啊，你自己玩自己的吧，我们也有我们的事情，就到另一个房间去了。结果宝宝自己也不玩了，可能还要大哭一场。爸爸妈妈认为宝宝自相矛盾，其实不然，这个时候的宝宝不希望被父母忽视，因此总是希望父母不离左右。同时，他又感觉自己长大了，有独立的强烈愿望，不想受父母的限制。独立性与依赖性并存，是这个时段宝宝身心发育的特点，这个阶段也是宝宝必经的成长阶段。父母只有准确理解当下宝宝独立与依赖并存的心理特点，才能正确与宝宝互动，陪伴他健康成长。

现在宝宝的活动范围不断扩大，认知能力也有了相应的提高。这个年龄的宝宝特别需要朋友，因为从其他小朋友那里，宝宝可以得到许多生活经验，那是他从父母那里学不来的。所以父母应带宝宝走出家门，为宝宝多找几个好伙伴。

下面介绍几种有利于宝宝情绪发展的游戏。

快乐的水里游戏

能力培养

洗澡时，体会丰富的触觉刺激。

游戏步骤

1. 准备浴盆、玫瑰花、塑料玩具、海绵、沐浴露、小桶等。
2. 和宝宝一起扯下玫瑰的花瓣，撒在注满水的浴盆里，欣赏花瓣在水里飘荡的美丽景象。宝宝会很愉快地进入浴盆。
3. 给宝宝各种塑料玩具，对宝宝说："让小动物、小娃娃潜水玩。"示意宝宝把玩具压到水底，放开小手，然后看玩具浮上水面。
4. 给宝宝一块海绵，让他把海绵从吸水、挤干到漂浮，自由地玩，当水滴滴落在水面时，聆听发出的好听的声音。

5 在宝宝的手心里挤上几滴沐浴露，教他两手搓一搓，在身上抹一抹，鼓励他给玩具娃娃也抹一抹，说出感觉：“好滑好滑哦。”

6 最后，让宝宝把玩具放进小桶里，自己站起来冲淋，一边冲一边说：“下小雨啦，下小雨啦，宝宝淋湿啦，宝宝淋干净啦！”

温馨提示

宝宝洗澡的水温一般控制在37℃-40℃，游戏时间不要太长，以免宝宝着凉。

爱的互动

大人变着花样给宝宝洗澡，宝宝会觉得很快乐，而且一边洗澡一边可以玩玩具，这对宝宝而言是充满吸引力的。宝宝平时最怕搓沐浴露，但这时宝宝被玩具和大人风趣的语言转移了注意力，会非常配合地洗好澡。

妈妈须知

宝宝选购玩具的标准：首先，应选择符合卫生要求的无任何毒性、无锋利边角的玩具，而且要结实耐用的。其次，选择玩具时应考虑其教育性和艺术性，要能引起和培养宝宝的兴趣，并能发展其智力。若能让宝宝自制玩具，则更能增添情趣，启迪宝宝心智，开发宝宝的创造能力。

宝宝自己的声音

能力培养

强化自我认同感和自我意识。

游戏步骤

1 平时可以录下宝宝唱歌或者说简单句子的声音。

2 在宝宝心情好的时候，让他听听自己的声音是怎么样的。

3 在宝宝认真听的时候问他：“里面，谁在说话啊？”“是宝宝哦。”

爱的互动

可以趁宝宝不注意的时候，偷偷地录下宝宝的声音，然后放出来，给宝宝一个意外惊喜；也可以当着宝宝的面，告诉他：“宝宝唱首歌吧，给你录下来。”这样不仅让宝宝有了自我意识，还可以锻炼他的语言能力。

家人来坐车

能力培养

提高认数的能力，了解“家庭”的概念。

游戏步骤

1 准备每位家庭成员的照片，用数字从小到大标记出来。

2 画几辆车，也用数字标记出来，每辆车的车窗画得尽量大些，以便能放入每位家庭成员的头像。

3 对宝宝说：“爷爷是1号，坐1号车；奶奶是2号，坐2号车……”教宝宝按照车上的号码，将家庭成员的照片贴在每辆车上。

爱的互动

每张照片和每辆车上都有序号，需要按序号来贴照片，这就锻炼了宝宝的认数能力。同时，这个游戏也可以帮助宝宝了解家庭里各个成员之间的关系，从而了解家庭的概念。如果宝宝喜欢玩这样的游戏，大人可以多让宝宝玩几遍。也可以用和宝宝关系亲近的朋友的照片来玩这个游戏，这样会大大提升宝宝的兴趣。

妈妈须知

学习有序是培养逻辑思维的重要步骤。平常生活中家长要从一些小事做起，以便培养宝宝有序的思维方式。比如家长给宝宝读故事，要特别注意按照书上每一个字的顺序去朗读。如果不照着顺序读，虽然意思相同，但与宝宝早已背熟了的句子不同，他会叫嚷起来。宝宝是在闭着眼睛背诵，即使是故事的情节，他也会按照故事发生的次序去记忆。

为你做卡片

能力培养

锻炼创造力和动手能力，教宝宝一个重要的社会习俗。

游戏步骤

1. 准备一些卡片，彩笔，剪纸画。
2. 妈妈帮宝宝粘好卡片，让他用彩纸、颜料和剪纸画来装饰卡片。
3. 做完后，在卡片里写上祝福的话，画上宝宝的小手，并手把手教他签名。
4. 将卡片装入信封，贴上邮票并亲自赠送给宝宝喜欢、想要送给的人。

爱的互动

宝宝为自己喜欢的人制作卡片会感到很高兴。这时大人再适当地引导宝宝，帮助他完成整个过程。宝宝不会因为大人的帮助而不高兴，相反，他会认为这都是自己做的，从而非常开心。大人要尊重宝宝的意志，纵使宝宝和大人的意见相左，也不要否定宝宝的爱好，否则会伤害宝宝的积极性。

谁在哭谁在笑

能力培养

提高识别面部表情的能力，增加描述表情的词汇。

游戏步骤

1. 从杂志上剪一些不同表情的小孩的图片，如开心的脸、愤怒的脸、哭泣的脸等。
2. 看着这些图片，向宝宝讲述图片上的人分别在表达什么感情，为什么会有这些表情。如“你看他笑了，肯定是碰到什么开心的事儿了”“你看他哭得多伤心，肯定是碰到难过的事儿了”等。
3. 最后，将所有图片摊在宝宝面前，考考他：谁最开心？谁最伤心？谁最生气？

温馨提示

大人给宝宝选择图片时一定要仔细，不要选一些面目狰狞的脸作为游戏图片。因为图片过于狰狞，宝宝会受到刺激，导致夜间惊恐。

爱的互动

宝宝看到表情各异的各种图片会感到好奇，这个时候大人引导宝宝，问他哪个是伤心的，哪个是开心的。他会仔细地观察每张图片上的表情，并从中找出正确的答案。宝宝答对了大人要及时表扬，如果答错了就要及时纠正。

03 语言能力发展训练

朵朵妈教朵朵说英语："sorry。"朵朵张大嘴巴什么声音也没发出来。朵朵妈继续示范："sorry。"朵朵想了一会低声说："臊儿。"朵朵妈抱起朵朵喜笑颜开："朵朵会说英语啦，妈妈好开心。"于是朵朵便放开胆子大声说："臊儿！臊儿！"虽然还不够标准，但是朵朵妈却是乐翻天了，一个劲地感叹："我家朵朵不愧是我生的，有语言天赋啊。"

这个时候，一些简单的英语单词，如香蕉、苹果、橘子等，宝宝已经能正确地发音了，而且还能说出几种喜欢的动物名称；"谢谢、您好、再见"等礼貌用语，宝宝也已经掌握了，当他在帮你做事以后，会要求你说"谢谢"。在适当场合，也可以鼓励宝宝主动用礼貌用语与人交流。宝宝语言的学习是先积累后使用，所以爸爸妈妈越早、越多用语言与宝宝交流，宝宝的词汇量越丰富，语言表达越好。

这一阶段，宝宝每月平均新增词语200个左右，多数宝宝已掌握了100~200个口头用语，半数宝宝掌握了400~500个左右的口头用语。多数宝宝词汇量可达100~700个左右，半数宝宝能够说出包含7个字以上的句子。两岁以后宝宝开始理解代词了，但运用代词的能力还非常弱，妈妈可以通过故事或游戏来帮助宝宝学习你、我、他等代词，进而使宝宝掌握你的、我的、他的等物品所属。

宝宝开始在句子中使用介词，常用的有：里面、上面、下面、外面、前面、后面。

宝宝可能会说，“我要到外面去玩”“我要站在桌子上面去”“我把小布熊放到玩具箱里面了”。过去宝宝习惯说狗狗、猫猫等，现在宝宝不再喜欢把两个相同的字叠在一起了。因为宝宝掌握的词汇量增多，可以开始说带有形容词的语句了，他们喜欢说“大狗”“小花猫”，甚至还会说“一只小花猫”。如果宝宝说“我看到一只小花猫”，那就表示宝宝的语言表达能力真的很强了。语言能力和智力发展是相辅相成的，语言能促进宝宝的智力发展，智力发展又帮助宝宝理解和运用语言。为了使宝宝愿意说、多说，爸爸妈妈要做个好听众，而不仅仅是简单的命令宝宝不许做这个，不能做那个。

下面，我们就来介绍几种有利于宝宝语言发展的游戏。

配对朋友找找找

能力培养

发展触觉，认识物品，学习发音。

游戏步骤

1. 游戏前，先把几对相同的东西分别放到两只口袋中。
2. 妈妈示范，先在A袋中摸出一样东西，然后再到B袋中摸一样东西，看从两袋中拿出的东西是否一样。若不一样，就放进袋中，妈妈再重新摸一样，直到摸到同样的东西时，将两种同样的东西配成对，放在一起。
3. 在摸出东西后进行问答对话，让宝宝说出物品的名称、颜色等。
4. 让宝宝自己去摸，将相同的两件东西摸出来后放在一起，再开始找新的一对，直到两袋中的东西摸完为止。

爱的互动

当宝宝从两个袋子中摸出一样的东西可以配成对的时候，宝宝会特别开心。这时候大人可以教导宝宝说出玩具的名称、颜色、特点等。这样重复下去，宝宝在这个游戏中就可以得到语言方面的锻炼了。等宝宝熟悉游戏的玩法后，逐步增加要配对物品的数量，增加游戏的难度，引导宝宝学习多方面的经验和知识。

味道大拼盘

能力培养

提高嗅觉，增加词汇量，锻炼分类和记忆能力。

游戏步骤

1. 收集有不同气味的东西，如洋葱、柠檬、肥皂、古龙香水等，让宝宝闻一下每一样东西，了解各种气味，告诉宝宝这是什么气味。

2. 然后蒙住宝宝的眼睛，让他闻一种东西，说出："这是什么味？发出这种味道的是什么东西？"

> **温馨提示**
>
> 刺激性太强的味道要适当地远离。让宝宝嗅到味道即可。否则，强烈地刺激嗅觉器官会对宝宝有负面影响。

爱的互动

宝宝闻到各种味道的时候，他会表现出不同的情绪。大人要告诉宝宝这都是什么味道，并让他说出味道的名称，同时还增加了宝宝的词汇量，锻炼了宝宝的嗅觉。

大家来传悄悄话

能力培养

明白说话时清楚发音的重要性，训练说话能力和记忆力。

游戏步骤

1. 妈妈在宝宝耳边讲一句话，宝宝听懂了之后，把这句话悄悄地告诉爸爸。
2. 宝宝会高兴地爬到爸爸耳边把话传给爸爸，然后爸爸再悄悄地告诉爷爷，爷爷再悄悄地告诉奶奶，奶奶最后大声讲出悄悄话的内容，让大家听听是否走样了。

爱的互动

宝宝认为在人耳边说悄悄话不让别人听到是十分神秘而新奇的事，他会认真地听大人说话，然后记住传给第二个人。由于他发音不清楚，话又未全懂，就非常容易走样。但这样的游戏，宝宝不仅能锻炼语言能力，提高记忆力，而且还会让宝宝明白说话时发音清楚的重要性。

妈妈须知

对幼儿口齿不清的预防和矫治需注意以下几项原则：1. 在儿童学说话的关键时期，教给他正确而清晰的发音。2. 在宝宝发音不准时不要指责、嘲笑，避免他因紧张而不敢发音。3. 四岁后，如果宝宝仍有明显的发音问题，应及时就诊，明确原因，对症治疗。4. 必要时可以为宝宝进行发音矫正训练。

宝宝是改错大王

能力培养

在幽默轻松的氛围里体验学说话的愉悦和自信，有助于语言的发展。

游戏步骤

1. 准备宝宝喜欢的动物卡片若干张。

2 先让宝宝认识这些卡片，然后装进纸盒里，告诉宝宝："现在我们来玩一个叫作'改错大王'的游戏，宝宝是改错大王，要听出爸爸哪里说错了，再帮助他改过来。"

3 妈妈从纸盒里拿出一张小乌龟的卡片，爸爸故意说："这是小鱼。"妈妈问："宝宝，爸爸说错了吗？请你改一改。"引导宝宝说出正确答案。

4 然后，妈妈抽出小猫的卡片，爸爸说："小猫'汪汪'叫。" 妈妈同样请宝宝改错。

5 最后，让宝宝抽取图片，妈妈抢先说错，让爸爸改错。

爱的互动

宝宝对这个游戏很陌生，但是看到爸爸妈妈总出错，他可以指出大人的错误，他会很高兴，这样做也可以使宝宝增加自信。如果宝宝指不出来，大人要提醒宝宝。长时间玩这个游戏，会有利于宝宝语言的发展。但改错的难易程度视宝宝的经验和能力灵活安排。如果太难，宝宝就没办法对这个游戏产生兴趣。

宝宝听力大测验

能力培养

分辨敲击不同质地的东西发出的声音有什么区别，练习听力，这有助于开发语言能力。

游戏步骤

1. 取筷子一根，碗、积木、塑料盒子和铜铃铛各一个。
2. 先让宝宝用筷子敲响桌上的四种东西，多敲几次，让宝宝记住每种东西发出的不同的声音。
3. 让宝宝转过身背对着桌子，由大人敲任意一种东西，请宝宝来猜敲的是什么。
4. 让宝宝离桌子两米远，背对着桌子坐好，看能否继续分辨出听到的声音是大人敲击什么东西发出的。

爱的互动

游戏时，宝宝背过身靠听力来分辨大人敲击的是什么东西。如果答对了，他会很有成就感。但大人在游戏中千万不要嘲笑宝宝，要主动营造欢乐的氛围。只有这样，才能让宝宝继续玩下去。

妈妈须知

对宝宝来说，“声音”不仅刺激听觉，对学习语言、发展情绪也很重要，影响极为深远。适度且丰富的听觉刺激，能使听神经的构造趋于完整，吸引宝宝去学习他所听到的声音、记忆声音，并配合自身的生理发展，进而尝试发声、累积词汇，进行更准确、更协调地运用。家长若能清楚了解宝宝从“听”到“说”的发展历程，便能善用声音游戏，及早为宝宝的累积发展打下基础。

04 动作发展训练

朵朵在公园里奔跑，爸爸紧跟其后。眼看朵朵要踩到前面的水坑里，爸爸准备拉她，谁知道朵朵跑到水坑前居然停了下来。她扭头看看身后急急忙忙赶来的爸爸，然后对爸爸说：“爸爸，有水，脏！”朵朵爸心里一阵暖流淌过。

上了年纪的老人已经追不上这个年龄段的宝宝了，因为宝宝不但走得很稳，可能已经开始会奔跑，遇到障碍物能及时停止脚步，或减慢速度绕过去后再继续跑起来。宝宝偶尔会向后退着走好几步，但不会像大人那样回头看，因为还不知道后退是有危险的，所以大人要好好呵护。

家里已经不能满足宝宝对活动范围的需求了，他非常渴望外出，只要听到出门的指令，他就会极其兴奋。有时你带宝宝外出，宝宝会要求走马路牙子，这是训练其平衡能力的好机会。

宝宝的活动看上去充满危险，令妈妈担心万分。但不要制止他的“危险”活动，因为这都是宝宝学习的过程，妈妈应该尊重宝宝的选择，只要做好安全保护就行。需要提醒的是，每个宝宝的发育都有各自的进程，不可能完全一样，有可能这段时间跑跳方面比别的孩子落后，但下一阶段用脚踢球又会领先于别的宝宝，对这些差异父母不必太在意，要用发展的眼光去看待，耐心等着宝宝按自己的方式成长。

下面就来介绍几种适合这个年龄段宝宝玩的游戏。

宝宝的金鸡独立

能力培养

强化腿部肌肉，促进身体的平衡能力。

游戏步骤

1. 妈妈同宝宝面对面站立，互相牵着右手，一起提起左腿，屈曲左膝。身体不靠着家具，站稳后开始数数，从1数到10，看右腿能站多久。
2. 然后两人互牵左手，提起右腿，屈曲右膝，从1数到10，看左腿能站多久。
3. 第二次，妈妈和宝宝牵右手用右腿独立时，左腿抬起尽量向后伸，从1数到10，看左腿后伸能坚持多久。
4. 同样方法，妈妈和宝宝牵左手用左腿独站，抬右腿，从1数到10，看右腿向后伸能坚持多久。

爱的互动

当宝宝牵着大人的手在大人的鼓励下颤巍巍地站立时，大人刚开始可以数得快一点儿，等到宝宝熟练之后，大人可以数慢一点儿，争取让宝宝多坚持一会儿。游戏结束后，大人要给宝宝一些奖励，让宝宝觉得自己的努力是值得的。争取让宝宝有兴趣重复做这个游戏。

妈妈须知

在安排游戏或活动时，要根据宝宝的身体情况来安排，即要严格控制运动量。锻炼时注意运动量要逐步增加或减少，不要让宝宝过早地进行超负荷锻炼。宝宝在体育锻炼时一定要注意正确的训练姿势，避免引起运动性损伤。在运动后，要注意对其进行监测，如脉搏、出汗量、是否有损伤等，如有异常情况请及时求助于医生。

鱼儿鱼儿快快逃

能力培养

练习自由跑步，训练动作灵敏性。

游戏步骤

1. 游戏前，在小竹竿一端挂上一个塑料网兜，兜底朝上，开口处朝下，模拟钓鱼人捕鱼用的网兜。

2. 游戏时，爸爸扮演钓鱼人，妈妈扮演大鱼，宝宝扮演小鱼。

3. 爸爸说："我要钓鱼啦。"同时，站在场地中间，挥动着网兜去触碰大鱼和小鱼的头部。

4. 若是谁的头部被渔网套住或者触碰到，谁就被钓到了。被钓到的就站到一边去。如果两个人都被碰到，游戏再重新开始。

爱的互动

宝宝和妈妈扮作鱼，宝宝会很开心地和妈妈一起躲闪渔网。当爸爸的渔网捉住宝宝的时候，宝宝也会兴趣盎然地等着游戏再次开始。在游戏过程中，宝宝的动作会越来越灵活，可以避开很多次渔网的袭击。让宝宝在欢乐的情绪中学习机智地躲避渔网，避免被套住。宝宝也会模仿妈妈机智的动作，这有利于宝宝的动作发展。但在躲避的过程中，要注意不要将宝宝撞倒。

妈妈须知

儿童所进行的体育活动和各种游戏，如果家长安排不妥或宝宝方法不当，也容易给宝宝造成一些意外伤害。因此，家长不能忽视体育活动、娱乐活动以及宝宝嬉戏中所存在的安全隐患。应仔细选择场地和器材。应仔细观察地上是否有石块、钉子等异物，如要有，要及时清除。不要用带尖、带刺的东西做玩具，也不要看到玩具便贸然让宝宝去玩。

猫咪猫咪捉老鼠

能力培养

训练有目标地爬行，使动作更灵敏。

游戏步骤

1. 用纸袋自制一个猫头饰，再用方纱巾做一只老鼠。

2. 让宝宝戴上猫头饰，蹲在一边做睡觉状。

3. 妈妈用绳子牵着老鼠在“小猫”四周来回移动，并唱儿歌：“小猫，小猫，睡着了。老鼠，老鼠，到处跑，快快去把食物找，找到食物快快逃。”

4. 小猫听到儿歌，醒来跪爬着去捉老鼠。

5. 老鼠快逃，小猫快追，最后老鼠被小猫捉住了。妈妈拍手表扬：“小猫爬得快，真能干！”

爱的互动

宝宝扮作小猫假装睡觉，等到妈妈唱完儿歌的时候，宝宝就冲上去把小老鼠捉到。妈妈应逗引宝宝向各个方向爬行。开始时，不让宝宝捉到老鼠，让他多有爬行练习的机会。一旦发现宝宝稍有厌烦的情绪，就要让宝宝捉到老鼠。如果宝宝捉到了老鼠，妈妈就给宝宝鼓励和赞扬。宝宝会因为有大人的鼓励而充满干劲。不断重复游戏，锻炼宝宝动作的灵敏性。

宝宝会骑三轮车

能力培养

掌握驾驶平衡，锻炼四肢的协调性。

游戏步骤

1. 先让宝宝练习用手握住脚踏三轮车的手把，把脚放在踏板上向前踏。
2. 初学时大人可用手扶着手把中央，免得宝宝的手不自主地活动而改变方向。
3. 当宝宝四肢协调后大人可以离开，让宝宝自己练习。
4. 教宝宝在前进和转弯时身体要适当地倾斜来维持平衡。

温馨提示

不要买小电动车，电动车不能练习技巧。另外，要选择适当的练习地点，不宜在大马路上练习，以防发生车祸。

爱的互动

宝宝对于骑车是很热衷的，但是他还很小，并不能顺利地掌握脚踏车，这就需要大人的帮助，等他熟练以后，可以让他自己练习，学习转弯和快骑。经常骑车有利于宝宝四肢的协调性发展。

妈妈须知

大人往往喜欢给宝宝穿开裆裤，而童车坐垫质地坚硬，硬坐垫会摩擦和压迫会阴部，使会阴部的皮肤红肿疼痛，遭受细菌感染时还会发生尿道炎，出现尿频、尿急等症状。3岁以下的宝宝最好不要骑车。如果宝宝要骑的话，也不能穿开裆裤骑，每次骑童车的时间不能太长，一般骑10到30分钟比较合适。童车的坐垫最好用海绵或者软布包裹，这样可以保护宝宝的会阴部。

05 习惯养成训练

朵朵妈看到一本育儿杂志上写着“宝宝不宜趴着睡觉”，想到朵朵一直都是趴着睡觉的，不禁有些担心，决定要改变朵朵这个习惯。正在遐想时，朵朵从外面跑过来对她喊：“妈妈，我回来了。”朵朵妈看到朵朵身上脏兮兮的，便皱皱眉头开始教训朵朵了：“朵朵，姑娘家，要爱干净……”看来，她已经忘记了要和朵朵沟通改掉睡觉习惯的想法了。

大多数宝宝这个时候已经出了20颗牙齿。一些宝宝已经学会漱口，父母在此基础上可以开始训练宝宝刷牙了。宝宝刚开始刷牙时可能搞得一蹋糊涂，如果妈妈此时立即纠正宝宝，很可能会使他产生逆反心理，不愿意再尝试自己刷牙。妈妈可先做刷牙和吐水的动作，然后让宝宝模仿，宝宝做得好就马上表扬。每次都这么做，一段时间之后宝宝就能掌握正确的刷牙方法了。每次刷牙不用挤太多的牙膏，黄豆大小就可以了，牙膏要选儿童专用的低氟牙膏，牙刷的刷头要小，刷毛要柔软，牙刷柄要方便宝宝握住。

这个时候有的宝宝睡觉总是趴着，这种睡眠姿势是最不合适的，既影响呼吸，又压迫心脏，父母应当设法纠正这种睡眠姿势。利用午睡时间纠正这个习惯比较方便。

这个时期的宝宝还有些其他不良习惯也要注意纠正。

首先，不要吮吸手指。宝宝每天爬来爬去，手会接触到很多细菌以及一些寄生虫和虫卵，吮吸手指就会使这些东西进入消化系统，引起疾病。

其次，不要揉眼睛。宝宝用手揉眼睛，很容易伤害角膜，也容易使细菌病毒进入眼睛，引起结膜炎、沙眼等眼部疾病。宝宝的眼睛如果有灰尘进入，不要用手去揉，要帮宝宝轻轻地吹出来。

最后，不要挖鼻孔。用手去挖鼻孔时，由于指甲比较坚硬，很容易使鼻炎膜被挖伤，使鼻子里的血管破裂而出血。另外，用手挖鼻孔容易使鼻毛脱落，降低鼻腔的过滤功能，呼吸的时候就会吸入许多粉尘及有害物质。

大人要帮助宝宝养成各种好习惯，下面就来介绍几种帮助宝宝养成好习惯的游戏吧。

木头人不许动

能力培养

培养遵守规则的习惯，锻炼意志力和自制力，培养宝宝的幽默感。

游戏步骤

1. 爸爸妈妈和宝宝围坐在一起，然后喊口令："我们都是木头人，不许说话不许动，不许走路不许笑！"
2. 口令完毕，三人立即保持安静状态，无论本来是什么姿势，都必须保持不动。
3. 如果有一人先忍不住说话，或者笑，或者行动，这个人就输了。另外两个人可以打他的手心作为惩罚。
4. 惩罚后，再开始下一轮木头人游戏。

爱的互动

这个游戏建议全家一起玩，爸爸妈妈和宝宝可尽情发挥自己的幽默水平，设计滑稽动作或表情，相互逗笑。宝宝在这个游戏中不仅可以锻炼自制力，还可以培养幽默感，同时也有利于智力的开发。但刚开始做游戏，宝宝可能无法很好地控制自己，爸爸妈妈要给宝宝时间适应，千万别因为着急而责骂宝宝。

妈妈须知

父母总是自觉不自觉地给宝宝下结论，这些结论往往是消极的，如“宝宝一点也不听话”“真是个令人心烦的宝宝”“宝宝从来都不好好吃饭”“我们的宝宝总是有病”“越不让他干什么，他偏要干什么”等。许多类似的结论，父母经常脱口而出。这些语言会无意间伤害宝宝幼小的心灵，因此父母在宝宝面前一定要注意自己的言行。

宝宝洗脚丫

能力培养

学会自己洗脚，强化手、眼、脚的协调性，养成睡前洗脚的好习惯。

游戏步骤

1. 睡前让宝宝自己洗脚，大人将拖鞋、毛巾、肥皂摆好，温水准备好。
2. 宝宝自己脱去鞋子和袜子，先洗一只脚，用肥皂将指缝、脚背和脚底洗净，用毛巾擦干，穿上拖鞋。
3. 再将另一只脚放进盆中洗净。
4. 待宝宝熟练后，才可将双脚一起放进盆中。

爱的互动

宝宝按照妈妈说的脱去鞋袜，打上肥皂，洗好擦干净后穿上拖鞋，这会让宝宝自己产生一种“小大人”的感觉，非常自豪。宝宝会自己洗脚以后，大人每天晚上都要让宝宝自己洗，坚持下去，养成晚上洗脚的好习惯。开始练习洗脚时让宝宝一只脚一只脚地洗，是因为另一只脚仍踏在地上便于保持身体平衡。宝宝洗完脚后，要引导他小心地走出去，避免脚底打滑而摔倒。大人应在一旁小心看护，避免惊吓宝宝，失去游戏的效果。

扣子扣子真好玩

能力培养

练习解系扣子，学会自己穿衣，强化手眼协调性和双手灵活性。

游戏步骤

1. 摁扣儿：给宝宝准备一些带摁扣儿的衣服，因为摁扣儿光滑，容易学会，可以以此开场来引起他对扣子的兴趣。

2. 系扣子：找一件有扣子的衣服让宝宝练习，先将扣子从扣眼后面插入，从衣服的正面把扣子取出。

3. 解扣子：将衣服正面已扣好的扣子插入扣眼内，从衣服反面取出。

爱的互动

宝宝知道如何解系扣子后，他自己就可以顺利地解系胸前的扣子，但是领子上和够不着的扣子宝宝还不能很顺利地解开系上，因此应避免为宝宝购置在背后开口的衣服，以免穿脱困难。大人应该每天让宝宝自己有条不紊地解系扣子，让宝宝养成自己穿脱衣服的好习惯。

妈妈须知

要让宝宝养成做事情有条不紊的习惯，就要在平日生活中让宝宝按次序做事。在洗漱时，让宝宝按先漱口刷牙、后洗脸、再涂上润肤油的顺序进行，不可颠倒次序。晚上脱衣服时先脱下外衣，然后是下身衣服，最后是上身衣服，然后把衣服依序放好。到早晨穿衣服时先内后外也应有条不紊。家中一切用具放在固定的地方，使用时才不致于因寻找而浪费时间。有次序地工作和生活是从小培养起来的好习惯。

宝宝不怕黑

能力培养

克服黑暗恐惧，养成良好的睡眠习惯。

游戏步骤

1. 让宝宝在睡觉前先收拾好玩具，与玩具娃娃们道：“晚安。”
2. 等宝宝洗漱好躺下后，把灯调暗，给宝宝讲故事。让他单独睡在自己的小床上，但要让他知道大人就在身边，需要时随时会来。
3. 如果大人有事外出也要找宝宝熟悉的人陪他，给他讲故事，使他感到安心。

爱的互动

宝宝每天自己睡在小床上，如果完全陷入黑暗中他会感到很害怕。所以大人要给宝宝安心的感觉。如果突然改变睡觉的环境或改变睡前的程序，要事先向宝宝说明，做好预防工作。因为习惯改变而又无父母在场，会使宝宝感到不安全，成为以后怕黑的根源。

妈妈须知

日常生活中不但要培养宝宝有规律地生活，而且要有意识地培养他的时间概念。可以常用一些表示时间概念的词语来跟宝宝交流。如当宝宝有要求时，妈妈可以用“吃过午饭”“等爸爸回来”“午睡之后”等作为时间概念允诺他。这样宝宝能立刻听懂，并能耐心地等待到应诺的时间去做某事。等宝宝慢慢长大，可以逐渐培养他认识钟表，这对培养宝宝的规律生活很有用处。

2岁4个月~2岁6个月宝宝档案

感知理解力发育

- 能够分辨天气。
- 有自己的喜好。
- 读书的兴趣越来越浓。

运动能力发育

- 跑得越来越快，会绕过障碍。
- 学会用剪刀。
- 平衡能力增强。
- 学会骑脚踏车。

语言能力发育

- 会说简单的英语。
- 能正确复述 3~4 个字的话。
- 能重复说出 3 个以上的数字。

情感发育

- 创作欲望变强。
- 依赖父母，但又想独立。
- 需要交朋友，否则宝宝会很孤单。

习惯养成

- 学会自己解系扣子。
- 学会自己刷牙、洗手、擦手及洗脚。

第11章

2岁7个月~2岁9个月 发现潜在兴趣

2岁7个月~2岁9个月的宝宝有了一定的分析能力。大人可以同宝宝一起玩接球、攀登等各种游戏，提高宝宝动作的协调性；教会宝宝串珠子、剪纸来发展手部的精细动作；与宝宝一起看图找错，发展观察力和想象力；培养宝宝懂规矩，理解时间概念，可以让他们参加家务小劳动，参与超市购物。

01 感知理解力发展训练

朵朵妈抱着朵朵上街去买菜。朵朵一路好奇地东张西望，见了卖菜的大叔就脆脆地叫声“叔叔”，见了卖菜的阿姨又脆脆地叫声“阿姨”。就这样，朵朵妈买到的菜的分量比平常都要足。

这时，朵朵看到有个买菜的阿姨带着个小孩，立刻高兴地叫：“小哥哥。”

买菜的阿姨一愣，继而大笑着对朵朵说：“是小姐姐，她穿的是她哥哥的衣服。”

这个阶段的宝宝不但知道自己的性别，还能够辨别周围人的性别和年龄大小，看到和妈妈差不多的人，他会叫“阿姨”；看到和爸爸差不多的人，他会叫“叔叔”；看到和奶奶差不多的人，他会叫“奶奶”……这些都说明宝宝的判断力已经有了一定的发展，因此爸爸妈妈通过讲道理来引导和教育宝宝变得可行了。但此时宝宝思考解决问题的能力还比较弱，还不能完全把握什么该做、什么不该做，所以爸爸妈妈不能对宝宝要求过高。

宝宝对颜色的好恶感也越来越明显，如有些宝宝喜欢红色，有些宝宝则偏爱蓝色。不但如此，宝宝也有了多向选择的能力。比如妈妈说“把红皮球给妈妈”，在以前，宝宝可能只知道把红色的球给妈妈，却不一定是皮球，但现在宝宝可以准确地递给妈妈红色的皮球。

这个年龄段的宝宝，还能够使用复数名词，如我们、他们、小兔子们、小朋友们，并能够理解这是很多的意思。宝宝不但会数数，还能理解数的意义。他们知道两个苹果意味着什么；如果一家三口人在一起，妈妈说我们每个人吃一个苹果吧，宝宝会知道需要拿 3 个苹果。所以大人可以有意识地从日常生活出发，教给宝宝数学概念，比如利用吃掉小饼干的多少来让宝宝理解加、减的含义。

并且宝宝已经具备了分类能力，可以根据大小、颜色、形状及材料等进行归类；也会将各种用途不同的物品进行分类，比如按吃、穿、用、玩等用途。分类是培养宝宝综合分析能力的基础，要想宝宝兴趣盎然地去练习分类，大人就要将它变成游戏和宝宝一起去玩，在玩中学习对宝宝来说最容易接受。

下面，我们就来学习几种有利于宝宝智力发展的游戏。

宝宝切蛋糕

能力培养

学做简单分割，锻炼左右手协作能力，有利于理解局部和整体的关系。

游戏步骤

1. 准备圆头的塑料餐刀，将刀口向下。
2. 用左手固定要切的蛋糕，留出要切的部位，用右手将刀朝下切开蛋糕。
3. 先学切软的东西，如蛋糕、山楂糕、馒头等，熟练以后再切较硬的东西，如苹果、橘子等。

爱的互动

宝宝用塑料刀分东西会既高兴又紧张，他拿着塑料刀看着刀下的蛋糕，会犹豫着慢慢切下，但是切得不均匀。大人可以在一旁告诉宝宝要切成几份，让宝宝切的时候心里有数。这个游戏可以让宝宝知道一刀下去是两个，有利于宝宝智力的开发。但是记得一定要随时帮助宝宝，让宝宝对这个游戏产生兴趣。

温馨提示

刚开始时要选择不锋利的刀，让宝宝能切开软东西就可以，比如塑料刀。

小字母大字母

能力培养

认识大小字母，提高知识的积累量，开发智力。

游戏步骤

1. 分别做一套大写和小写字母，再拿一个鞋盒，画上门窗，装扮成一间房子。

2. 把小写字母摊在宝宝面前的桌子上。

3. 妈妈扮“字母妈妈”，拿一个大写字母，并呼喊相对应的小写字母回家，如“回家吧，小a”，帮助宝宝找到相对应的字母，放入盒子。用这种方式完成全部字母的学习。

爱的互动

宝宝拿着小写字母，听到“字母妈妈”喊小写字母回家，宝宝会很快乐地挑选字母。如果挑错了，大人可以说：“这不是我们的宝宝。”然后让宝宝记住大小写字母的读法，让宝宝在游戏中学到知识。如果宝宝总是不能挑选出正确的字母，大人可以用眼神示意，或者假装不经意地引导宝宝选择正确的字母。不要让宝宝因为心急而对游戏失去兴趣。

宝宝来玩多米诺

能力培养

锻炼数数和配对技能，激发想象力，培养耐心。

游戏步骤

1. 将多米诺骨牌摊在桌上，让宝宝按一定的规则将骨牌摆成一排。

2 看看宝宝能排多少骨牌，当形成一条长长的骨牌轨道后，让宝宝轻轻碰下第一枚骨牌，观察产生的连锁反应。

爱的互动

可选择带有数字的骨牌，按照每张骨牌尾部的数字和下一张牌一样的顺序让宝宝摆，这样可以锻炼宝宝的数数能力。大人尽量帮助他把骨牌排成一条长长的轨道，然后让他仔细地观察一下骨牌的顺序和位置。再次打乱骨牌，让他自己排一次。无论宝宝排了多长，大人都要表扬他，然后和他一起玩游戏。

宝宝学写3和8

能力培养

观察细微处的不同，学会比较和分析。

游戏步骤

1 大人在纸上工整地写下“3”和“8”，先让宝宝仔细观察，发现有哪些不同并说出来。

2 宝宝会发现3像耳朵，两个小圈不闭口。如果宝宝将方向写反了，写成“ɛ”，让他赶快把开口转向左侧。

3 宝宝可能很喜欢8，因为它像糖葫芦，写时会画成两个小圈，甚至还不摞在一起。这时大人可以握着宝宝的小手学写反螺旋的8。

温馨提示

宝宝刚开始学写字用铅笔更好，并且要注意宝宝写字和握笔的姿势。

爱的互动

宝宝总是把“3”反着写，而“8”也不能顺利地写正，因为他发现这两个数字写起来太绕手。这时，大人要帮宝宝认识和区别这两个数字，然后多加练习，慢慢地宝宝就可以写出这两个数字了。大人让宝宝写这两个字的时候，要心平气和，时刻鼓励宝宝，用各种方法提起宝宝的兴趣，不要因为宝宝写不出来就呵斥宝宝，这样会打击他的积极性。

02 情感发展训练

“我不，我就是不！”朵朵莫名其妙地开始发脾气，把平时喜欢的小玩具丢了满地，噘着小嘴一脸不高兴。

“懒羊羊被朵朵摔醒了。”爸爸抱着朵朵一边哄着，一边把她能够到的东西都移开，省得朵朵一会儿把它们也摔在地上。朵朵手里没东西可以丢，双手扯住朵朵爸的脸皮使劲地拧。

“哎哟——”朵朵爸故作疼痛状，朵朵看着爸爸好玩的表情笑了。

这个阶段宝宝的自我意识开始增强，他们非常想要自立，父母会经常听到宝宝说“我不要”“我要自己做”；而父母和宝宝的冲突也会开始增加，父母往往觉得宝宝没有以前乖巧听话，该睡觉时他们还要玩，吃饭时不好好吃，还乱扔餐具。于是父母把宝宝的表现分为“好”和“不好”，父母能接受宝宝“好”的表现，难以接受宝宝“不好”的表现。其实父母应该接受宝宝的所有表现，尤其是宝宝的表现和父母期望不一致时，父母也应首先接受，然后再去寻找产生的原因。很多时候如果父母能真正从宝宝的角度出发，会发现宝宝的“不乖”是有合理理由的，是可以体谅的。而当宝宝感觉到父母能理解自己，他们往往就会表现出合作，愿意按父母的要求去做。相反，如果父母一味强制，不但会使宝宝的行为、情绪进一步恶化，长期如此还会影响宝宝自我意识的形成，使宝宝变得懦弱、不自信。

这个年龄段的宝宝开始有了自我感受，但这种感受还是直来直去、不会“拐弯”的。

每当父母搂抱他、亲吻他，他就会感受到父母对他的爱；如果父母训斥他，不让他做在父母看来没有好处的事情，就会觉得父母不爱自己了。

这个时期的宝宝可能会有攻击行为，比他年龄大一点儿或小一点儿的宝宝，尤其是在一起生活的兄弟姐妹，通常更容易发生冲突。如果两个宝宝发生冲突，父母可不要一味地训斥大宝宝，那样大宝宝会因为委屈反过来欺负小宝宝，最好的方法是让他们自己解决问题。如果两个宝宝来寻求父母解决问题，父母要站在公正的立场上，客观评价。

下面，我们就为大家介绍几种适合宝宝情感发展的游戏。

这是什么感觉

能力培养

引起好奇心，发展语言能力，提高勇敢探索未知事物的勇气。

游戏步骤

1. 找一个彩色布袋子或者纸盒。如果用的是盒子，就在盒子一面裁出一个足够宝宝把胳膊伸进去的洞。
2. 把一个橘子放进里面，让宝宝把手伸进袋子或盒子里去摸。
3. 让宝宝一边摸一边描述自己的感觉，猜猜里面是什么。
4. 用其他东西不断重复这个游戏。

爱的互动

当宝宝把手伸进盒子里摸东西的时候，会很好奇地猜想摸到的是什么。大人引导宝宝说出摸到的东西是什么感觉后，一遍遍地给宝宝重复，让宝宝综合起各种感觉信息，猜出摸到的东西。如果宝宝猜得不对，大人要让宝宝重新猜，并引导他说出呼之欲出的答案。这样会让宝宝产生成就感，从而对这个游戏产生兴趣。刚开始游戏时宝宝可能会害怕把手伸到袋子或盒子里，所以大人要鼓励宝宝勇敢探索袋子或盒子里的东西。

妈妈须知

随着年龄的增长，宝宝看待事物渐渐有了自己的思想；词汇也日渐丰富，能表达自己的见解；对父母的指挥及各方面的安排具有一定程度的选择，不会完全按照家长的意志行事，有时还会有相反的举止出现。在宝宝的成长过程中或多或少会暂时出现这种现象，这种现象称为逆反心理。对于宝宝的逆反心理，家长应采取耐心疏导的方法，而不应简单、粗暴地干涉或不顾宝宝的意志独断专行。

宝宝的秘密山洞

能力培养

发展想象力和社交能力，有利于情感能力的发展。

游戏步骤

1. 准备一张结实的桌子、一条床单或毛毯。
2. 用床单或毛毯盖住桌子的四边，做成一个“山洞”。
3. 让宝宝钻进“山洞”里玩，可以邀请他的朋友或玩具进来一起玩。

爱的互动

宝宝非常喜欢神秘的感觉，当桌子被床单或毛毯盖住时，他会把桌子底下当“山洞”，这个“山洞”也会被当作他自己的秘密基地，是专属于他自己的地方。

温馨提示

当宝宝在桌子底下玩时，大人要保证桌子的稳定性。另外，大人要根据桌子的大小，限制进“山洞”的人数。

大人可以给宝宝一些玩具，或者帮宝宝邀请一些朋友，让他们在“山洞”里尽情地玩耍。

宝宝的水族馆

能力培养

激发想象力，认识不同颜色的鱼，感受大自然的奇妙多姿。

游戏步骤

1. 用一个无盖空盒做一个水族馆。
2. 在空盒内壁贴蓝色纸做背景。
3. 用白纸剪出大小不同的鱼，让宝宝给鱼涂上颜色。
4. 将鱼贴在蓝色背景上，一起欣赏并谈论鱼的不同颜色和形状。

爱的互动

宝宝亲手给小鱼涂上喜欢的颜色，然后把小鱼放到水族馆里，直至完成整个水族馆的制作，宝宝会非常兴奋，因为这是宝宝自己做的。大人和宝宝一起欣赏宝宝做的水族馆，会令宝宝更有成就感。这个时期正是宝宝追求独立的时期，这个游戏可以让宝宝获得巨大的满足。而大人的认同更会令宝宝高兴，有利于宝宝情感能力的发展。

妈妈须知

大人不断地为宝宝买新玩具，其实非但不会增加宝宝的快乐，反而可能削弱了宝宝对快乐的感受和体验。过去的宝宝只有一个玩具，成天抱着，连睡觉的时候都舍不得放下。而现在的宝宝，大的小的玩具几十个，玩不了两天就腻了，丢到一边。曾经从一个破玩具身上得到的乐趣，现在很难从几十个高档玩具那里找到了。

03 语言能力发展训练

朵朵妈把朵朵抱在怀里，手里拿着一串念珠教朵朵数数："一个，两个，三个……"朵朵伸出小手指着念珠说："一个，两个，三个，四个。"可这时，朵朵手指才到第三颗念珠。朵朵妈摇摇头，毫不气馁地抓着朵朵的小手，用最温柔的声音继续帮她数下去。

宝宝的语言发育，第一阶段是七八个月时的咿呀学语，第二阶段是一岁左右的语言起步，第三阶段是两岁左右的语言爆炸期。现在宝宝进入了语言发展的第四阶段——发现兴趣。也就是说，宝宝开始在兴趣的引导下自觉地进行语言运用练习了。这个时期，宝宝运用词汇和造句的能力快速提升，但由于掌握的词汇还比较少，还不能完全准确地表达自己的想法，所以妈妈此时应更有耐心地听宝宝说话，努力理解宝宝的意思，如果宝宝表达时用的词句不对，既不能模仿、重复，更不能嘲笑，应用正确说法纠正并帮助宝宝表达，然后再用准确、完整的句子回答。

这时宝宝使用修饰词的能力也显著增强，能够理解并正确回答大人的一些问题了，如回答"谁""什么""哪儿""为什么"等。他开始知道自己的姓名、性别和年龄，可以理解并执行两个并不相关的命令，如"先去洗手，洗完手再把桌上报纸拿来"等等。妈妈会感觉，昨天还不会说什么，今天突然会说很多话了，而且语出惊人。

不过宝宝的语言发育水平在这个阶段存在的差异比其他阶段更大，有的宝宝在日常跟父母交流完全没有障碍；有的宝宝则会说的不多，虽然懂得父母的话，却不怎么愿意说。但只要耳朵听得见，日常行为正常，迟早都能说得出来。父母与其过于担心，不如尽量给宝宝创造与同龄孩子一起玩耍的机会，同时多给宝宝讲故事、朗诵诗歌和散文等，以丰富宝宝的词汇量。

下面，我们就为大家介绍几种能帮助宝宝语言能力发展的游戏吧。

宝宝来讲电视

能力培养

让宝宝知道人们某些行为的动机和原因，增强语言表达能力。

游戏步骤

1. 和宝宝一边看他最喜欢的电视节目，一边谈论电视里发生的事情。
2. 侧重谈论角色做某些事的原因。如“小丽正在整理床铺，因为她在离家前必须把房间打扫干净”“现在小丽在穿雨衣，因为外面在下雨”。
3. 鼓励宝宝向你或者他的小伙伴讲述正在发生的事情。

爱的互动

宝宝表达一件事情的时候，大人要认真地倾听，并在宝宝不能形象地表达出来的时候，帮宝宝说出来，因为宝宝完整地表达一件事情还很费力，大人可以通过引导让宝宝顺利地讲述一件事情。宝宝通过和大人的一答一问，很快就会理解讲述一件事都需要说清哪些问题。让宝宝通过看电视来为大人讲述电视内容，可以增强宝宝的语言表达能力。

妈妈须知

目前很多宝宝都是独生子女，在合作等方面能力比较薄弱，父母应该鼓励宝宝多和其他宝宝交往，并为宝宝们的交往创造一个良好环境。0至3岁的宝宝已经有他们自己的社交。专家说，当宝宝哭泣时，别人会有反应，这就是最初的交流。宝宝会在和别人的游戏中逐渐了解规则，找到解决问题的方法，而户外游戏还能帮助宝宝认识世界、热爱世界。

物体侧影真有趣

能力培养

增加对形状的认识，知道符号所代表的意义，锻炼配对和记忆技能。

游戏步骤

1. 准备一个手电和一条床单，收集不同形状的物体，如球、玩具熊等。
2. 将两把凳子背靠背间隔1米放好，在凳子上盖一条床单做成一个临时屏幕。
3. 大人拿着物体，坐在屏幕前，关上房间里的灯，从物体背后用手电照射，在床单上就出现了物体的侧影。
4. 让宝宝根据侧影辨别物体，并说出此时的感觉，锻炼宝宝的语言表达能力。

爱的互动

宝宝正是好奇心重的时候，他看到物体的侧影会惊奇得无与伦比。大人这时提醒宝宝根据侧影辨别物体。宝宝会很高兴地配合玩这个游戏。即使说错了，大人也要引导宝宝进行正确的表述。

妈妈须知

玩具手枪是产生噪音最高的儿童玩具。在距离检测仪器25 厘米处时其产生的噪音平均为120~140分贝；在距离检测仪器2.5厘米处时其产生的噪音平均为130~143分贝。而140分贝以上的噪音则会对儿童的听力立即产生损害。

专家指出，0~3岁宝宝最好的玩具其实是“人”。宝宝们最需要的并不是那些很贵的玩具，而是皮肤有温度、能陪着他们一起玩的人。玩具只是玩耍中的辅助物，如果没有人陪着宝宝玩，他们不会玩得长久，所以可以看到很多宝宝对玩具总是一时兴起，随后就置之不理。这样一来注意力容易分散，也易导致心理发育迟缓。所以，年轻的爸妈不管你有多忙碌，都有必要经常和宝宝一起玩。

寻找家乡

能力培养

增加词汇量，培养空间概念。

游戏步骤

1. 在地图上，先圈出你及其他亲戚所居住的城市。
2. 让宝宝指出你们所居住城市的上面、下面、左边、右边的城市，做一架纸飞机从一个城市飞到另一个城市。
3. 你还可试着向宝宝介绍东、西、南、北的概念。

爱的互动

宝宝看地图时，大人告诉宝宝哪里是自己的家乡，然后可以让宝宝想想哪个亲戚住在附近的城市，介绍家乡的四面方向，增加宝宝的词汇量。同时，也可以给宝宝做架纸飞机，让宝宝一边游戏一边了解空间的概念。宝宝如果对这个游戏不感兴趣，大人可以自己手绘一张示意图，就绘制自己家附近的几家。让宝宝看这张示意图，同样可以起到很好的作用。

妈妈须知

很多家长都希望宝宝多学点知识，两三岁的宝宝便开始学习认字、写字，其实家长不必急于求成。与其让宝宝多认识几个字，不如多带他出去玩，多认识几个人。宝宝们如果能区分不同的人，他必然要记住这个人的脸，这跟认字是一个道理。其实要区分不同人的面貌比认字要难得多。如果宝宝有了辨认人的本领，那么反过来，他认字识字就会变得容易多了，这其实是事半功倍的做法。而家长往往将手段和目的彼此混淆，本来认字只是一个手段，而家长们却把它当成最终目的了。

粘粘贴贴真美丽

能力培养

培养动手能力、想象力和创作力，提高语言表达能力。

游戏步骤

1. 准备一张纸、一些不干胶小贴画、一盒画笔。
2. 事先在纸上画上小房子、云彩之类的东西。
3. 让宝宝根据自己的想象，撕下不干胶小贴画，贴在不同的位置上；或者画一些简单的图形，涂上颜色。
4. 完成之后，让宝宝讲一讲自己的作品。

温馨提示

大人要小心别让宝宝拿着彩笔到处画。彩笔应该在宝宝用完后立即收拾好，避免宝宝乱丢或者用它弄脏床单和墙壁。

爱的互动

宝宝这个时候的想象力和创作力很丰富，大人可以放手让宝宝自己去发挥。宝宝会给喜欢的图画涂上颜色，会画出一些简单的图形，会拿着小贴画贴到任意的地方，而大人只要一边欣赏一边让宝宝讲解自己的作品就可以了。

妈妈须知

不同的玩具有不同的作用。各种形式的娃娃、禽鸟、交通工具及日常用具等形象玩具，可以发展儿童认识事物的能力，增强宝宝的想象力和情感能力。而不倒翁、拉线滑稽人、带发条的动物等，则可以引起宝宝欢乐和愉快的情绪，促进宝宝心理的健康发展，培养其开朗的性格。

04 动作发展训练

朵朵和爸爸在公园里散步，朵朵踮起脚尖走碎步，炫耀似的走到爸爸前面。

朵朵爸很配合地说："朵朵真棒，都会踮脚走了。"朵朵更是得意扬扬，但她走几步就踮不住脚了，只好重新再来。朵朵爸也很配合地放慢了脚步，帮助朵朵练习踮脚。

这个时期，宝宝走路变得更快更平稳，有时你可能还追不上他；宝宝开始会踮起脚尖走碎步或者踏步走；走路时遇到地上有小沟、石砖等障碍物，宝宝能顺利地跨过去；上下楼梯的技能也提高了，开始时要用手扶着栏杆一步并一步地走，现在他能双脚交替地上下楼梯了。

这个年龄段的宝宝喜欢踢皮球、踢地上的小石子等，要是在绳子上系一件东西，他能拉着绳子的另一端抬脚去踢。他的身体动作变得更加协调，可以双脚并齐向上跳，可以低头弯腰钻爬，还能学骑脚踏三轮童车。不过，这些活动需要在成人的看护下进行。

这个阶段的宝宝精力旺盛，一刻也停不下来。但活泼好动的宝宝，控制力弱，容易损坏东西，如果大人因此就盲目限制宝宝的行动，这不许做，那不准试，宝宝就可能失去好奇心和兴趣，变得依赖性强和胆小怕事。所以这时大人要做的一是创造安全的活动空间供宝宝自由地活动；二是制定活动的规则，让宝宝遵守，比如规定玩完必须将自己的玩具收拾好，约定只能在什么地方玩和玩多长时间，等等；三是将贵重且容易损坏的物品收起来。

通过两年多的学习和训练，宝宝的手眼已经能很好地协调来操纵物体，进行各种活动了。宝宝可以在一张纸上画垂直或水平的直线，并开始自发地画线段、弧线及各种形状的线条；可以写数字，甚至临摹和模仿画一些图案。

宝宝开始学习用积木搭建镂空的造型，如桥梁、房门等。通常情况下，父母需要给宝宝做几次示范，宝宝才能自己完成搭建任务。练习搭建镂空积木，不但可以练习宝宝的思维能力和手的运动能力，还能够帮助宝宝理解空间概念。而且在这个年龄段，鼓励宝宝自立的最好办法就是让他体验到创造的喜悦。

下面，我们就来介绍几种有利于动作发展的游戏。

宝宝蜡笔画

能力培养

锻炼宝宝的精细动作技能。

游戏步骤

1. 拿一张画纸和一根蜡笔，在家中找不同的织物，并告诉宝宝它们有不同的手感——粗糙、光滑、有凹凸感、有细纹……
2. 将纸覆盖在织物上，用蜡笔涂出织物的图纹，向宝宝解释为什么不同的织物有不同的图纹。
3. 试着让宝宝拿蜡笔在纸上画出人行道、鞋底、树叶、地毯和墙等简单的图纹。

爱的互动

宝宝摸到各种织物的质感不同，又在大人的允许下把白纸放在织物上用蜡笔涂出图纹，这会让宝宝感到很惊喜。然后，大人要向宝宝解释质感不同的原因，再让宝宝摸一摸织物。鼓励宝宝画出不同的东西，发展宝宝手部的精细动作。如果宝宝将蜡笔涂到织物上，大人千万不要打骂宝宝，要耐心地告诉宝宝这样是不对的。

妈妈须知

经常挨打的宝宝会感到孤立无援。尤其是父母当众打宝宝，会使他的自尊心受到伤害。这样的宝宝常常会怀疑自己的能力，会自觉“低人一等”，显得比较压抑、沉默，认为老师和小朋友都看不起自己。于是，他们不愿意与家长和老师交流，也不愿意和小朋友一起玩，会显得特别孤僻。

走小路真好玩

能力培养

学习走弯曲的路，锻炼身体的平衡性和协调性。

游戏步骤

1. 用粉笔在地上画一条弯弯曲曲的线，或者将旧毛线、塑料绳等弯弯曲曲地铺在地上当小路。
2. 教宝宝沿着线条，两只脚一前一后地走。
3. 平时带宝宝到户外玩，看见花坛边、路桩子等，也可以扶着宝宝在上面走。

温馨提示

最好选择用粉笔画线，毛线等容易把宝宝绊倒。

爱的互动

宝宝在路上走得很稳的时候，就会开始找些刺激的活动，而这个游戏正好可以满足宝宝的需要。让宝宝沿着线条走，宝宝会摇摇晃晃地走得很快乐，就算踩到线也不会沮丧，会很高兴地继续走下去。这个游戏有利于宝宝身体协调性的发展。

宝宝也要折纸

能力培养

练习手的精细动作，学会按秩序做事。

游戏步骤

1. 大人同宝宝各拿一张纸，裁成正方形。
2. 教宝宝将方纸对边折，使纸成长方形；再把长方形的长边对折，成小正方形。
3. 要求宝宝把每次折的边角都对整齐才压折边，为更复杂的折纸打基础。

爱的互动

宝宝折纸的时候，还不能做得很好，这就需要大人在旁边帮助，教会宝宝对折等步骤。让宝宝折出各种形状，宝宝就会喜欢这样的游戏。这个游戏还有利于锻炼宝宝手的精细动作。关注宝宝情绪，如果宝宝对这个游戏的兴致不高，大人可以先折好一个纸飞机或者小动物来吸引宝宝。

气球高高飞

能力培养

锻炼大动作能力及身体的平衡性。

游戏步骤

1. 准备一个气球，准备一块硬纸板或者泡沫塑料板。
2. 把气球吹鼓，系紧，用硬纸板或泡沫塑料板当网球拍。
3. 让宝宝把气球托到空中并尽量不让气球落地。

爱的互动

这是一种很好的活动，宝宝拿着硬纸板可以把气球托得高高的，等到气球快落地的时候，可以再把气球托起来。大人可以和宝宝一起追逐气球，抢着把气球托起来，宝宝会追逐大人的脚步，这样有利于其大动作发展。如果可以和宝宝的小伙伴一起进行游戏，也会是一次不错的社交活动。

温馨提示

不要在附近放置已破裂的气球，防止宝宝捡拾吞咽；气球也不要吹得太鼓，否则容易爆裂。

妈妈须知

如果宝宝养成了为了维护自己而攻击他人的习惯，很快就会让同伴及其家长反感。如果你的宝宝没有朋友愿意跟他玩，其他宝宝的父母也不让他们的宝宝跟你家宝宝接近，这时候你就要重视了，可能是因为你家宝宝喜欢攻击同伴。这种状况的不利影响倒不在攻击性本身，而在于它会使宝宝失去社交机会，严重的甚至会导致宝宝自我形象的毁灭。

05 习惯养成训练

奶奶一边炒菜一边给朵朵下达指令："把筷子拿出去摆好。"朵朵踮着小脚拿筷子，然后咚咚咚地跑出去摆好，又扎回到厨房。"拿个盘子过来。"朵朵立即拿过一个盘子，奶奶把炒好的菜倒进去。"把碗摆好，叫爷爷来吃饭。"朵朵兴奋地跑去了爷爷的房间。看着朵朵在厨房里跑来跑去，奶奶的脸笑成了一朵花。

在这个阶段，大人要让宝宝参加一些简单的家务劳动。当你洗衣做饭时，宝宝有时会热衷于"帮忙"，虽然他常常越帮越忙，但妈妈还是要保护宝宝的积极性，并适当地分配宝宝一些力所能及的工作，比如拿洗衣粉、剥蒜、拿勺子等简单的活动，或者在吃饭时鼓励宝宝积极地为大家发筷子、端一些凉菜等。这会让宝宝感到自己很重要，还能调动他对劳动的热情。宝宝自己动手做事越多，能力越能得到锻炼，他的自信心也就越强。大人唯一要做的就是对宝宝的"笨手笨脚"给予包容，别轻率地否定和打击宝宝的积极性。

32 个月的宝宝大部分已经能比较熟练地吃完一餐饭，尽管会把饭菜弄得到处都是，但大人也应该鼓励宝宝自己吃，不要因为怕弄脏衣服就喂饭。如果宝宝愿意，此时可以开始学习用筷子进餐，用筷子进餐能促进大脑发育、锻炼手指灵活性，增加手眼的协调性。如果宝宝拒绝尝试，也不用强迫他，可以等等再说。

这时的宝宝已经具备了自己洗脸洗手的能力，如果宝宝还需要妈妈帮忙，多半是因为妈妈没有放手让宝宝自己去做。宝宝能够自己穿上外衣，但还不会系纽扣儿；或者即使系上纽扣了，也常常对不齐，使衣服前襟错落着。宝宝还会穿袜子和鞋子，但大部分宝宝不能辨别出哪只是左脚的，哪只是右脚的。

这个年龄的宝宝自己穿衣穿鞋可能需要很长的时间，这时妈妈一定要耐心等待，千万别催促，更不能因此就帮宝宝穿。即使时间紧，也要提前留出宝宝自己穿衣穿鞋的时间。当宝宝实在穿不好时，可询问“需要帮忙吗”，除非宝宝回答是，否则不要给予帮忙。这个过程对不少妈妈是个考验，尤其是那些急性子的妈妈，但宝宝的学习就是一个从慢到快的过程，如果不能忍受一时的慢，那培养宝宝的自主性和独立性就是一句空话。

下面，我们就来介绍几种帮助宝宝养成好习惯的游戏吧。

时刻注意要分类

能力培养

学习按物品的功能分类，养成爱分类的好习惯。

游戏步骤

1. 找一些实物和图片，让宝宝说出名称和功能。
2. 将宝宝已认识的多种实物或图片装在一个筐或盒子里。让宝宝将它们按吃的、用的、玩的、穿的等功用分放在5个盒子里。妈妈再逐个检查有无放错。

爱的互动

目前，宝宝还不懂分类的好处，但是他知道各种东西的用途。在熟悉游戏之后，宝宝会随时看到东西就分类放好，这有利于家里的清洁。大人要鼓励宝宝，让宝宝养成爱分类的好习惯。如果有的东西宝宝分类错误，大人不要责罚宝宝。可以多让宝宝做几次分类的游戏，增强宝宝的记忆能力，这样就不会再出错了。

妈妈须知

给宝宝建立生活规则，爸爸和妈妈要意见一致、做法一贯。完全让宝宝根据自己的心情和感受决定应该做什么、怎么做，这会让宝宝感到无所适从。父母有义务帮助宝宝了解世界，遵守应该遵守的规则。让宝宝养成良好的生活习惯对宝宝身心健康大有益处。“随便怎样都行”的态度是不可取的。

厨房帮妈妈

能力培养

培养做事的独立性，养成乐于助人的好习惯。

游戏步骤

1. 妈妈给宝宝一些简单的厨房工作，比如洗苹果。当宝宝在洗的时候，妈妈要耐心地教他洗苹果的要点。
2. 当妈妈开始忙活做饭的时候，可以安排宝宝去拿东西或者摆放筷子。
3. 无论在什么时候，只要有可能就让宝宝参与到厨房的活动中来，让宝宝学会帮助他人、与人分担工作。

爱的互动

每天下厨房的时候都要让宝宝来帮忙，给宝宝一些简单的工作，让宝宝参与其中。大人无论让宝宝做什么工作都要表扬宝宝，让他感受到帮助人的快乐。这个游戏不但可以锻炼宝宝的自立性，还可以养成乐于助人的好习惯。但厨房毕竟是有危险的，大人要随时看护宝宝，最好是给宝宝一项工作，让宝宝没有时间去理会厨房里别的东西。

宝宝会摆餐桌

能力培养

养成帮助大人分担家务的习惯，学会孝顺。

游戏步骤

1. 让宝宝练习摆餐桌。在拿取餐具之前让宝宝先洗手，认真地将手上的肥皂冲净，手完全擦干。
2. 用干净抹布擦拭桌子，把凳子摆好。
3. 从厨房拿三个碗、三个盘子和三双筷子摆在桌上。宝宝最先认识自己的餐具，可以先将自己的摆好，再将爸爸和妈妈用的餐具摆好。

温馨提示

宝宝必须把手洗干净、擦干净才可以拿餐具，否则不仅不卫生，而且手容易打滑从而摔破餐具。

爱的互动

每次饭前，都让宝宝帮助大人摆餐桌，会让他觉得自己长大了，可以独立完成一件事情，也可以让他养成帮助大人分担家务的习惯，学会孝顺。同时，有利宝宝心智健康。

妈妈须知

宝宝在摆餐具和做吃饭前的准备工作时，心理上也做好了吃饭的准备，体内各种消化酶也随之分泌，可增加食欲，有利于消化。如果宝宝正在玩耍，玩兴正浓，突然要求他吃饭，就容易产生抗拒情绪，不利于食物的消化。

2岁7个月~2岁9个月宝宝档案

感知理解力发育

- 能分辨性别。
- 有了对颜色的喜恶。
- 会对东西进行分类。
- 能理解数字的含义。

运动能力发育

- 会踮脚走碎步，能跨过障碍。
- 能够掌握身体平衡，手眼协调能力进一步加强。
- 会骑脚踏车。
- 会跳，会弯腰钻爬。
- 能画各种形状的线条。

语言能力发育

- 能够理解一些介词、代词、动词、形容词，并开始能理解一些表达时间的词语。
- 词汇量增加，理解连续两个简单的命令。

情感发育

- 有自己的情绪变化。
- 具有一定的攻击性。
- 喜欢和人交往。

习惯养成

- 喜欢帮忙。
- 会自己洗脸、穿衣。
- 学会餐前摆好餐具。
- 能自己吃饭。

第 12 章

2岁10个月~3岁 塑造积极的自我意识

马上就三岁的宝宝，思维分析能力、运动能力和语言能力已初步具备。他已经会触类旁通，对了解周围人的动机更感兴趣；他的各项运动能力都有进一步的发展，非常喜欢节奏感强的音乐及诗歌；他甚至能将各种用途不同的物品一一分类。所谓“三岁看大”，这一阶段大人跟宝宝的互动和一起做的游戏至关重要。

01 感知理解力发展训练

朵朵在房间里转来转去，一直翻箱倒柜地找东西，房间被搞得一片狼藉。

奶奶看不下去了，只好暂停厨房的家务，抱起朵朵耐心地问："朵朵，找什么呢？"

朵朵捧着奶奶的脸说："昨天的钢镚儿呢？""你不是买铅笔了吗？"朵朵歪着头认真地想着。奶奶又耐心地对朵朵说："你忘了？昨天你要写字，就拉着奶奶去买铅笔了。"朵朵这才一副恍然大悟的样子。

这个时期宝宝的记忆力已经变得很好了。他们会要爸爸妈妈一遍又一遍地讲某个故事或某本书，而且他们可以简单地复述他们喜欢的故事情节和人物，如果爸爸妈妈讲错了，他们还会纠正。所以，大人这时应多和宝宝一起阅读绘本和诗歌，培养他的阅读习惯和能力，锻炼他的记忆力。读完之后，可以根据内容问宝宝一些问题，即使宝宝回答得不准确，也没有关系，只要宝宝动了脑筋，做出了表达，就要表扬，慢慢地宝宝表达能力和思考能力就会提高。

宝宝的智力发展明显加快了，一般宝宝都能熟练地说出 10 个左右的英语单词，能背诵儿歌、唐诗、广告词及简单的故事；能数数到几十，有的甚至能数到 100；会做数字汉字配对游戏；能认识 4~6 种几何图形，拼上 4~8 块的拼图；能从地图上找出自己居住的城市；有的宝宝甚至可以完整地画出人的身体结构，虽然比例不协调，但是基本的位置宝宝已经找准了。

宝宝在满三岁的时候，大脑进入了最活跃期。在这两三个月内，宝宝的思维发展是一个快速爆发的时期，他们对周围各种各样的事情都会产生非常强烈的兴趣，而且跟小时候不同的是，这一次他们想探个究竟。这时爸爸妈妈要尽量丰富宝宝的生活环境，可以带宝宝去旅游、认识不同的小朋友或陪他们一起阅读，等等。给宝宝的新刺激越多，他们的兴趣越大，心智进步就越快。

爸爸妈妈可能会发现，这个时候的宝宝开始变得很“啰唆”、很烦人，他们喜欢一个接一个地问“为什么”。其实智力的发展与兴趣息息相关，只有宝宝对周围事物怀有极大兴趣时，才会对你刨根问底，因为智力发育是在观察、学习、询问和理解的过程中完成的。在这个阶段，爸爸妈妈不要嫌烦，相反要善于引导宝宝提问题，激发宝宝的求知欲望，培养宝宝的注意力、记忆力和观察分析能力，使宝宝更聪明、更可爱。如果大人不能准确回答宝宝的问题，应和宝宝一起去寻找答案，最好不要说“不知道”，这会让宝宝也养成用说“不知道”来代替追究问题的习惯。另外，回答宝宝问题之前，可以先问问“你怎么想的呢”，让宝宝学会问问题前自己先思考。

下面，我们就介绍一些有利于宝宝智力发展的游戏。

小蝌蚪游啊游

能力培养

认识磁铁是对铁制品有吸引力的物体，发展宝宝的好奇心及观察和联想能力。

游戏步骤

1. 准备一个椭圆形黑木珠，将一端珠孔塞入黑绒线作为小蝌蚪尾巴，另一端揿上一粒图钉。
2. 将有图钉的底面放在塑料垫板上，把一块磁铁放在垫板下。
3. 塑料垫板上的图钉遇到磁铁后，会随着吸引力而移动，就如同小蝌蚪在水中游水一样。
4. 大人先示范给宝宝看，然后握着宝宝拿磁铁的手，教宝宝在垫板下移动。等到宝宝掌握了玩法后，再让宝宝自己玩，直到宝宝腻烦为止。

爱的互动

大人可以在塑料垫板上画几条波纹，像水一样，以显示小蝌蚪在水中游，从而提升宝宝对游戏的兴趣。也可以在游戏之前先带孩子去池塘看看真正的小蝌蚪，或者是打开电视、VCD看小蝌蚪，让宝宝头脑中有小蝌蚪的印象。宝宝可能不理解为什么小蝌蚪会移动，大人可以让宝宝看看磁铁，然后告诉他磁铁对铁有吸引力。等宝宝亲自来玩这个游戏时，他看到小蝌蚪随着自己手里磁铁的移动而移动，会更加好奇，兴致也更高。除此之外，可以在塑料板上下放多个图钉和磁铁，喊宝宝的小伙伴一起来玩这个游戏。

温馨提示

大人要确保图钉完全钉在木珠里，外面没有遗漏尖锐的部分；并且要防止宝宝将图钉从木珠里抠出，扎到自己或者误食。

妈妈须知

一般情况下，宝宝从2岁左右就喜欢和同龄伙伴游戏、玩耍；到3~4岁时，宝宝和伙伴的关系日渐亲密；到5~6岁时，宝宝开始有了朦胧的小群体意识，有了归属感的萌芽，于是两三个宝宝常常会聚在一起形成一个小群体；而团体意识到8~13岁时才达到高潮。同伴群体形成的亚文化，是儿童、青少年在成长和社会化过程中一个十分重要的影响因素。

拼出一个长颈鹿

能力培养

将零碎部分组合成一个有意义的整体，有助于将来认识复杂的事物。

游戏步骤

1. 准备一把剪刀和一张橙色的卡纸；再准备一张长颈鹿的照片，放在一边做参考。
2. 用卡纸分别剪出长颈鹿的各个部分：椭圆形的身体，圆圆的头，长方形的脖子，四条长方形的腿，两个小半圆的耳朵，一个细长的尾巴。

3. 将这些剪好的卡纸弄乱后给宝宝，让他粘成一只长颈鹿。

爱的互动

当宝宝拼长颈鹿时，大人要坐在一边，随时准备当助手。如果宝宝有的地方粘得不对，大人可以用问题来提示宝宝。比如当宝宝忘记长颈鹿的尾巴时，大人可以问："咦，不知道长颈鹿有没有尾巴？"由此可展开一番小小的辩论。大人要及时告诉宝宝正确的答案，让宝宝把一只长颈鹿顺利粘起来。粘好后大人要记得表扬宝宝。等宝宝熟练之后可以乘胜追击，选择动物或植物，再让宝宝粘起来。

花上是什么字

能力培养

提高对汉字的认识能力，开始了解汉字作为一种符号所代表的意义。

游戏步骤

1. 用硬纸板做几朵花，将宝宝喜欢的动物或玩具的名称写在花上，每朵花只写一个汉字，然后粘上花梗。

2. 将这些花集成一束，插在塑料杯子或花瓶中。

3. 妈妈说动物或玩具的名称，让宝宝把贴有相应汉字的花从花瓶中取出来。

爱的互动

这个游戏可以锻炼宝宝的认字能力，当宝宝听到大人说出名字后，会仔细看花上的汉字，争取把动物或玩具的名字找出来。但宝宝的认字能力并不是很强，大人选择的字最好是笔画少的，这样可以增加宝宝对游戏的兴趣。重复玩这个游戏有助于宝宝智力的开发。

妈妈须知

生活用品是最好、最廉价的游戏道具。评价玩具好坏的并不是价格，而是用处。比如锅碗瓢盆就是最好的音乐道具。孩子通过敲击可以了解声音的大小、节奏，甚至能为自己创作出一段不错的音乐，使其充满成就感。

这就是冰块原理

能力培养

了解水和冰的因果关系，开发智力。

游戏步骤

1. 让宝宝触摸冰块。并告诉宝宝两点：第一，冰块之所以又冷又硬，是因为放在冰箱里；第二，冰块遇热后会变成水。

2. 为证明你的观点，先将冰块置于太阳下，让宝宝仔细观察，并告诉宝宝冰块是如何融化的。

3. 等冰块全部融化后，将冰水倒入玻璃杯，让宝宝用手触摸，感觉水的冰凉。

4. 将冰格灌满水，放入冰箱。等到水结成冰后拿出来给宝宝看。

爱的互动

宝宝触摸到冰块会感到很凉，然后大人和宝宝一起观察冰块是如何融化的。宝宝看到冰块化成一摊水会感到很惊奇，然后宝宝触摸到冰块所化的水也是冰冷的。大人和宝宝一起再冻一块冰，让宝宝理解水成冰、冰成水的因果关系。

02 情感发展训练

朵朵妈领着朵朵出去，遇到社区的一个小女孩。小女孩很大方地给了朵朵一块糖，朵朵拿起来就要吃。朵朵妈拉住她，说："朵朵忘记妈妈教过你，拿了别人给的东西要说什么吗？"朵朵睁着无辜的双眼说："不知道。"朵朵妈耐心地教导道："要说谢谢。"朵朵对着妈妈匆匆地说一声："谢谢。"话音还没落，就赶紧把糖塞到嘴里了。朵朵妈看朵朵这么敷衍，有点生气地说："要对着给你糖的小姐姐说谢谢，不是对着妈妈！"然后拉过朵朵面朝着小女孩。不料朵朵妈动作太急，朵朵刚进嘴的糖啪嗒掉到地上了。朵朵"哇"地哭了起来。小女孩真大方，又给了朵朵一块糖，朵朵接过糖，挂着眼泪很大声地说："谢谢！"

马上就要三岁的宝宝，大人要开始教他们基本社交礼仪，不仅仅是学习礼貌的行为和用语，更是学习正确的为人处世的方法。这个时期的宝宝想象力丰富，特别喜欢扮演生活中的其他人物。家长可以用做游戏的方式来进行引导，比如摆上精美的餐点请他们盛装赴宴，教会他们举止要与扮演的人物身份相称并学习一些交往用语和技巧，了解一些行为规则。

从现在开始，宝宝不再只喜欢和父母沟通，他与父母交流的时间开始逐渐减少，对同龄人开始产生强烈的兴趣，重要的是，他愿意与同龄人建立友谊、分享玩具。所以，父母要让宝宝接触更多的小伙伴，长期的伙伴关系能够让宝宝之间更好地建立起友谊。

孩子就是父母的镜子，父母养育宝宝的方式和态度，对宝宝情感发育的走向有着很深的影响。性格开朗、豁达、宽容、富有爱心的父母，会让宝宝拥有稳重、自信的品格。如果父母心胸狭窄、斤斤计较、怨天尤人，就算对宝宝同样精心照料，仍可能会使宝宝形成多愁善感的性格。如果父母总是批评宝宝，宝宝也不会正面而积极地评价自己。所以有人说养孩子就是修炼，我们希望宝宝成为什么样的人，我们就要先成为那种人。

下面介绍几种有利于宝宝情感发展的游戏。

水中取豆真困难

能力培养

训练手部做精细动作的能力，巩固对 1~3 的数字的概念。

游戏步骤

1. 在爸爸和宝宝面前分别放一个小碗和一个汤匙，妈妈做裁判员。然后在小碗中放入黄豆并加水。
2. 妈妈发出口令，要求每人用匙从水中取豆，从1粒到6粒。
3. 能完全按口令的要求取出正确数目的为胜利者。

爱的互动

宝宝用匙取豆子的时候，豆子会在水中跑来跑去，让宝宝取不到，这时宝宝就会发现水中取豆和平时的取豆不一样，从而对游戏充满好奇。因为是和爸爸一起比赛，宝宝会更加努力地取豆子，并且会不停地偷看爸爸，看爸爸是否已经取到。为了增加游戏的趣味，爸爸可以故意出错，使宝宝获得胜利，让游戏玩得更活跃。游戏中妈妈要随时鼓励宝宝，让宝宝充满必胜的信心。

妈妈须知

科学研究显示，3岁之前是大脑发育的重要时期。一个人出生时脑重量只有370克，第一年年末时，婴儿脑重接近成人脑重的60%；第二年年末时，约占成人脑重的75%；到3岁时，婴儿脑重就已接近成人脑重的范围。所以在孩子出生后2~3年内，良好的育儿刺激对大脑的功能和结构都有重要的影响。

幻想野餐真有趣

能力培养

提高想象力，学会让情绪稳定发展。

游戏步骤

1. 在客厅地板上铺一张野餐桌布，模拟野餐形式；用一次性纸盘装吃的东西，比如蔬菜条等。
2. 让宝宝假装你们是在某一个风景优美的地方吃饭，比如高山上或小溪旁。

爱的互动

妈妈和宝宝一起席地而坐，所有的食物都是一些手抓食品，宝宝会感到很有趣。他会根据大人所创造的情境进行幻想，而且吃的东西会比平时还要多。

妈妈须知

宝宝的想象力可以在游戏中得到进一步的提高。而且，在这样的环境中宝宝会感到非常高兴，他甚至可以和大人一起聊一些平时不会说的话题。同时，宝宝的情绪也得到了前所未有的放松。

城堡大战真好玩

能力培养

感受破坏与重组的趣味，宣泄紧张与焦虑的情绪。

游戏步骤

1. 准备若干小球和积木。
2. 爸爸和妈妈先邀请宝宝一起拿积木盖一座城堡，等城堡盖好之后，爸爸妈妈和宝宝轮流拿球攻击城堡，直到城堡倒塌为止。
3. 稍事休息，大家一起再把城堡盖起来。同时也可以想想，盖成怎样的城堡比较不容易被打垮。再轮流用球攻击。

温馨提示

如果城堡是实心积木搭成，则高度不宜高于90厘米，要防止积木块掉落时碰伤宝宝。

爱的互动

宝宝对这个游戏很感兴趣，如果宝宝的力量不足，可以考虑让他站前面一点，并帮助他学习如何瞄准目标物。大人可以鼓励宝宝多多练习丢的动作，这样不仅能锻炼手臂的力量，还可以让宝宝宣泄紧张和焦虑的情绪。但在练习丢球前一定要告知宝宝，不可以将球丢到别人身上。

妈妈须知

宝宝的个性没有好坏之分，父母需要全面接受。无论宝宝个性怎样，带有怎样的遗传烙印，父母都应该把宝宝视为可塑之才，充分发挥优势的一面，因势利导，扬长避短。不管多么难以做到，父母都不能轻言放弃。这是一种信念，没有培养、塑造宝宝的坚定信念，就不可能培养、塑造出有坚定信念的宝宝。从根本上来说，培养宝宝，需要坚持的不是宝宝，而是父母。

宝宝当当营养师

能力培养

培养角色意识，增加词汇量，锻炼归类能力，激发想象力。

游戏步骤

1. 按照五大食物群体——肉类、蔬菜、水果、奶类和谷类，搜集一些图片。
2. 让宝宝选择一些食物的剪纸为每位家庭成员准备一份营养均衡的晚餐，粘在纸盒上，并标上家人的名字。
3. 家人下班后，围坐在一起，吃一顿虚拟的晚餐。

爱的互动

宝宝为大人准备虚拟晚餐的时候，大人可以在一旁帮忙，告诉宝宝哪些是肉类、蔬菜、奶类……哪些可以饭后吃，哪些是正餐，让宝宝了解各种食物的区别和用途。宝宝对这个晚餐很看重，因为这是他对大人爱意的表达。

妈妈须知

在角色游戏中，宝宝通过对现实生活的模仿再现社会中的人际交往，练习着社会交往的技能，不知不觉中就提升了人际交往能力。游戏中，大人要及时提醒和纠正宝宝的行为，使其与所扮演的营养师角色行为相吻合。

03 语言能力发展训练

朵朵妈一边收拾衣服一边对朵朵说："爸爸要去深圳了，等他回来给你买好吃的。"朵朵眨着大眼睛说："谁呀？""你爸爸。""爸爸干什么？""爸爸给你买好吃的。""在哪儿呀？""在深圳。""买什么好吃的？""不知道。"朵朵妈开始有些不耐烦了。"爸爸什么时候回来？""后天。""爸爸干什么去了？""给你买好吃的。""去哪里买好吃的？"朵朵妈捂着头呻吟："深圳……"

这个时候的宝宝提问更全面了，他对新鲜事物的探索精神常常会让大人疲于应付，两岁多爱问"为什么"，到三岁的时候便不停地问"是什么""在哪儿""怎么样"等更深的问题，这说明宝宝的求知欲更加强烈。当宝宝问问题时，即使是简单重复的问题，大人也要给予解答。因为这个过程，不但能帮助宝宝提高语言能力，满足好奇心，有益心智的发育，大人认真回答问题的态度也会使宝宝感到被尊重，能促进他自尊和自信心的形成。

宝宝语言表达能力的发展是循序渐进的。三岁前，宝宝的语言表达基本上是对话形式，或回答父母的问题，或向父母提出问题，获得解答，自己创造性的语言独白少之又少。随着宝宝独立性的发展，对世界认知能力的提高，独立表达自己意愿的需求开始出现并日益强烈，宝宝语言独白的能力也就随之不断提高了。这时宝宝基本上掌握了母语口语的表达，有可能会说一些不存在的东西，有的爸爸妈妈会把这当作宝宝说谎去纠正，但实际上宝宝这样说没有恶意，也非故意，只是宝宝好奇心和想象力越来越丰富，还不能正确区分现实和想象，而把想象当成现实说了出来。不需要去纠正宝宝，但可以多让他和同龄的小朋友一起玩，多进行户外活动，随着对现实生活理解的深入，他自然就不会再这样说话了。

这个时候的宝宝能说出自己的姓名、年龄，父母的姓名、单位或地址；背诵几首儿歌、唐诗，以及一些广告词或简单的故事；会猜简单谜语、学习自编谜语；会在玩“过家家”时说出互相嘱咐的句子；会有表情地朗诵儿歌、诗句或故事片段；能说少量的英语单词。

当宝宝能够说出比较完整的简单句子时，他就开始尝试着说复合句了。宝宝复合句的运用能力是与简单句的运用能力平行发展起来的。在不断完善简单句的同时，复合句的运用能力也在不断得到发展。但这么大的宝宝，还不会把复合句用连接词恰当地连接起来。

下面，我们就介绍几种能帮助宝宝语言发展的游戏。

宝宝猜猜你是谁

能力培养

了解不同的概念，锻炼语言技能和解决问题的能力。

游戏步骤

1. 用纸板做三个动物面具，割出椭圆形的眼洞。
2. 让妈妈戴着动物面具假扮成动物，宝宝回答妈妈问的问题，如：“我住在森林里吗？”“我的叫声响吗？”“我喜欢吃萝卜吗？”“我跑得快吗？”等，最好让宝宝说出动物的名字。
3. 等宝宝熟悉后，做更多的面具并让宝宝戴着，然后反过来问妈妈问题。

爱的互动

大人在游戏的过程中，可以偶尔做一些不正确的猜测，或问一个简单的问题，吸引宝宝参与游戏。如果宝宝回答错误，大人也不要批评，可以多问几个问题，引导宝宝回答。游戏刚开始时大人要先用宝宝熟悉的动物图案做面具，然后再依次找一些宝宝不常见的动物图案做面具。

妈妈须知

父母的信任和鼓励对宝宝的成长起着举足轻重的作用。父母一句鼓励的话、一个赞许的点头、一个爱怜的眼神、一个轻轻的抚摩，都会在宝宝幼小的心灵里留下美好的印记，伴随着宝宝一生的成长。幼时充分享受父母疼爱的宝宝，长大后不但懂得爱自己，更懂得爱他人。

捉迷藏，寻宝藏

能力培养

在寻找宝藏的过程中，培养沟通能力，促进亲子感情。

游戏步骤

1. 准备一些宝宝喜欢的玩具。
2. 将玩具藏在一个柜子里，并在另外三个宝宝知道的地方，如前厅的椅子上、客厅的茶几上、卧室的床上留下寻找玩具的线索。

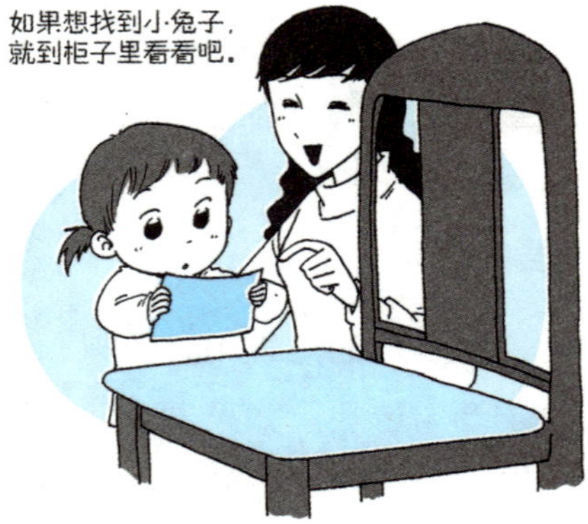

3 在每一个地方留下一句话，这句话应能指向另一个线索，如:“宝宝要找小兔子吗？到前厅椅子上看看。”

爱的互动

没有什么比寻找宝藏更让宝宝喜欢的了。但游戏中的线索不要过多，否则就失去了游戏的效果。准备三四个线索就可以，让宝宝在适当的时候找到玩具。宝宝会针对大人留下的线索来寻找。当然，如果宝宝看不懂妈妈的线索，妈妈可以直接说一个个线索，引导宝宝一步一步地找到玩具。这个游戏可以让宝宝有探索秘密的感觉，他会很热衷。

妈妈须知

这个时候的宝宝，迫切地需要大人的尊重。有些事情大人觉得没意思，宝宝却很喜欢；大人认为宝宝会喜欢的东西，宝宝得到了却并不高兴；有的父母给宝宝买很贵的玩具，宝宝却宁愿玩水、玩泥巴、捉迷藏、过家家。所以，大人不要总把自己的好恶强加给宝宝，要让宝宝做他们喜欢做的事情。

宝宝来办茶话会

能力培养

掌握餐桌上的礼仪及“请”“谢谢”等礼貌用语。

游戏步骤

1 大人给宝宝准备一些切好的水果、饼干、蛋糕以及果汁。

2 让宝宝和他的动物玩具、洋娃娃举行茶话会。

3 大人代替玩具和宝宝进行对话。

4 在吃东西的时候，要和宝宝说礼貌用语，这样会让他觉得自己长大了。

爱的互动

在这个游戏中，妈妈要扮演好服务者的角色。在给宝宝准备好食品的时候，妈妈可以说："请慢用。"然后让宝宝对动物玩具和洋娃娃说同样的话。妈妈在完全撤下的时候，提醒宝宝："别人给你帮助需要说什么啊？"宝宝对妈妈说"谢谢"的时候，妈妈拿起动物玩具和洋娃娃也对宝宝说"谢谢"。宝宝的茶话会离不开大人的支持。宝宝以小大人的方式出现时，大人不可以再管宝宝，应该让宝宝尽情地玩耍。

妈妈须知

如何让自己的宝宝从小就具备"孩子王"的气质呢？首先，父母要经常为宝宝提供一些担任领导角色的机会，可以让孩子在家里扮演一些组织者的角色。其次，父母要帮助宝宝建立自信心。再次，父母要放手让孩子自己去探索外界。

宝宝的谜语画册

能力培养

和大人对话的过程，可以了解不同动物的特征，有利于语言能力的发展。

游戏步骤

1 妈妈从杂志上挑一些动物图形剪下，粘在纸板上后再剪下来。

2 在另外一张纸上按动物纸板的样子画出动物的轮廓，给宝宝一些线索，如"它发的声音是呱呱呱"或"它的耳朵长长的"等来帮助宝宝识别是哪一个动物纸板。

3 妈妈教宝宝将动物纸板和动物轮廓搭配起来，判断自己的猜测是否正确。

爱的互动

帮孩子发展语言能力，“对话”比“说话”更有效。在制作动物纸板的过程中，大人不要自言自语地对宝宝唠叨，也不要互不说话各忙各的，而是要从头到尾都与宝宝对话。然后，让宝宝认识动物，不断地回忆起以前关于动物的记忆，从而可以滔滔不绝地和大人谈论是某种动物。如果宝宝最后答对了，他会非常高兴。

妈妈须知

36个月的宝宝喜欢的玩具有很多种类。积木、拼图类的玩具可以培养他们的图形概念，锻炼眼手的协调能力。而各种动物造型的毛绒玩具，以及各种交通工具玩具车等也仍然深得他们的喜爱。

04 动作发展训练

朵朵盯着前面的那个纸盒，左边是紧张的朵朵妈，右边是激动的朵朵爸。

朵朵接近纸盒了，就在这个时候，她忽然停下了。朵朵爸和朵朵妈的心都到了嗓子眼了。

“朵朵加油！朵朵跳啊，跳啊。”俩人都在心里干使劲儿。

朵朵面对纸盒跳起来了！朵朵顺利地跳过了纸盒！朵朵具有纪念意义的第一次跳跃成功了。

朵朵爸狠狠亲了朵朵一口说：“走，老爸给你买巧克力吃！”

恭喜！现在宝宝的基本动作已经非常敏捷，走路时可以像大人一样摆动双臂，自己扶栏杆一步一阶下楼梯，不需要集中过多精力在走路、站立、跑步或跳跃上。这时的宝宝能够跳过 10~15 厘米高的障碍物，钻过高度为自己身高一半的洞穴，举手过肩投球，接住 1~2 米处投来的球，骑脚踏三轮车，登上三层的攀登架。由于此时宝宝运动能力强，运动量大，肌肉变得非常结实而有弹性，所以身体控制能力越来越强，胆子也越来越大，尤其是体能强、喜欢冒险的宝宝。但同时宝宝发生摔伤、碰伤、擦伤的概率也增加了，如果因为怕宝宝受伤就限制他的活动，那是非常不可取的，有可能使宝宝失去孩子特有的勃勃生机。更合理的做法是带宝宝去安全可靠的地方活动，如公园、运动场等，同时做好运动防护，如穿上便于活动的衣服或骑车时戴上头盔，等等。

经常玩秋千、跷跷板和滑梯可以提高宝宝对自己身体的信心；让宝宝玩跳房子的游戏，可练习他的跳跃能力。或者大人可以和宝宝一起做亲子单脚蹦的游戏，牵着他的手让他单脚换着跳，这么做同样可以提升他的跳跃能力。这个阶段要全面发展宝宝的运动能力，仅靠室内游戏活动是远远不够的，所以大人要尽可能带宝宝进行户外活动，使宝宝旺盛的精力有地方充分释放，并且最大限度地促进宝宝身体发育和发挥宝宝的创造力。

现在宝宝已经具备了良好的平衡能力，可以短时间单脚站立保持平衡。他乐意学习怎样踮着脚尖走路，并努力保持平衡。大人也可以扶着宝宝的小手试走离地 25 厘米的平衡木，从一头走到另一头。

下面，我们就介绍几种有利于提高宝宝动作能力的游戏。

踏板行走快快快

能力培养

锻炼手脚动作的一致，有助于身体平衡性的训练。

游戏步骤

1. 准备两块比宝宝的脚稍大一些的木板，在木板左右两侧各钻一个洞将绳子穿出，绳子的长度为从地面到宝宝腰部距离的两倍，绳子的两端系在一起。
2. 游戏时，让宝宝的两脚各踏在一块木板上，两手各拉一根绳子。
3. 用右手拉绳提起右脚，向前走一步；再用左手拉绳提起左脚，向前走一步。
4. 左右两手轮换拉绳，提起左右两脚，轮换踏板向前行走。

爱的互动

这个游戏对宝宝而言是充满挑战的。当宝宝双脚踏上木板、两手拉着绳子走动的时候，他会既高兴又害怕。大人要在旁边鼓励宝宝，并且帮助宝宝打节拍，让他不要慌乱。开始教宝宝踏板行走时，可以慢一些，先一步并一步地走，等宝宝练习熟练后，再教宝宝两脚轮换行走。

妈妈须知

在责备宝宝时要注意自己的声音和语调一定要比平常说话声低一些。用这种不寻常的口吻，可以让宝宝感觉到这是一种不同寻常的决定。同时，低音调也能促使宝宝集中精神、全神贯注，转移其注意力、忘记自己的哭闹。另外，使用较低的声音似乎在强调没有第三者介入，只是母子之间的“私人声音”，拉近了与宝宝的距离。

认真听，用力跳

能力培养

训练听力和反应能力，提高大动作技能，为健康成长打下基础。

游戏步骤

1. 制定规则：先听一些以声母“g”开头的字，如果冻、果酱、罐、果汁等，当听到“跳”一字的时候就做跳跃动作。
2. 让宝宝仔细听你念这些以“g”开头的字。
3. 可以用单脚跳、跑、跺脚或拍手等一些其他动作来做此类游戏。

爱的互动

宝宝听到大人念以“g”开头的字的时候，他会认真地听大人的读音，这时大人突然说：“跳！”宝宝会条件反射般地跳起来。大人以此训练宝宝的听力和反应能力，让宝宝不断地起跳，锻炼宝宝腿部的力量。但是大人不要频繁地叫“跳”。如果节奏太快，宝宝不能跟上，游戏就不能继续下去了。

妈妈须知

3岁左右的宝宝大部分都不愿离开父母，尤其是当妈妈或身边最亲近的看护人离开时，他会哇哇大哭的。这时父母最好做好这些事情：告诉宝宝你在什么时候离开；你要走多远的路程；你和哪些人在一起；你去做什么事情，以及什么时间返回。在向宝宝交代这些事情的时候，最好让宝宝能以自己熟悉的东西作为参照。每次和宝宝分开的时候，最好有一个告别仪式——拥抱一下宝宝，站在楼梯口向宝宝挥挥手或者按一下汽车喇叭。

大家一起来跳舞

能力培养

正确区分左右，提高做大动作和精细动作的能力，更好地感受音乐的节奏。

游戏步骤

1. 播放一些轻快的音乐，妈妈和宝宝随着音乐一边说“晃手臂，扭屁股！”一边摇动相应的身体部位。

2. 如果宝宝擅长这个动作，妈妈可以试着让他做其他的动作，如踢左脚或抬右手。

3 如果宝宝做错了，妈妈喊口令时可以通过轻轻碰一下正确的一边来提示宝宝。

爱的互动

宝宝喜欢和大人一起运动，尤其是伴随着音乐来跳舞，宝宝更是乐此不疲。大人要一边高声念口令，一边和宝宝愉快地跳，这样宝宝会被气氛带动，甚至会比大人跳得更卖力。

温馨提示

不要选择太嘈杂的音乐，也不要选择舒缓的音乐，选择普通欢快的音乐即可。大人要尽量关注宝宝，不要让他由于过于兴奋，跳得太激动，而发生扭伤。

妈妈须知

宝宝活动量大，发生扭伤是常见的。扭伤后外脚腕可能出现肿胀、皮下发青等症状。受伤后，家长可以给宝宝冷敷，使肿胀减轻。同时让宝宝卧床，不要再下地活动。脚要抬高，垫上棉垫，使伤脚高过心脏位置，因为脚下垂会加重肿胀。

05 习惯养成训练

朵朵妈在厨房里做饭，朵朵爸在客厅看电视，朵朵自己在屋里。等到快吃饭的时候，朵朵爸到屋里一看，下巴都差点掉下来了。

“Oh，my god！”

只见朵朵手里拿着一本被她撕得面目全非的漫画书，床上地上到处都是小纸条。

朵朵爸强压怒火，露出和蔼的笑容说：“朵朵，我们不撕了，去吃饭吧。”

朵朵一看是爸爸，立即丢掉漫画书，甜甜地撒娇：“爸爸。”

现在，有些宝宝在高兴的时候会给娃娃穿脱衣服，玩过家家的游戏。在穿脱衣服时，他喜欢摆弄一些大纽扣、摁扣或拉链。为了防止宝宝将硬币、小零件、纽扣等小物件放入口中造成窒息，平时就要严厉禁止，而且日常生活中最好能用讲故事的方法告诉宝宝这样做的危害。

三岁的宝宝喜欢独立做一些事情，他们的感情很丰富，对待父母比以前体贴多了。他们特别想为大人做点事，但往往成事不足，败事有余。父母应该给他们提供一些机会让他们好好表现，比如可以让宝宝自己穿脱衣服、上厕所、吃饭、收拾玩具等。此外，父母还可以主动提出要宝宝帮忙做事，比如父母在拖地板的时候，可以建议宝宝拿一块小抹布擦擦自己的小凳子。这时让宝宝帮忙做一些他力所能及的事是很有必要的，会使宝宝感到自己也是家里的一员，自己是有能力帮助父母的。而且如果父母能在事后及时地表扬和感谢宝宝的帮忙，他们就会留下“劳动是快乐的”印象，以后会更愿意主动劳动。

应该加强宝宝生活自理能力的培养，切忌过度保护、包办代替。现在，宝宝已经会自己穿衬衫，双手已经能合作系扣子并可以分清左右了。吃饭时已经能帮着擦干净桌子并摆放碗筷。在培养宝宝的自理能力时，大人不要强迫，可通过玩游戏的方法，让宝宝愉快地、自然而然地学会生活自理。

下面就来介绍几种帮助宝宝养成好习惯的游戏吧。

宝宝最善良

能力培养

学会关心周围的人，养成乐于助人的好习惯。

游戏步骤

1. 如果从外面回家，看见有邻居家的信件、报刊等，可以让宝宝给邻居送去。
2. 让宝宝先敲门，邻居叔叔阿姨出来后再交给他们。
3. 如果邻居家没有人，就要先把信件、报刊带回家，等邻居回来后再让宝宝送去，以免放在门口丢失。
4. 宝宝如有用过的玩具，长大了用不着时，可让宝宝把玩具送给邻居家较小的宝宝。

爱的互动

当宝宝去给邻居送东西的时候，妈妈要保证宝宝在自己的视线内，确保宝宝的安全。如果是第一次送东西，妈妈要亲自带着宝宝去，给他做一次成功的示范。当宝宝独自去送完东西回来，妈妈要给予表扬。如果宝宝不想把自己的玩具送给别人，大人就不要送人，否则会引起宝宝的不满，而且还会让他把厌恶情绪转移到小朋友身上。

妈妈须知

每个宝宝都会有自己独特的、与他人不一样的玩具。如果父母能够让宝宝与同伴之间交换玩具玩游戏，那么每个宝宝的玩具都会在无形之中增多起来。这样，宝宝之间既促进了感情，又可以学到不同的知识和本领；同时，宝宝对玩具的游戏兴趣还会保持更长的时间。

爱干净的小宝宝

能力培养

帮助大人做家务，养成爱清洁整理的好习惯。

游戏步骤

1. 客人离开后，让宝宝帮大人将茶杯和盘子等送进厨房。
2. 让宝宝将杯中的剩茶水倒掉，把茶叶倒入垃圾桶；将盘子中的食物归类整理，残渣倒入垃圾桶，空盘放入水池。
3. 让宝宝用抹布将桌子擦干净。

爱的互动

如果宝宝已经会收拾整理茶杯和盘子等，大人可以继续培养他清洗餐具的能力。等到客人走后，让宝宝去收拾茶杯，提醒他要把茶叶倒入垃圾桶，如果倒入水池会使下水道堵塞。然后告诉宝宝要将桌子擦干净，养成他爱整理的好习惯。

宝宝练习洗手绢

能力培养

从洗手绢学起，学会用手洗衣物，增强自理能力。

游戏步骤

1. 妈妈教宝宝先在水中浸湿手绢，把肥皂涂在手绢上，双手搓洗。

2. 边搓洗边告诉宝宝：“第一次搓洗时将手绢表面的污垢洗掉，加清水再搓洗可把深入布纹内的污垢清除，洗得更干净！”

3. 让宝宝将肥皂沫冲去，再用清水洗一次，挂起来晾干。

爱的互动

宝宝刚开始搓手绢的时候可能会用力不对，大人要细心教导。洗干净后让宝宝晾起来，然后表扬他干得好。宝宝用手洗东西会觉得很有趣，大人要让他养成自己动手清洗东西的习惯。让宝宝洗东西，不仅仅是为了培养宝宝勤劳的品格，更是为了唤醒他的角色意识，成为家中积极的成员而不是被人照顾的对象。

温馨提示

大人在给宝宝购买肥皂的时候，要考虑宝宝的肤质和肥皂的成分，最好选择酸性肥皂，对宝宝皮肤刺激较少。

2岁10个月~3岁宝宝档案

感知理解力发育

- 会引述过去发生的事。
- 对各种各样的事情有兴趣。
- 求知欲强。
- 认识六种以上几何图形，会切分圆形二分之一或四分之一。
- 会玩简单拼图。
- 能够分清左右。

运动能力发育

- 会骑车。
- 能单脚跳。
- 会跨越障碍，能跑很快。
- 精细动作也有所发展。

语言能力发育

- 掌握了母语口语的表达。
- 会猜谜，会背儿歌，会介绍自己及父母。

情感发育

- 喜欢帮忙，开始为他人着想。
- 会日常礼貌用语。
- 变得慷慨，喜欢和小朋友分享自己的东西。

习惯养成

- 吃饭前会摆餐桌。
- 会自己穿衣服。
- 会自己洗简单的衣物。

图书在版编目（CIP）数据

和宝宝一起做的游戏大全 / 药志胜主编. -- 2版
—北京：北京联合出版公司，2017.6
ISBN 978-7-5596-0219-0

Ⅰ.①和… Ⅱ.①药… Ⅲ.①游戏课－学前教育－教学参考资料 Ⅳ. ①G613.7

中国版本图书馆CIP数据核字（2017）第079517号

和宝宝一起做的游戏大全

作　　者：药志胜
策　　划：北京凤凰壹力文化发展有限公司
责任编辑：徐　鹏
特约编辑：邓　薇　李　杰　郭　梅
封面设计：好書坊 · 周晓

北京联合出版公司出版
（北京市西城区德外大街83号楼9层　100088）
三河市延风印装有限公司印刷　新华书店经销
字数510千字　787毫米×1092毫米　1/16　印张28
2017年6月第1版　2017年6月第1次印刷
ISBN 978-7-5596-0219-0
定价：49.80元
